U0620327

落其实者思其树，饮其流者怀其源。

谨以此书感谢香港意得集团有限公司对满文古籍文献事业发展的重视以及对满文档案整理研究工作的大力支持。

“十四五”国家重点出版物出版规划项目

国家出版基金项目
NATIONAL PUBLICATION FOUNDATION

黑龙江省档案馆　黑龙江大学满学研究院◎编

清代黑龙江户口档案选编
鄂伦春索伦达呼尔贡貂牲丁册

光绪朝

第四册

黑龍江大學出版社

图书在版编目（CIP）数据

清代黑龙江户口档案选编. 鄂伦春索伦达呼尔贡貂牲丁册. 光绪朝 / 黑龙江省档案馆, 黑龙江大学满学研究院编. -- 哈尔滨 : 黑龙江大学出版社, 2023.12
ISBN 978-7-5686-1075-9

Ⅰ. ①清… Ⅱ. ①黑… ②黑… Ⅲ. ①户籍－历史档案－档案整理－黑龙江省－清代 Ⅳ. ① K293.5

中国国家版本馆 CIP 数据核字 (2023) 第 254625 号

清代黑龙江户口档案选编·鄂伦春索伦达呼尔贡貂牲丁册（光绪朝）
QINGDAI HEILONGJIANG HUKOU DANG'AN XUANBIAN·ELUNCHUN SUOLUN DAHU'ER GONGDIAO SHENGDINGCE（GUANGXU CHAO）
黑龙江省档案馆　黑龙江大学满学研究院　编

策　　划　戚增媚　陈连生
责任编辑　魏　玲
出版发行　黑龙江大学出版社
地　　址　哈尔滨市南岗区学府三道街 36 号
印　　刷　哈尔滨市石桥印务有限公司
开　　本　880 毫米 ×1230 毫米　1/16
印　　张　200
字　　数　2562 千
版　　次　2023 年 12 月第 1 版
印　　次　2023 年 12 月第 1 次印刷
书　　号　ISBN 978-7-5686-1075-9
定　　价　1280.00 元（全十册）

本书如有印装错误请与本社联系更换，联系电话：0451-86608666。

目录

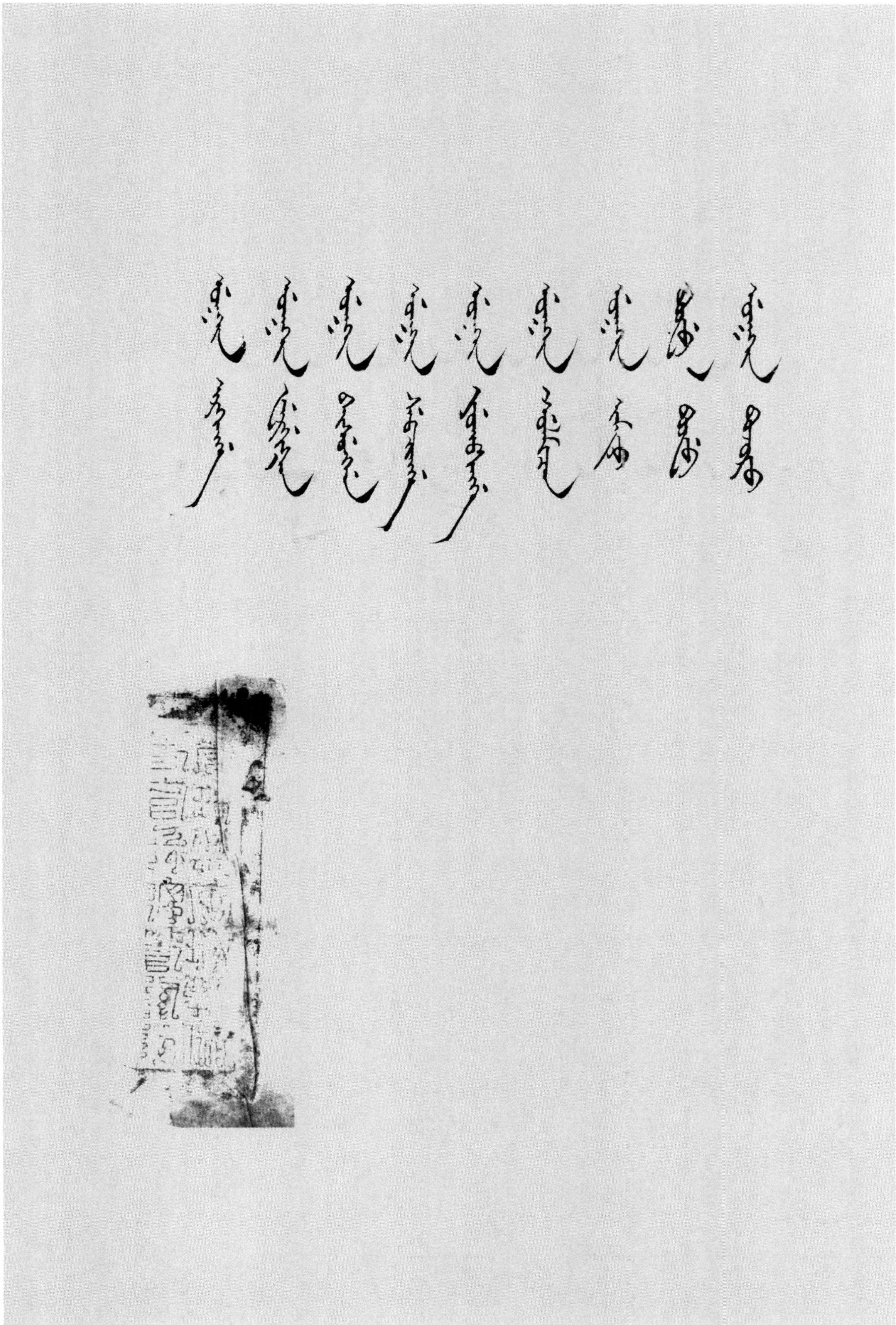

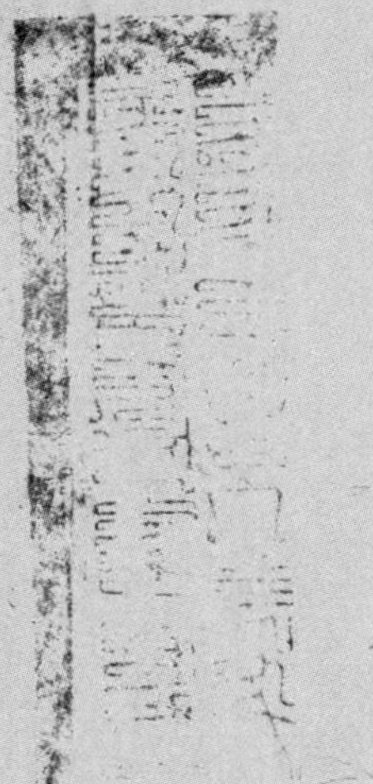

[illegible]

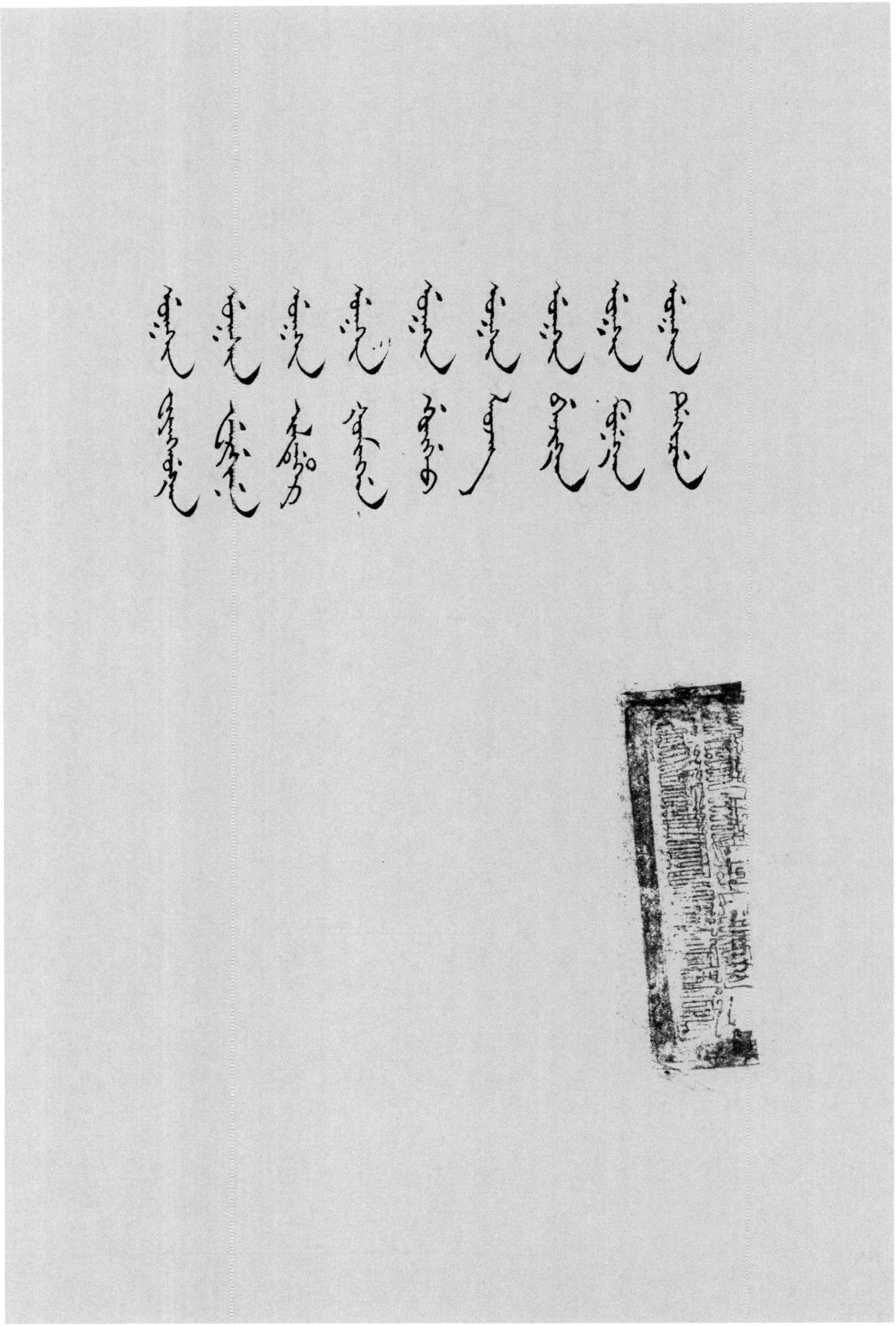

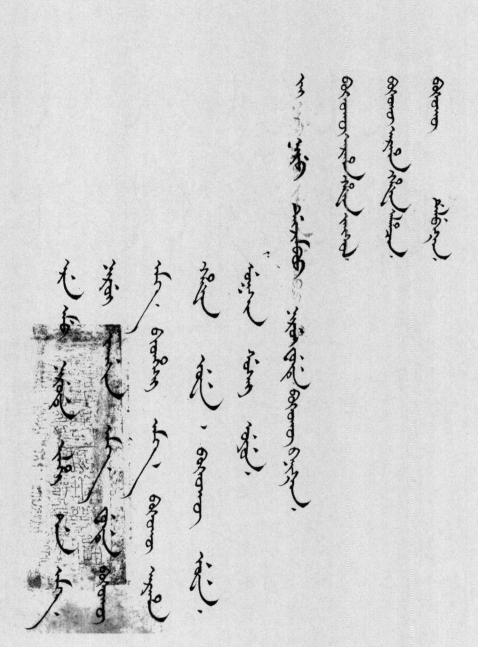

[illegible]

[illegible]

[illegible]

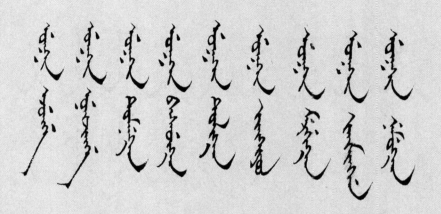

[illegible]
[illegible]
[illegible]
[illegible]
[illegible]
[illegible]
[illegible]
[illegible]
[illegible]

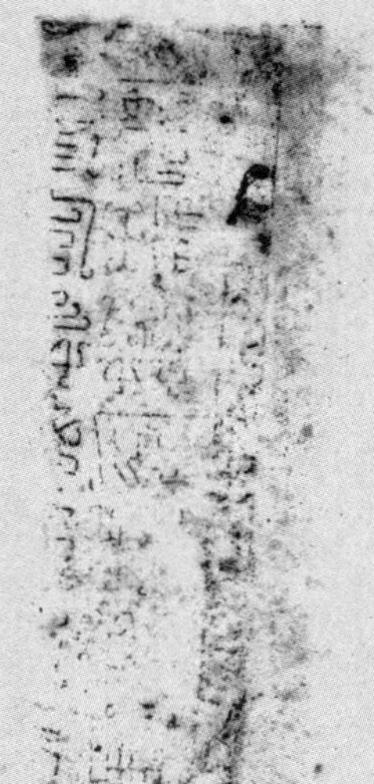

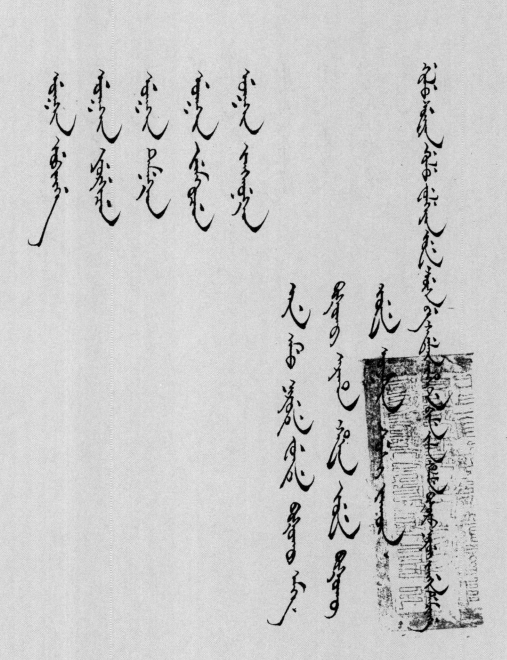

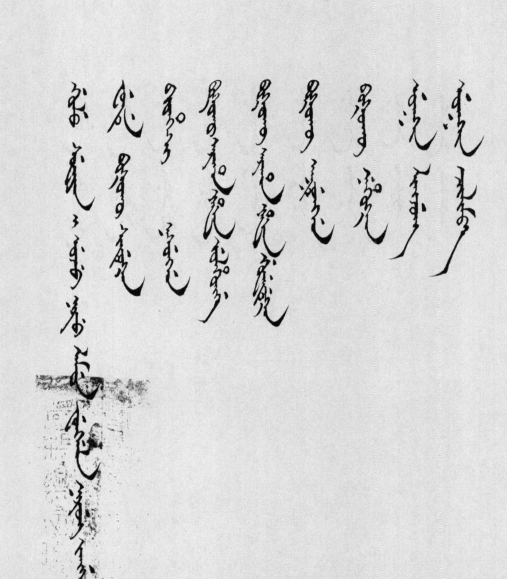

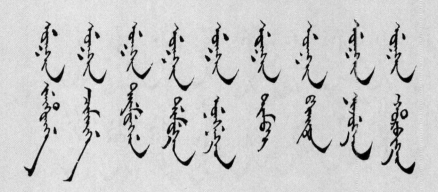

[illegible]

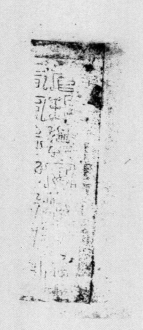

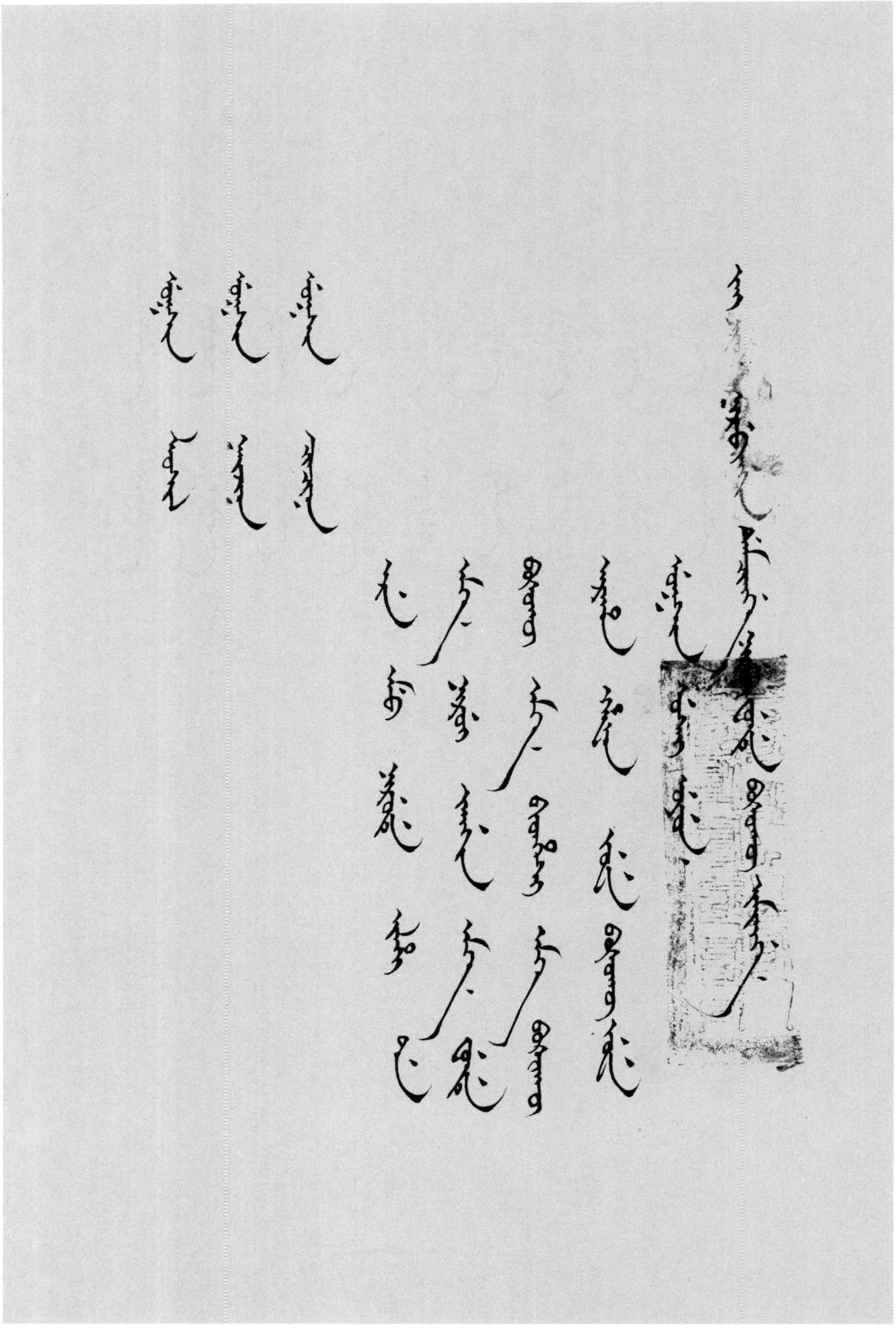

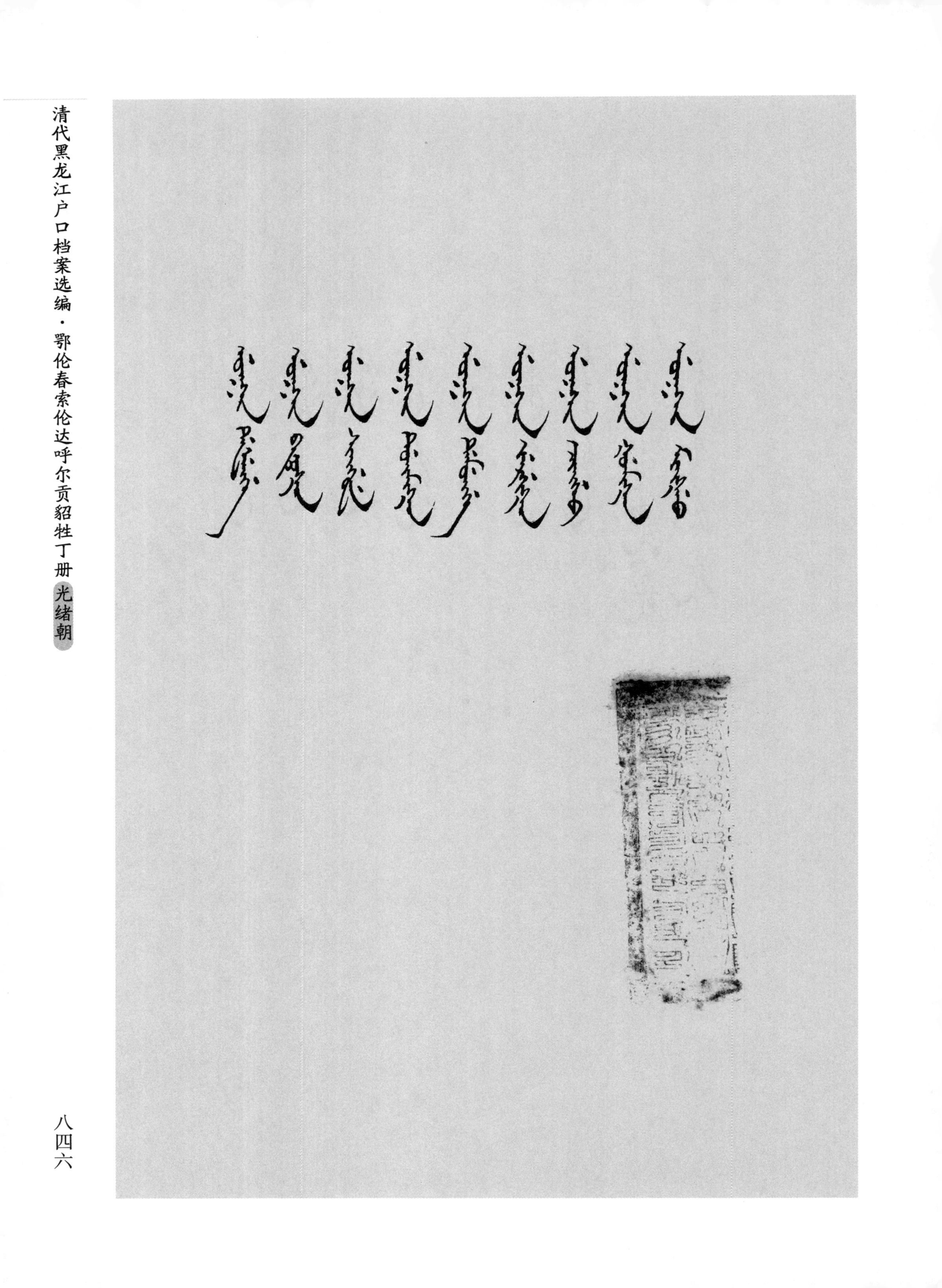

[illegible]
[illegible]
[illegible]
[illegible]
[illegible]
[illegible]
[illegible]
[illegible]
[illegible]

[illegible]
[illegible]
[illegible]
[illegible]
[illegible]
[illegible]
[illegible]
[illegible]

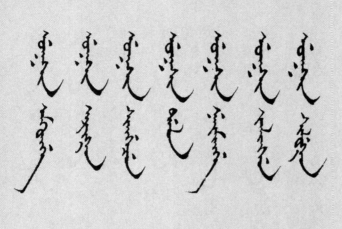

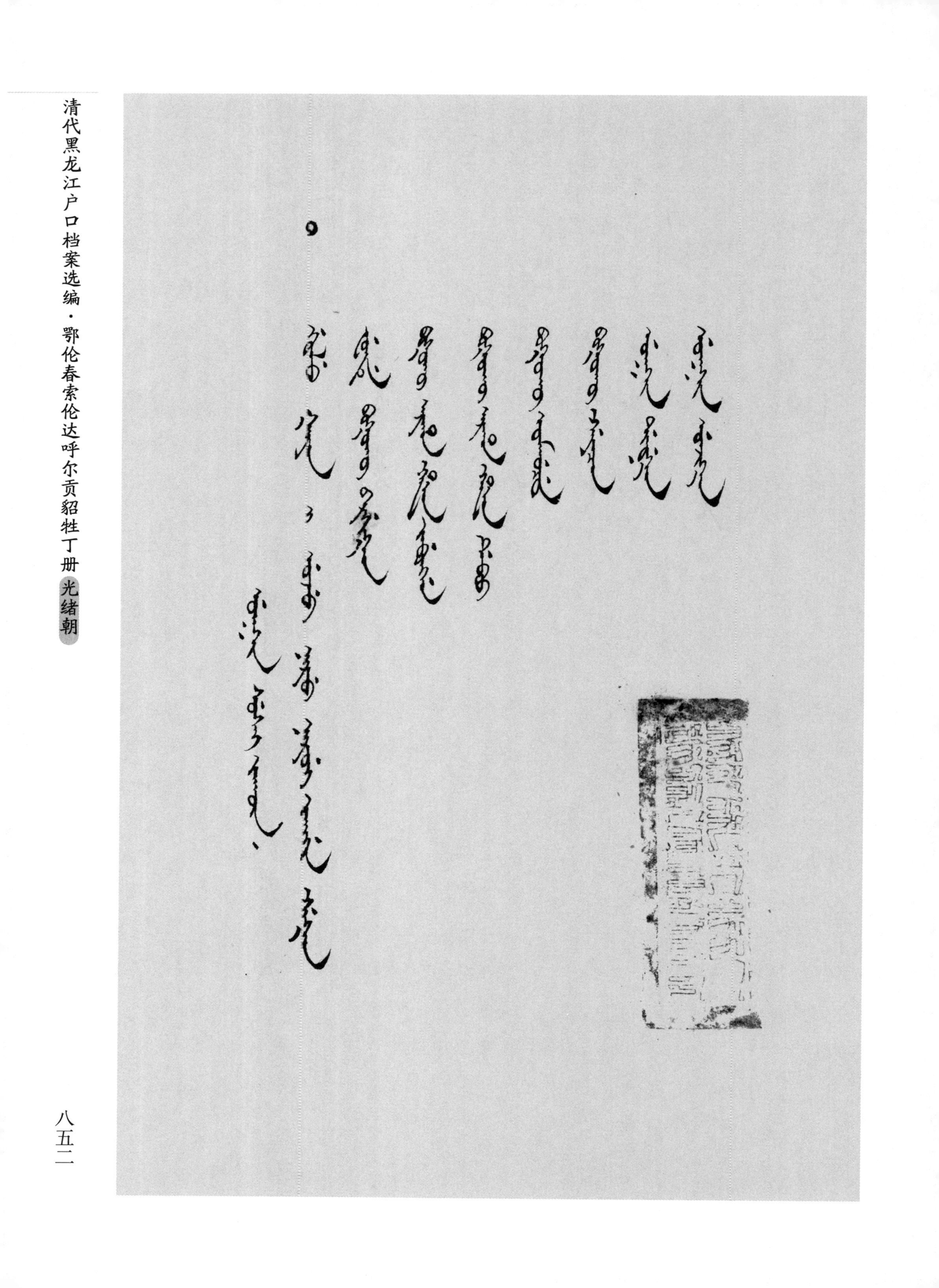

[illegible]

[illegible]

[illegible]

[illegible]

[illegible]

[illegible]

[illegible]

[illegible]

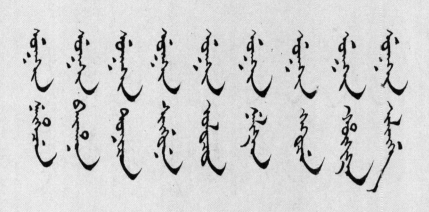

[illegible]

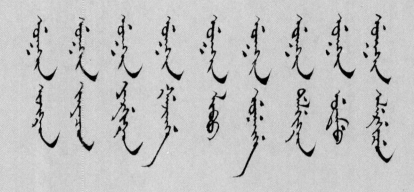

[illegible]

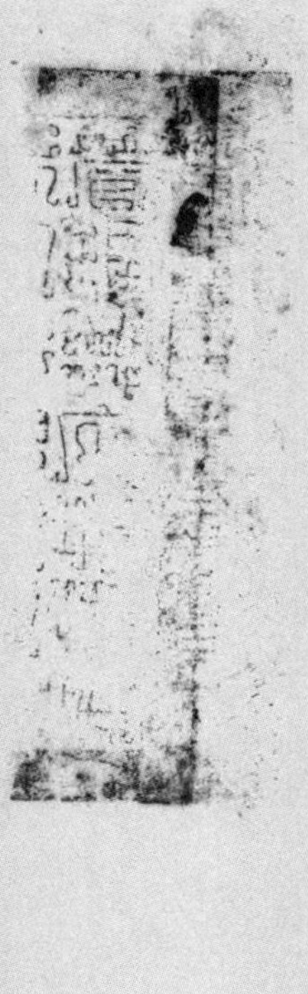

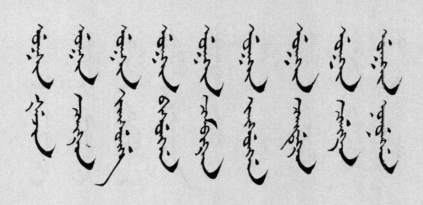

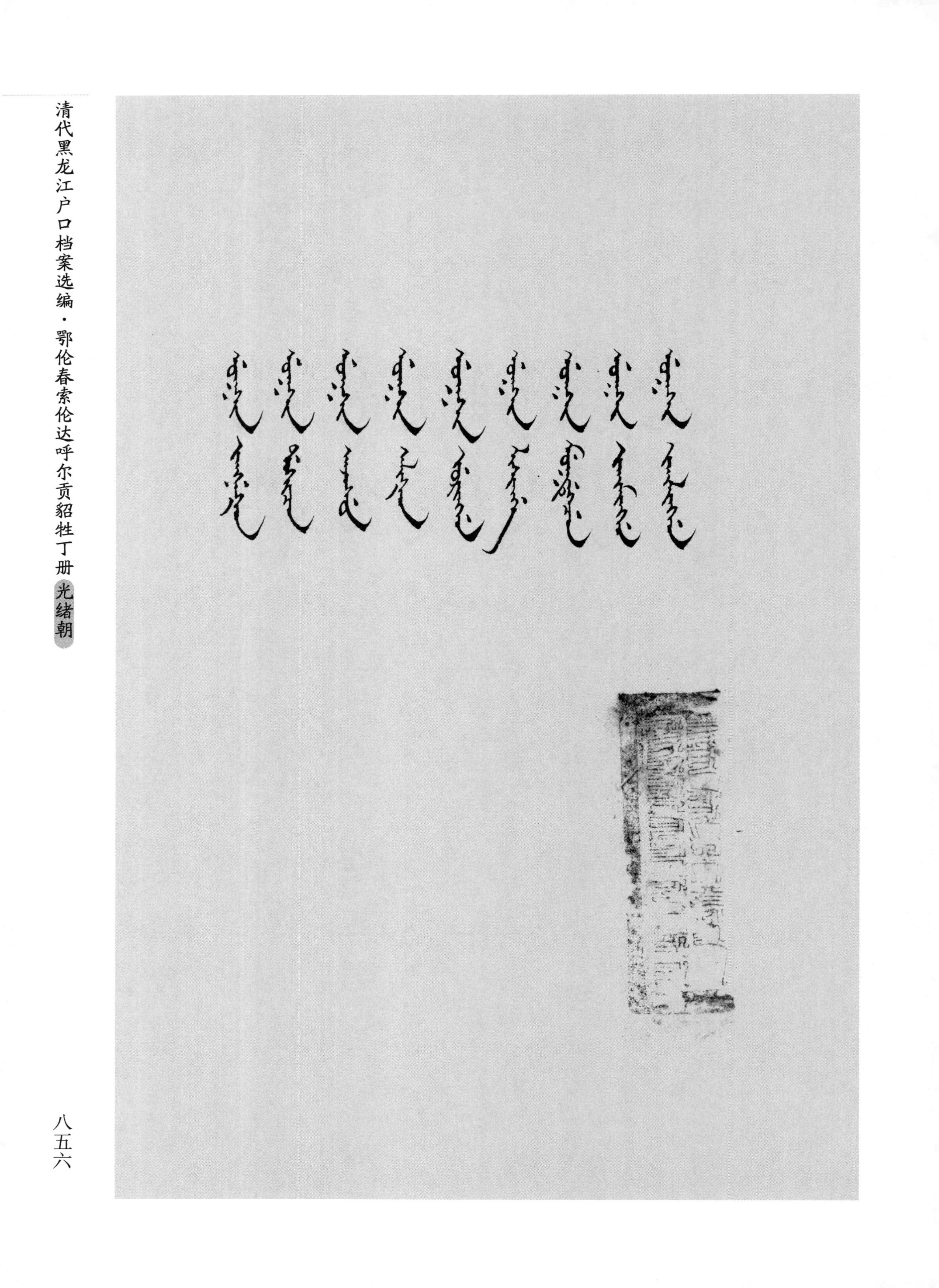

[illegible]
[illegible]
[illegible]
[illegible]
[illegible]
[illegible]
[illegible]
[illegible]
[illegible]

[illegible]

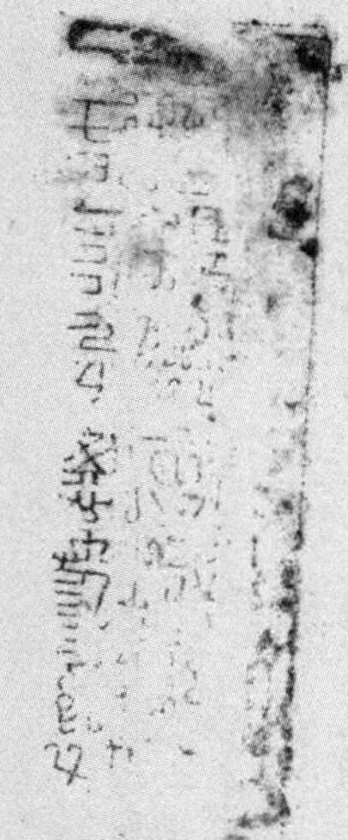

[illegible]

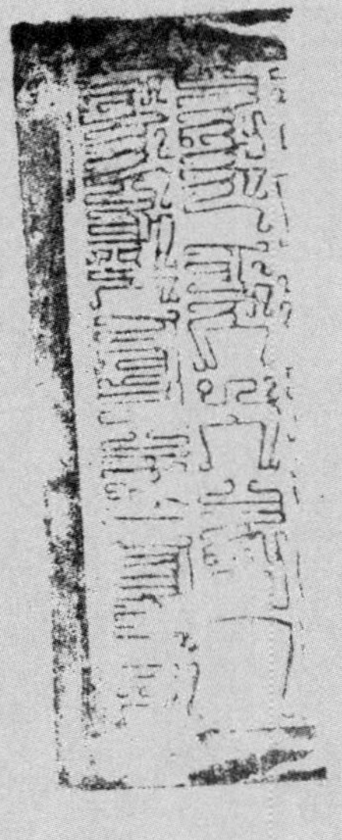

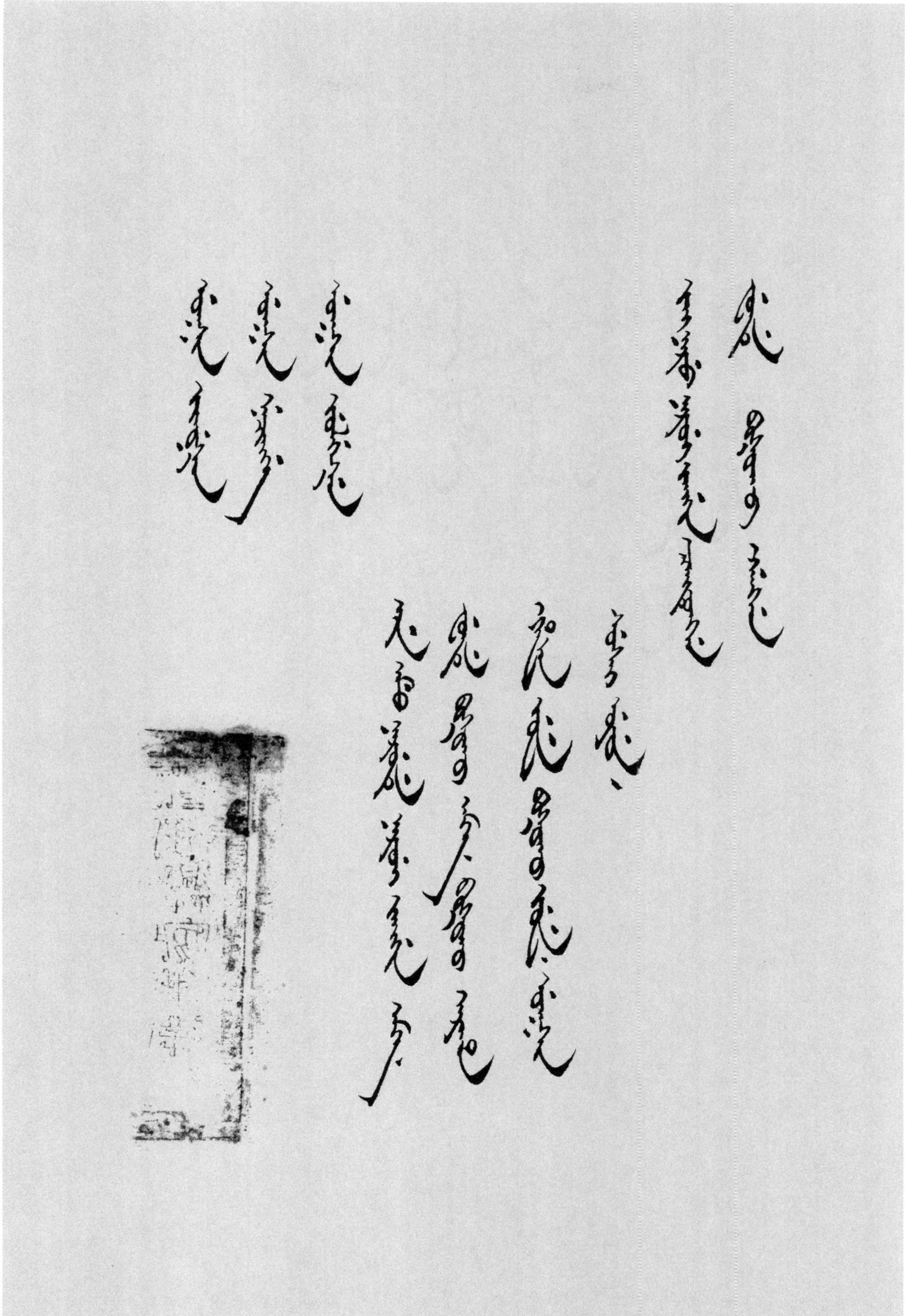

[illegible]

[illegible]
[illegible]
[illegible]
[illegible]
[illegible]
[illegible]
[illegible]
[illegible]
[illegible]

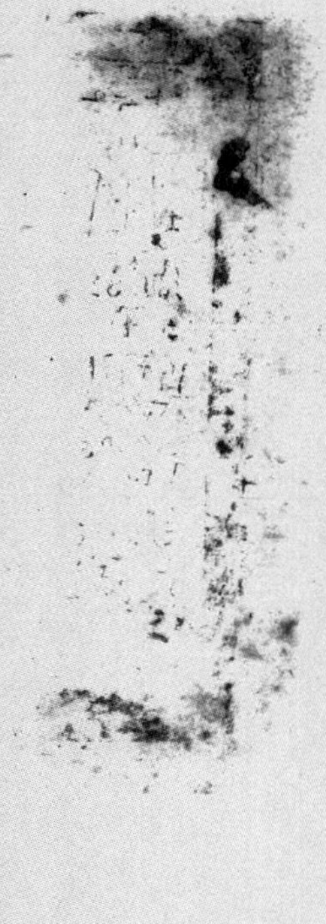

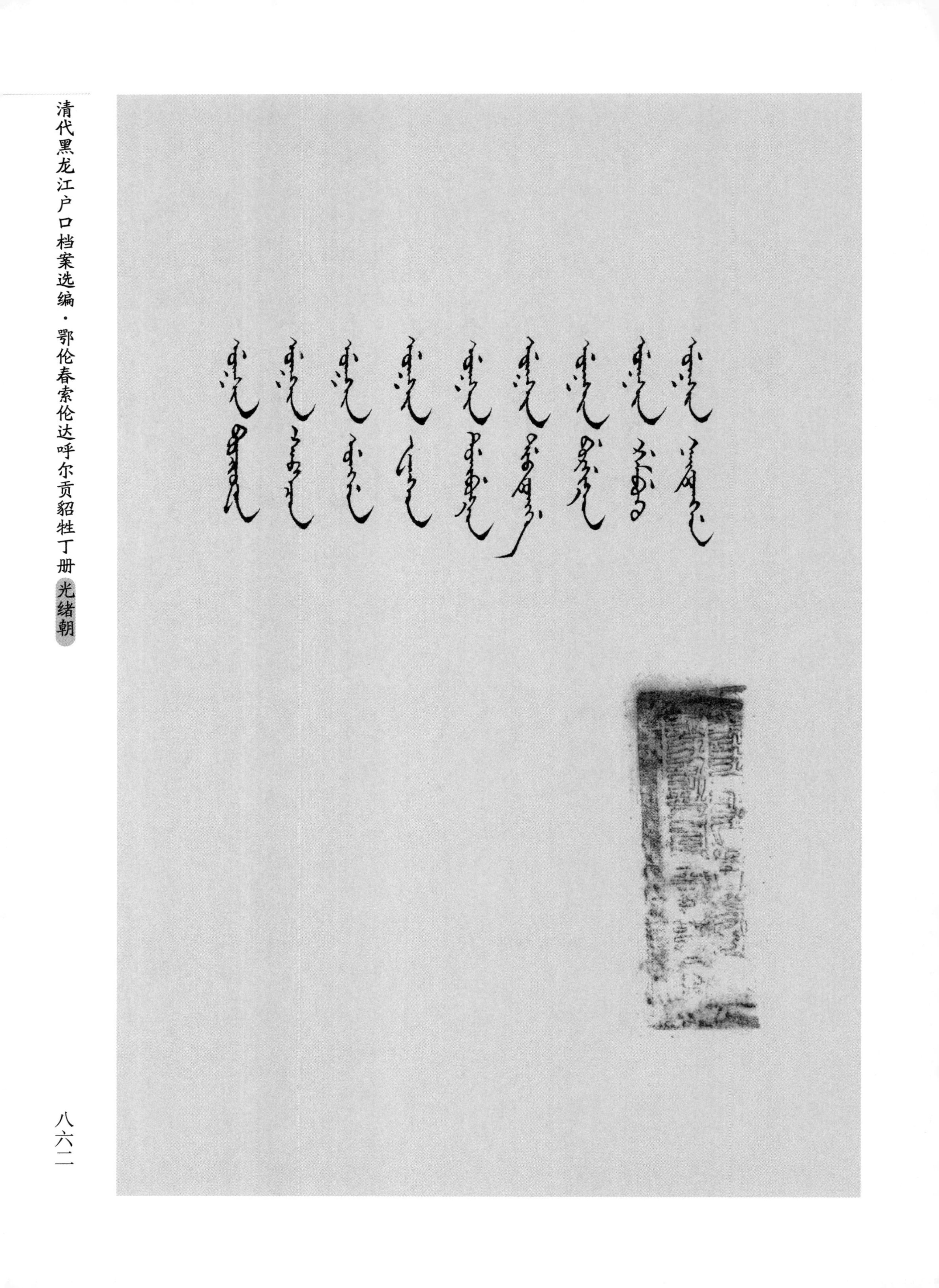

[illegible]

[illegible]

[illegible]

[illegible]

[illegible]

[illegible]

[illegible]

[illegible]

ᡠᡴᠰᡳᠨ ᠵᡳᠶᠠᠪᡠ
ᡠᡴᠰᡳᠨ ᠵᡳᡤᡳᠨ
ᡠᡴᠰᡳᠨ ᠪᠣᠯᡳ
ᡠᡴᠰᡳᠨ ᠵᡠᡴᡝᠪᠣᠣ
ᡠᡴᠰᡳᠨ ᠵᡳᡴᡩᡝᡥᡠ
ᡠᡴᠰᡳᠨ ᠪᠣᠣᠪᡠ
ᡠᡴᠰᡳᠨ ᠰᠠᠩᡤᡳᠨ
ᡠᡴᠰᡳᠨ ᡩᡝᠯᡳ
ᡠᡴᠰᡳᠨ ᠰᠠᠩᡤᡳᠨ

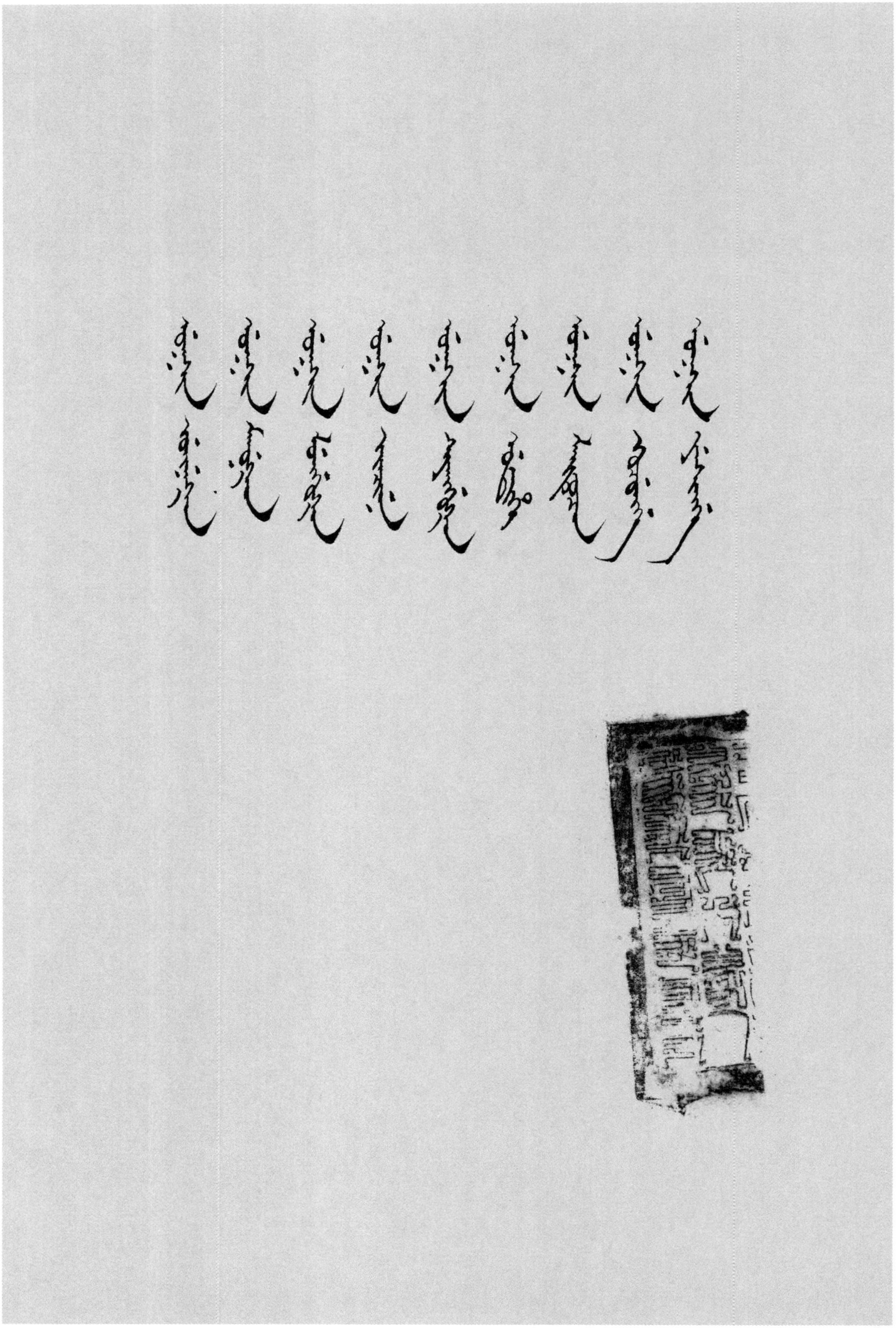

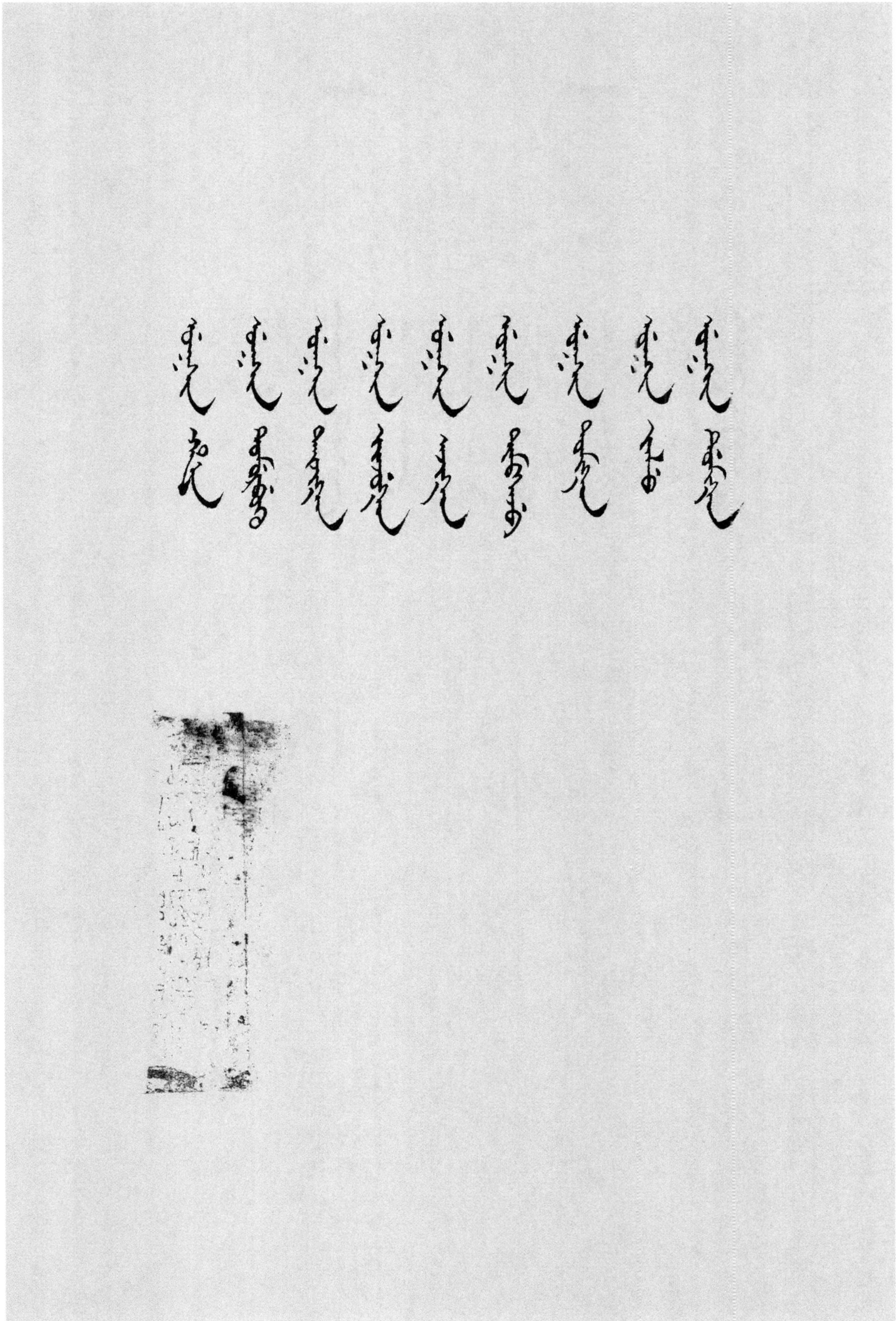

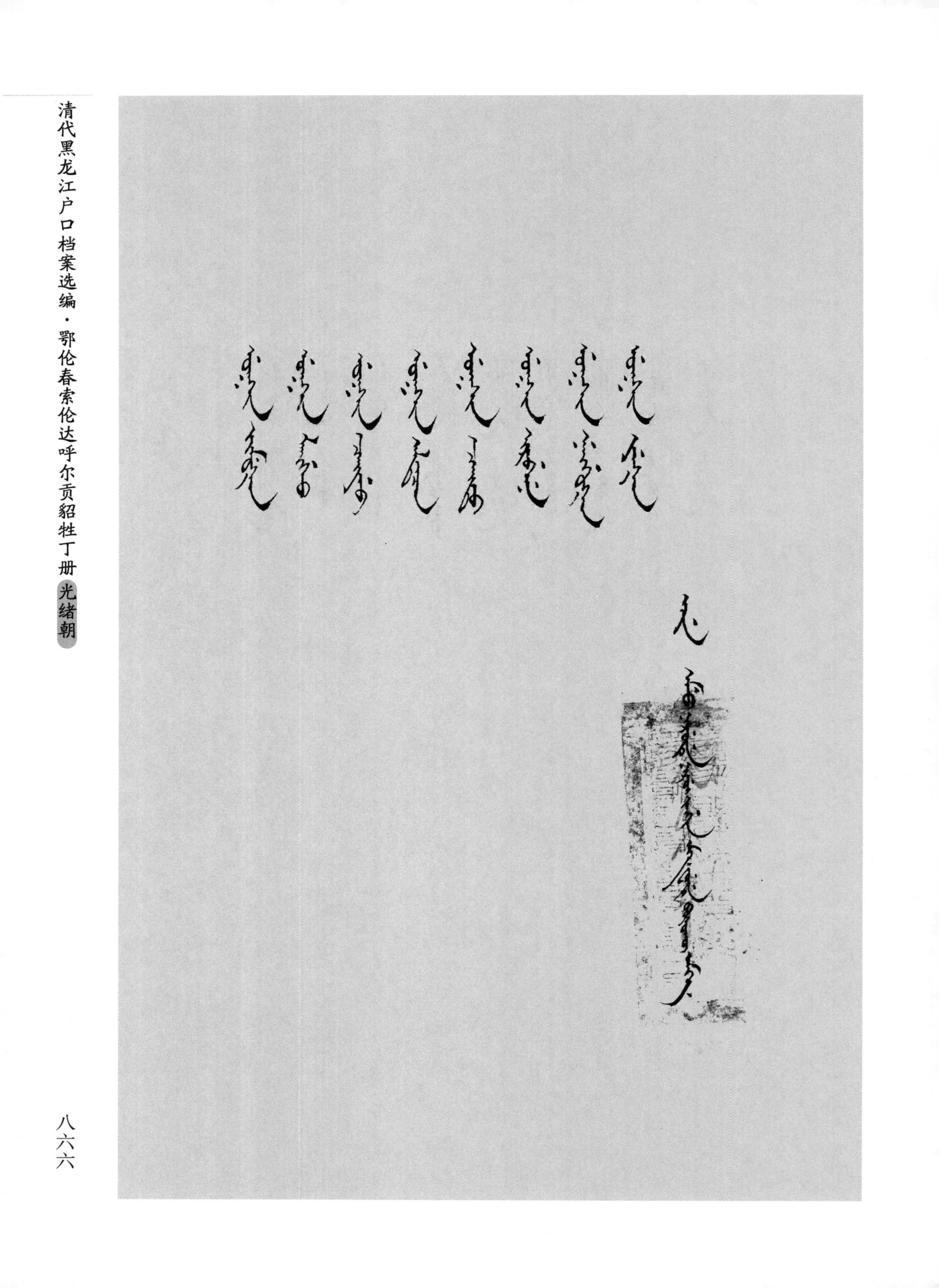

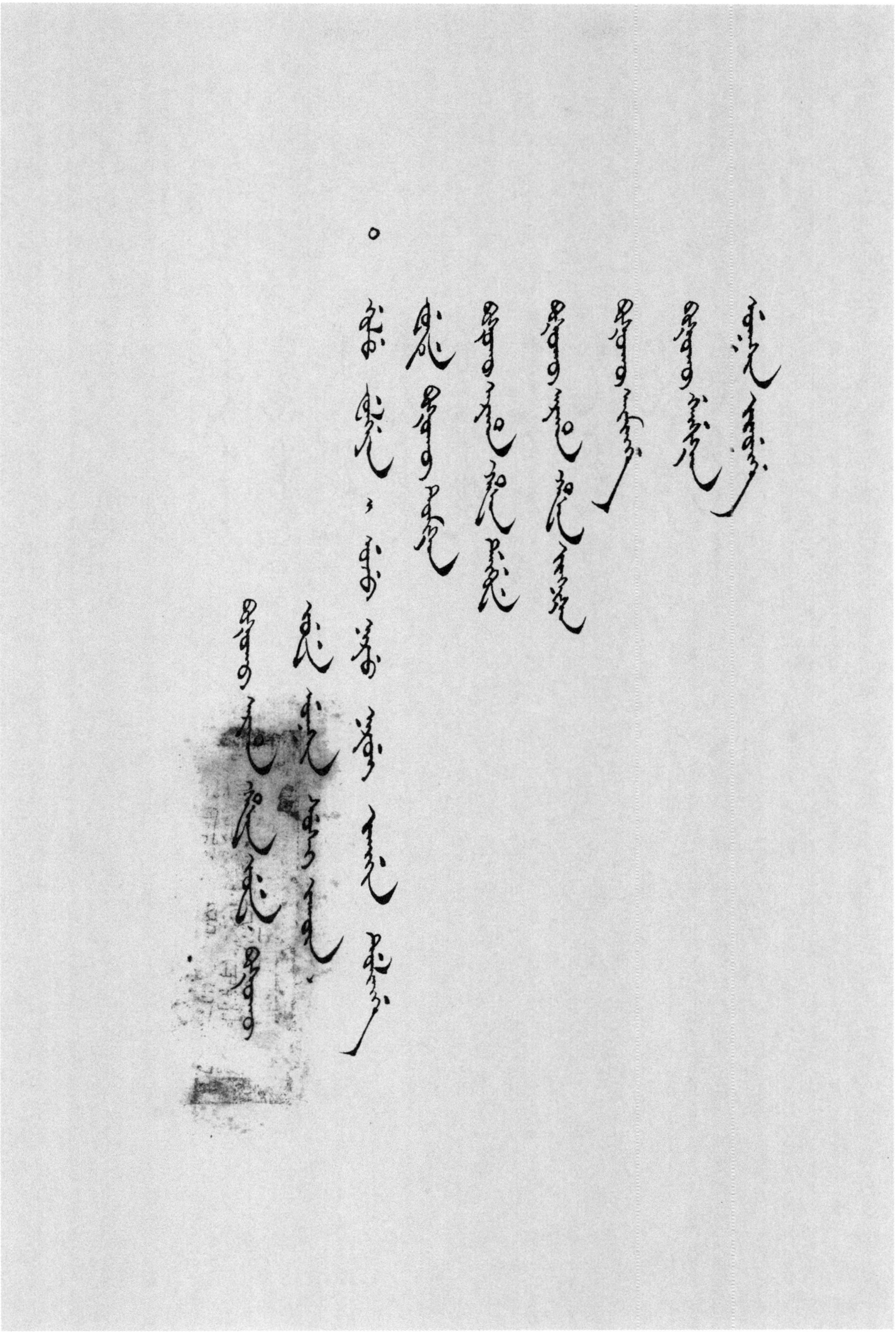

[illegible]

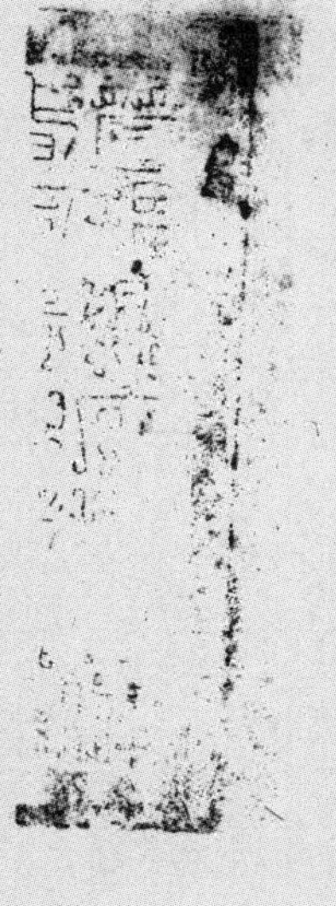

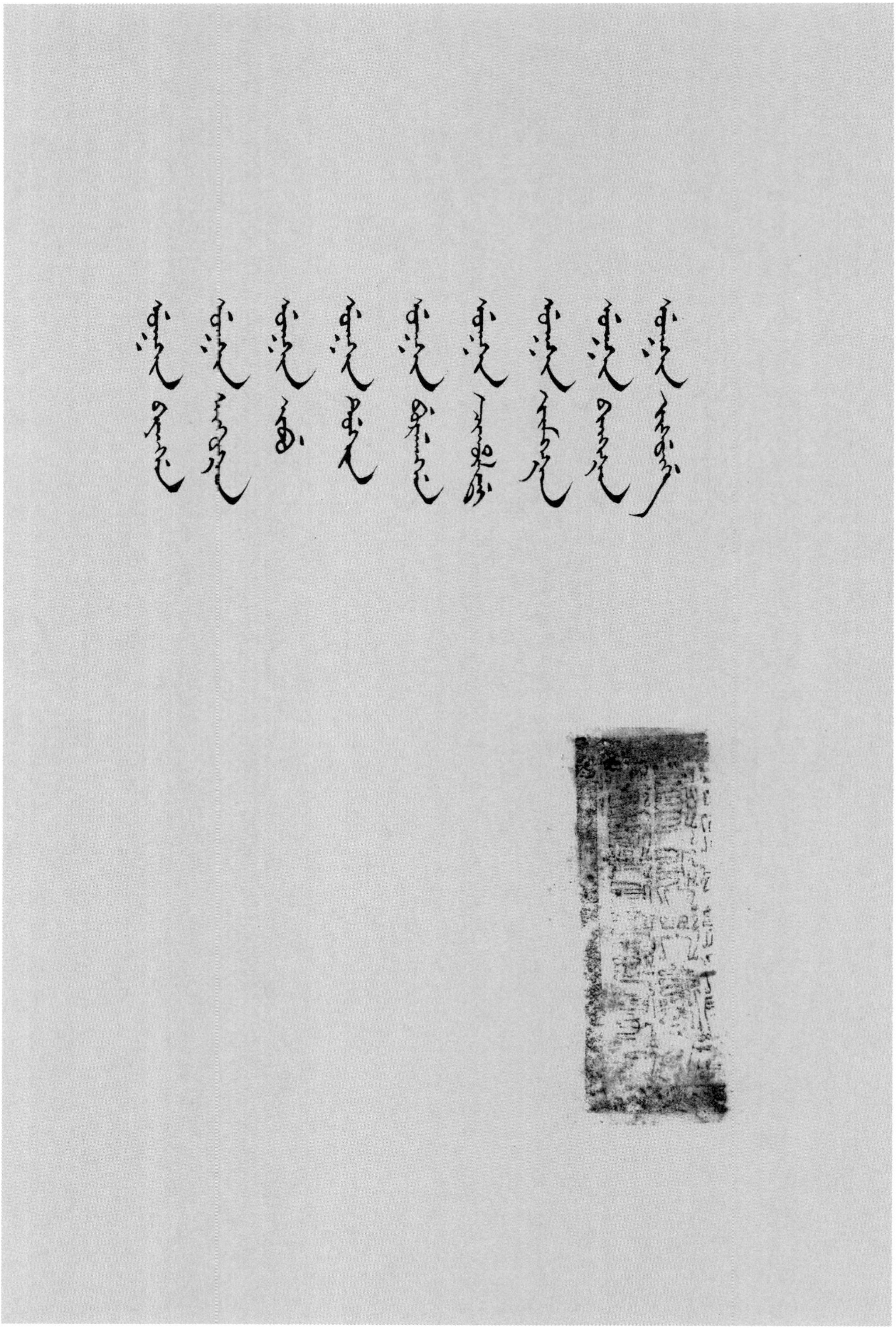

ᡠᡴᠰᡳᠨ [illegible]
ᡠᡴᠰᡳᠨ [illegible]
ᡠᡴᠰᡳᠨ [illegible]
ᡠᡴᠰᡳᠨ [illegible]
ᡠᡴᠰᡳᠨ [illegible]
ᡠᡴᠰᡳᠨ [illegible]
ᡠᡴᠰᡳᠨ [illegible]
ᡠᡴᠰᡳᠨ [illegible]
ᡠᡴᠰᡳᠨ [illegible]

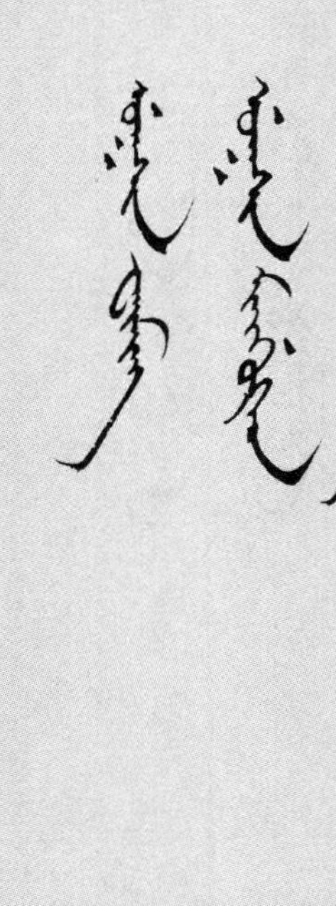

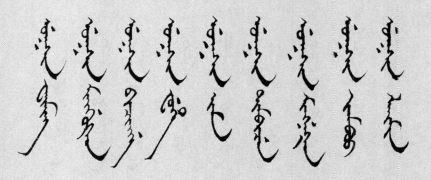

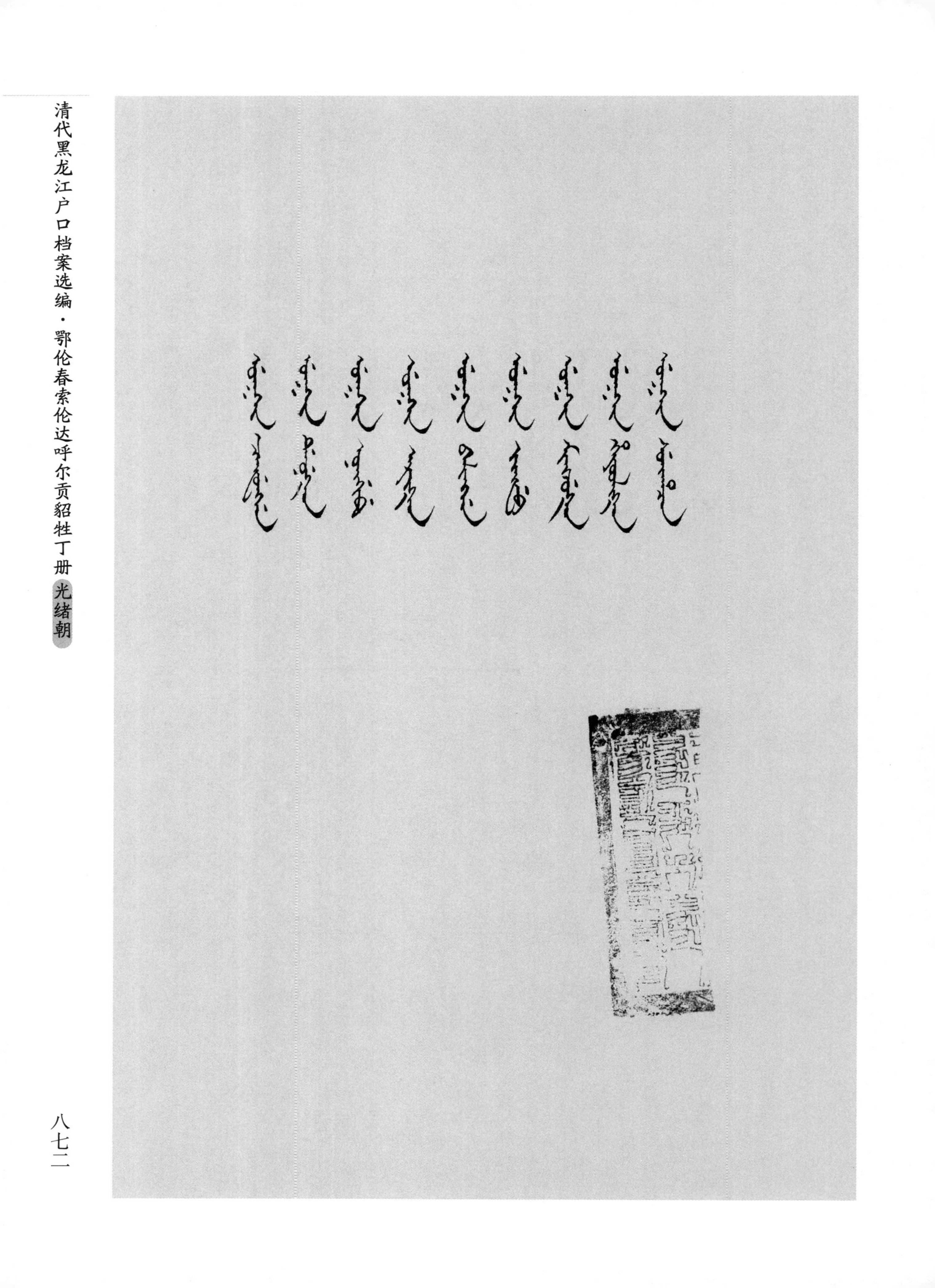

[illegible]
[illegible]
[illegible]
[illegible]
[illegible]
[illegible]
[illegible]
[illegible]
[illegible]

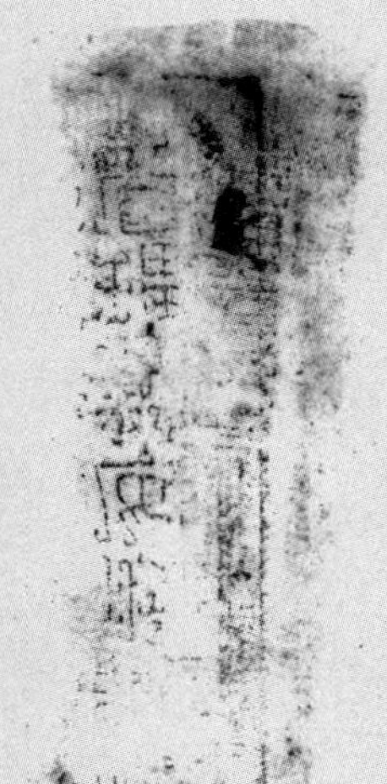

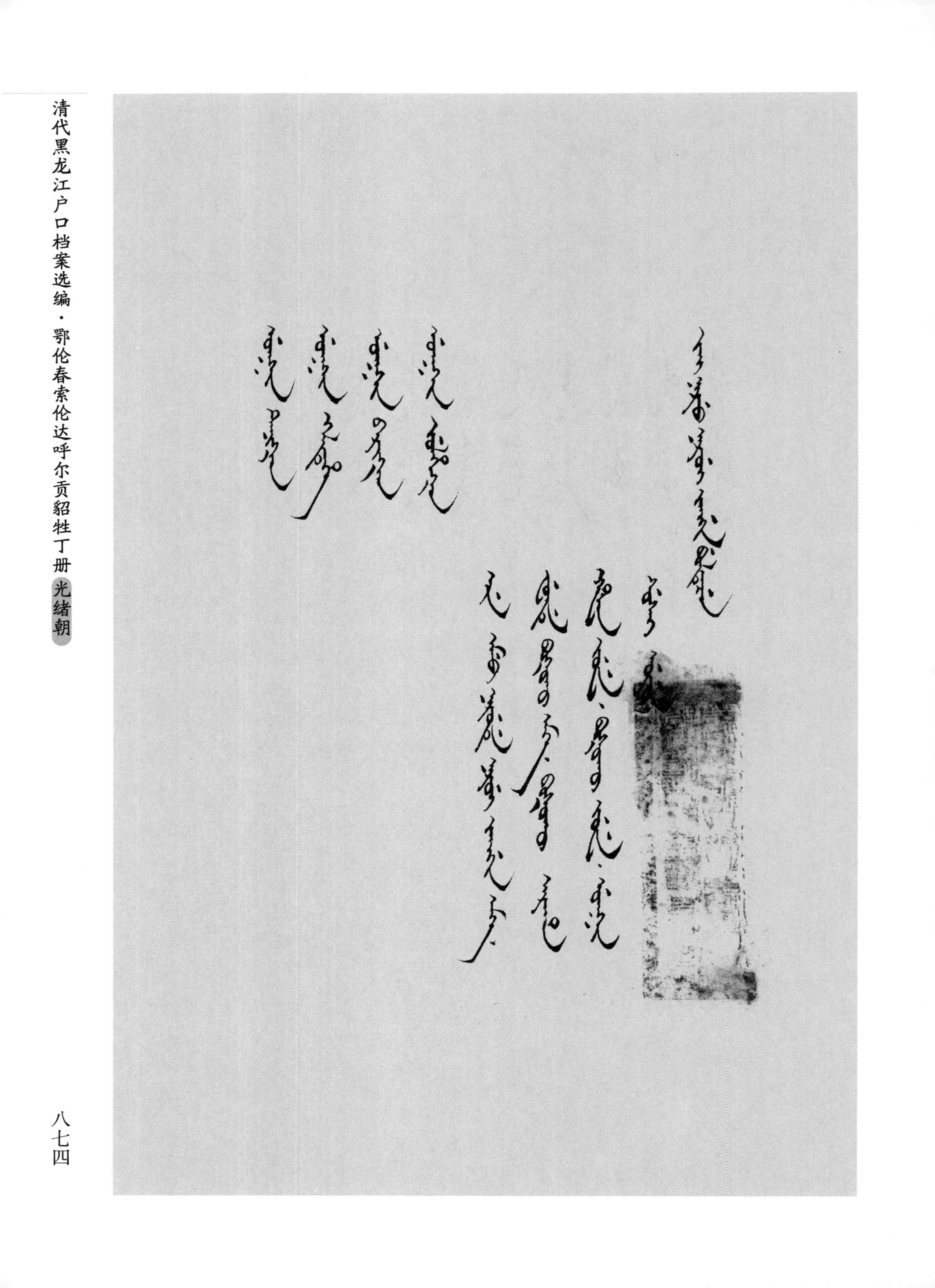

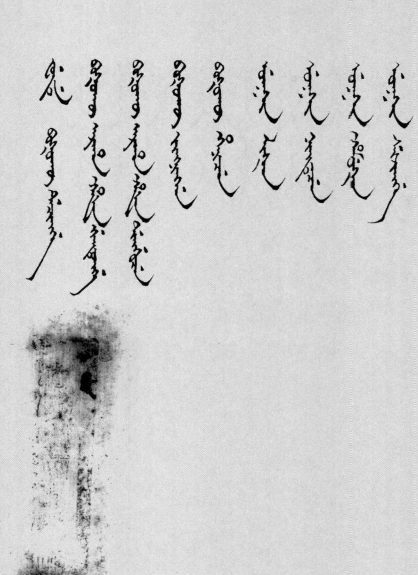

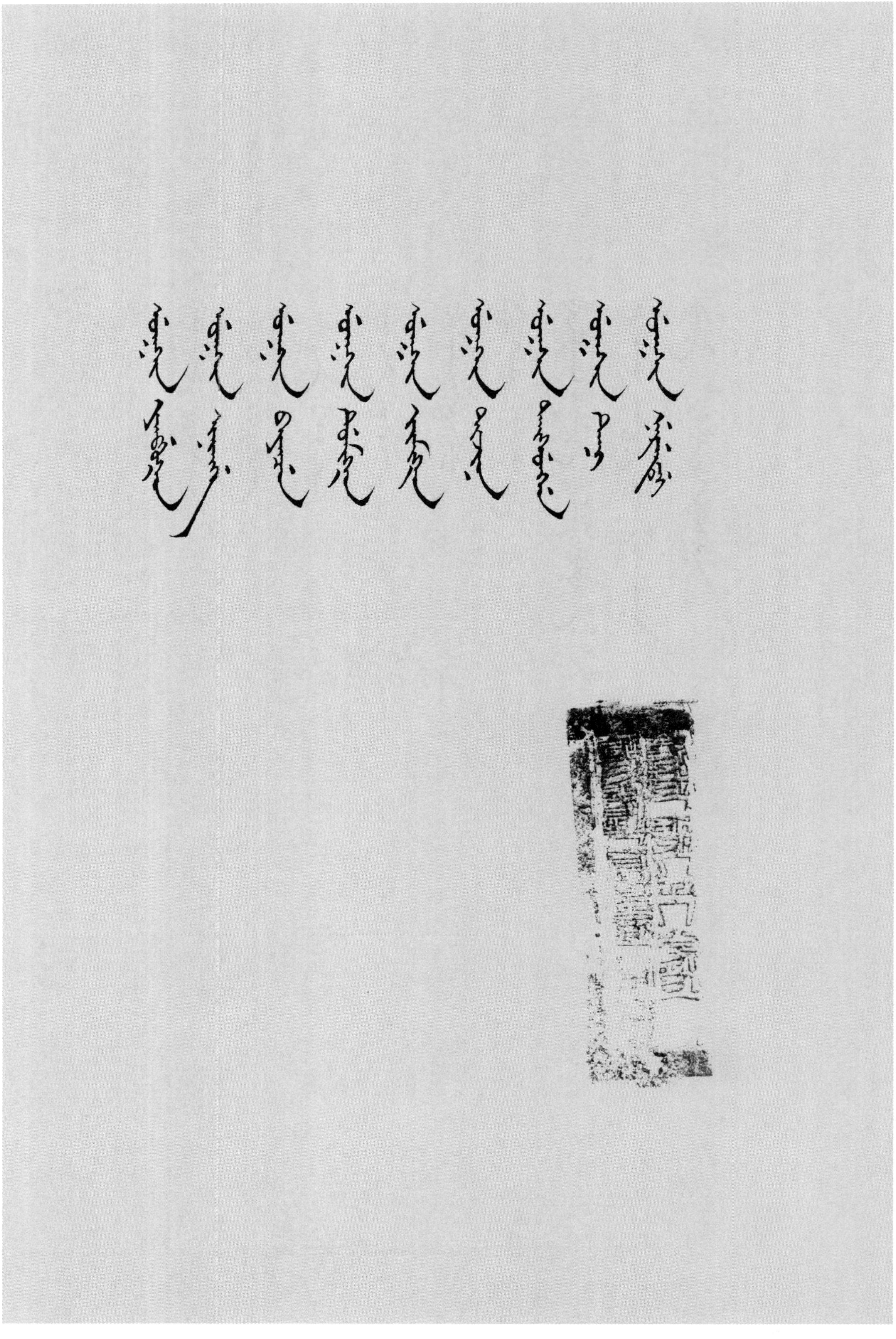

[illegible]

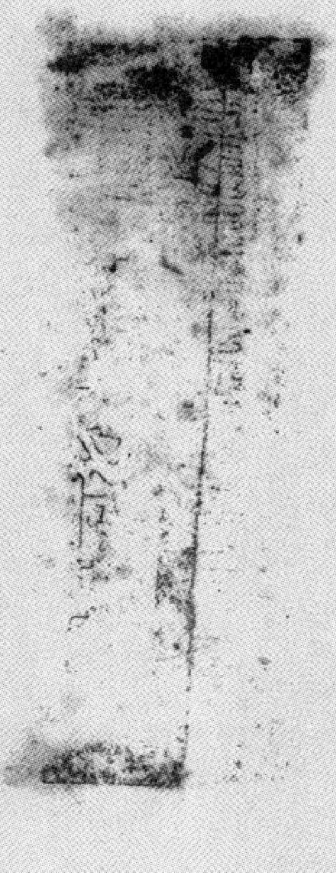

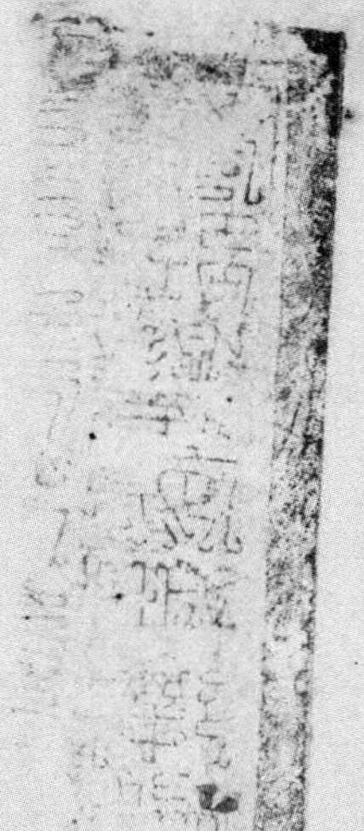

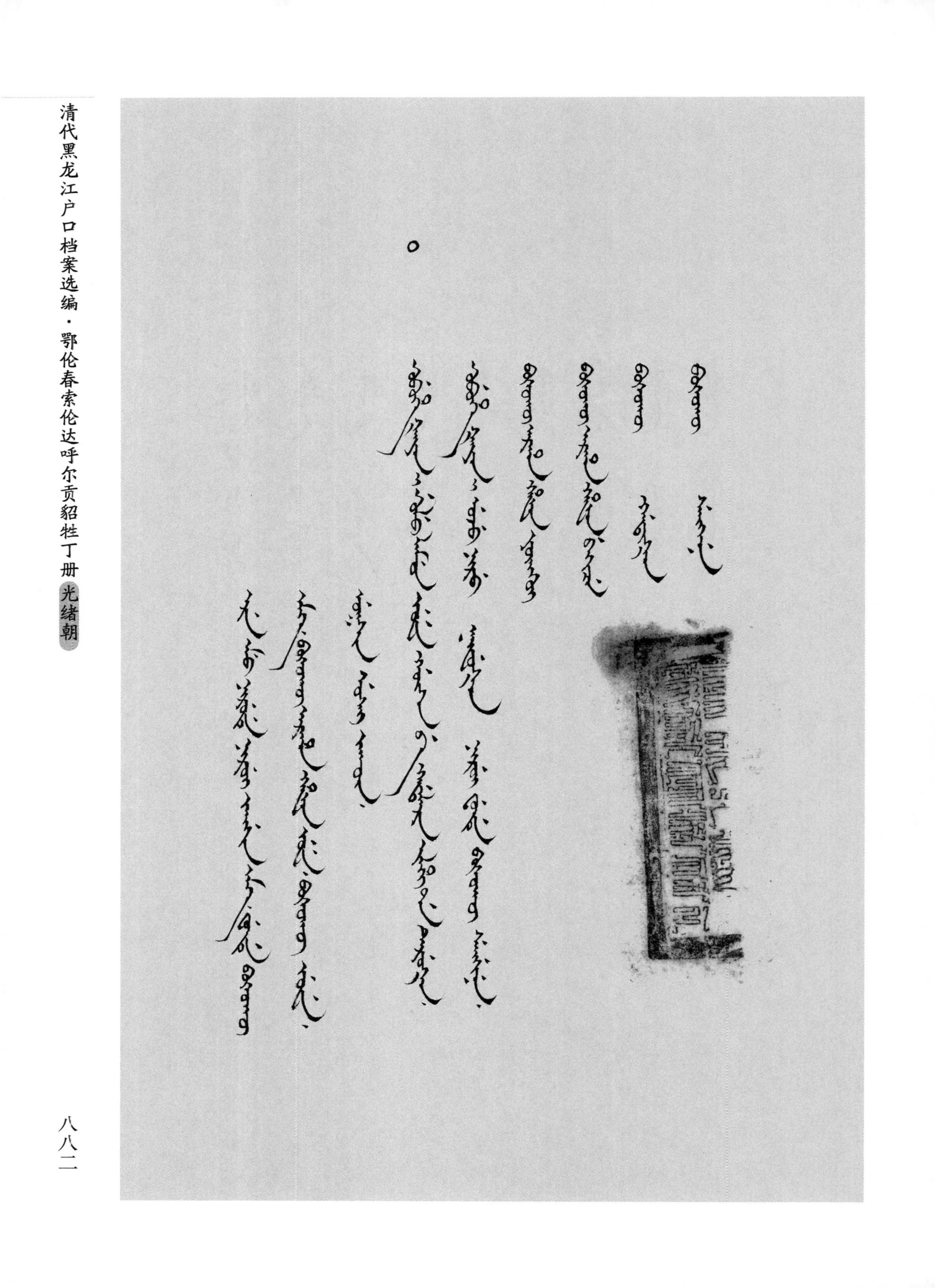

[illegible]

[illegible]

[illegible]
[illegible]
[illegible]
[illegible]
[illegible]
[illegible]
[illegible]
[illegible]
[illegible]

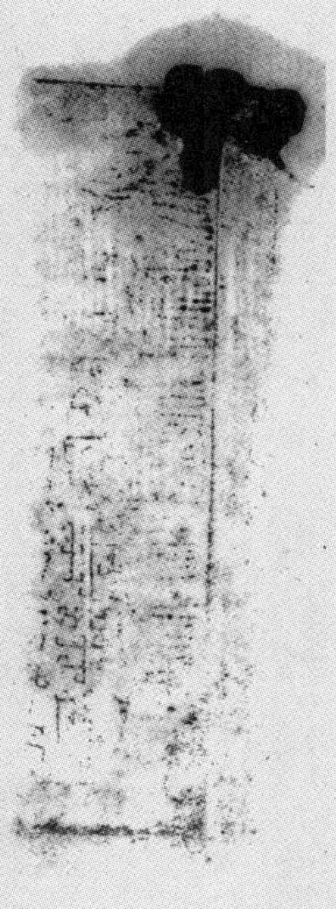

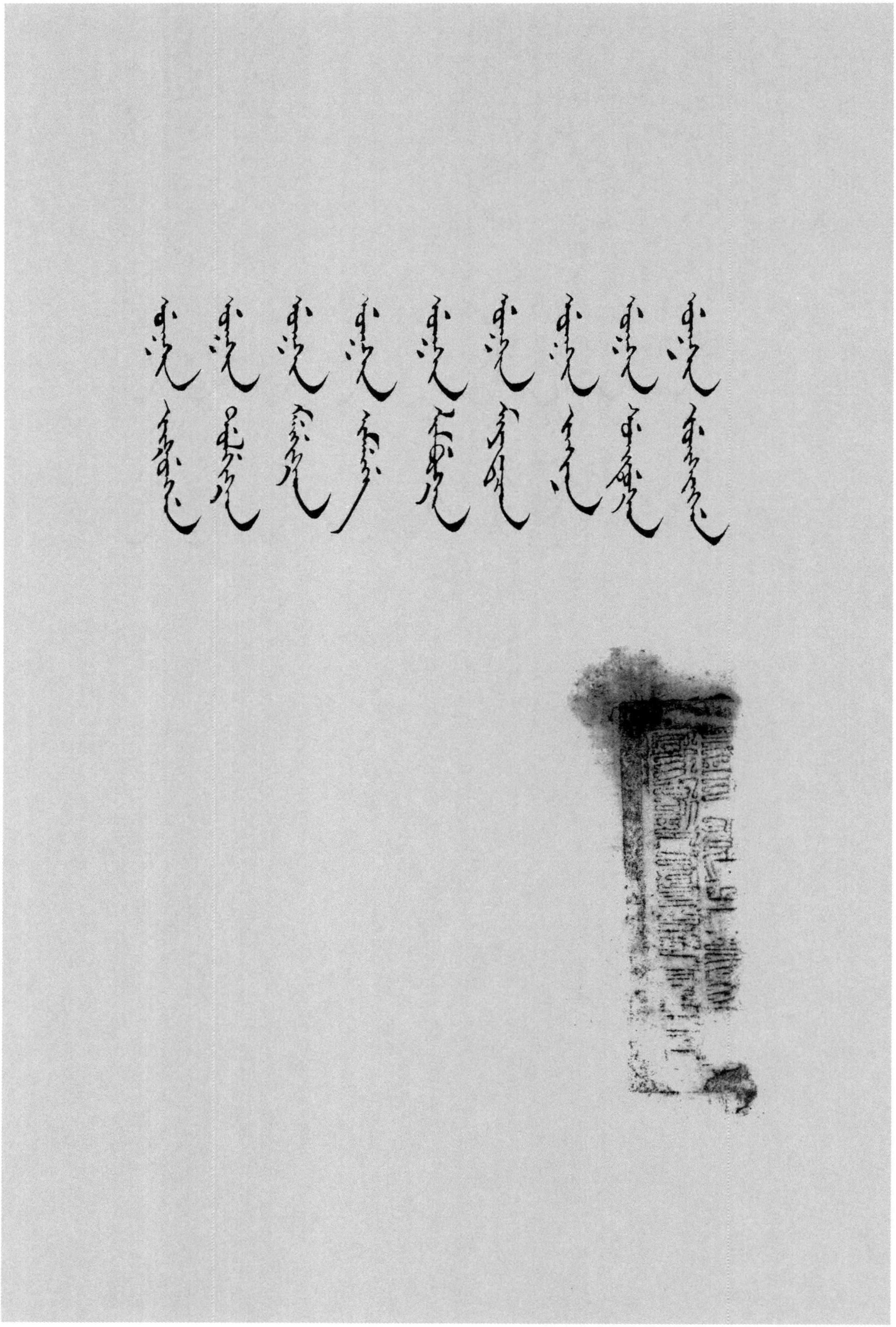

ᠰᡠᠰᠠᡳ ᡝᠮᡠ

ᠰᡠᠰᠠᡳ ᠵᡠᠸᡝ

ᠰᡠᠰᠠᡳ ᡳᠯᠠᠨ

ᠰᡠᠰᠠᡳ ᡩᡠᡳᠨ

ᠰᡠᠰᠠᡳ ᠰᡠᠨᠵᠠ

ᠰᡠᠰᠠᡳ ᠨᡳᠩᡤᡠᠨ

ᠰᡠᠰᠠᡳ ᠨᠠᡩᠠᠨ

ᠰᡠᠰᠠᡳ ᠵᠠᡴᡡᠨ

ᠰᡠᠰᠠᡳ ᡠᠶᡠᠨ

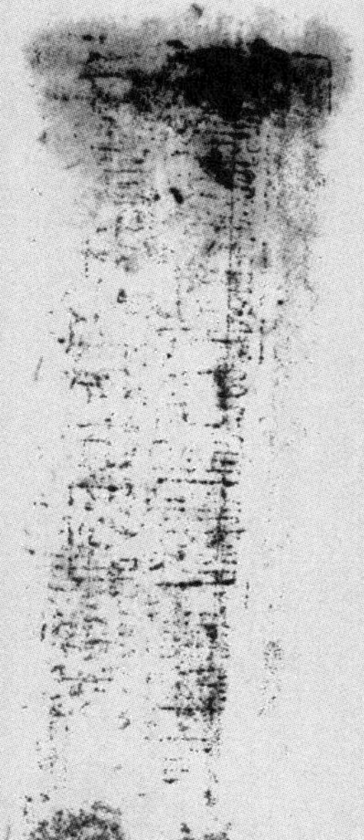

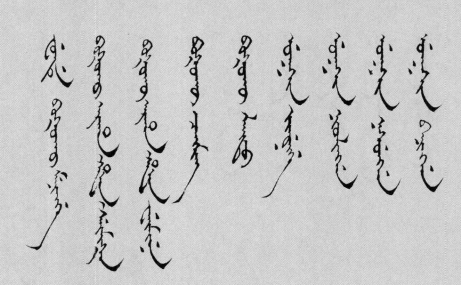

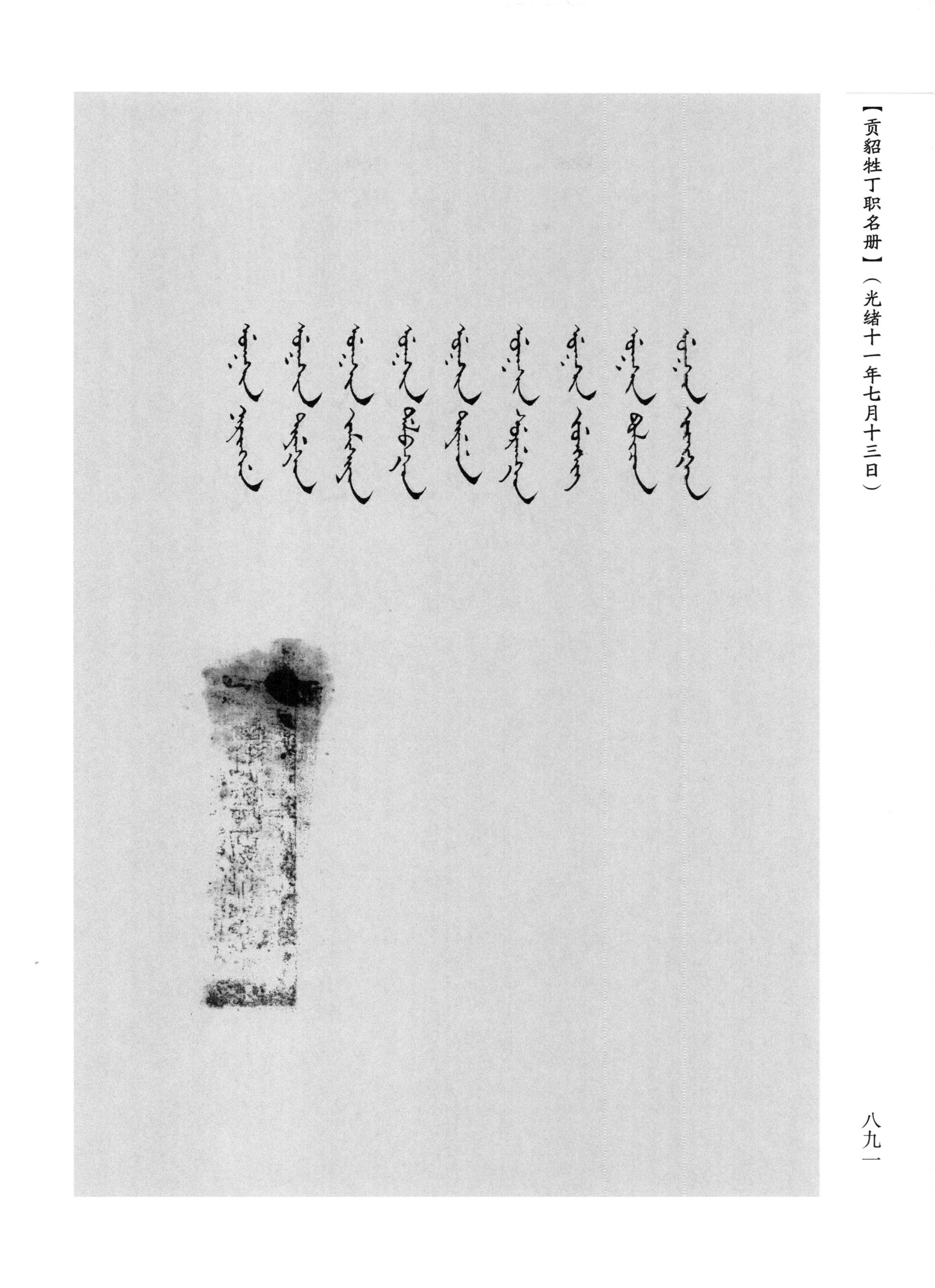

[illegible]

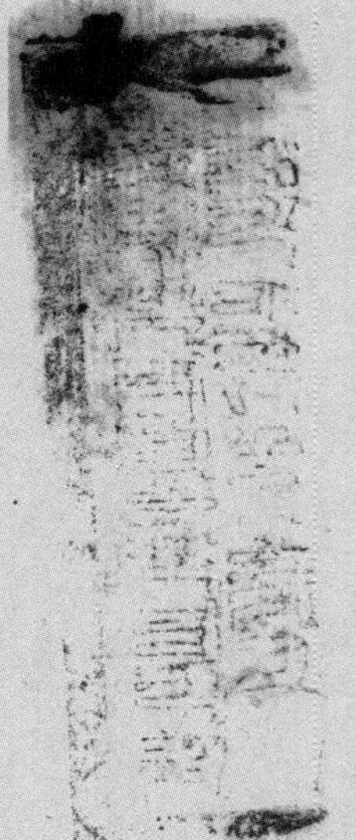

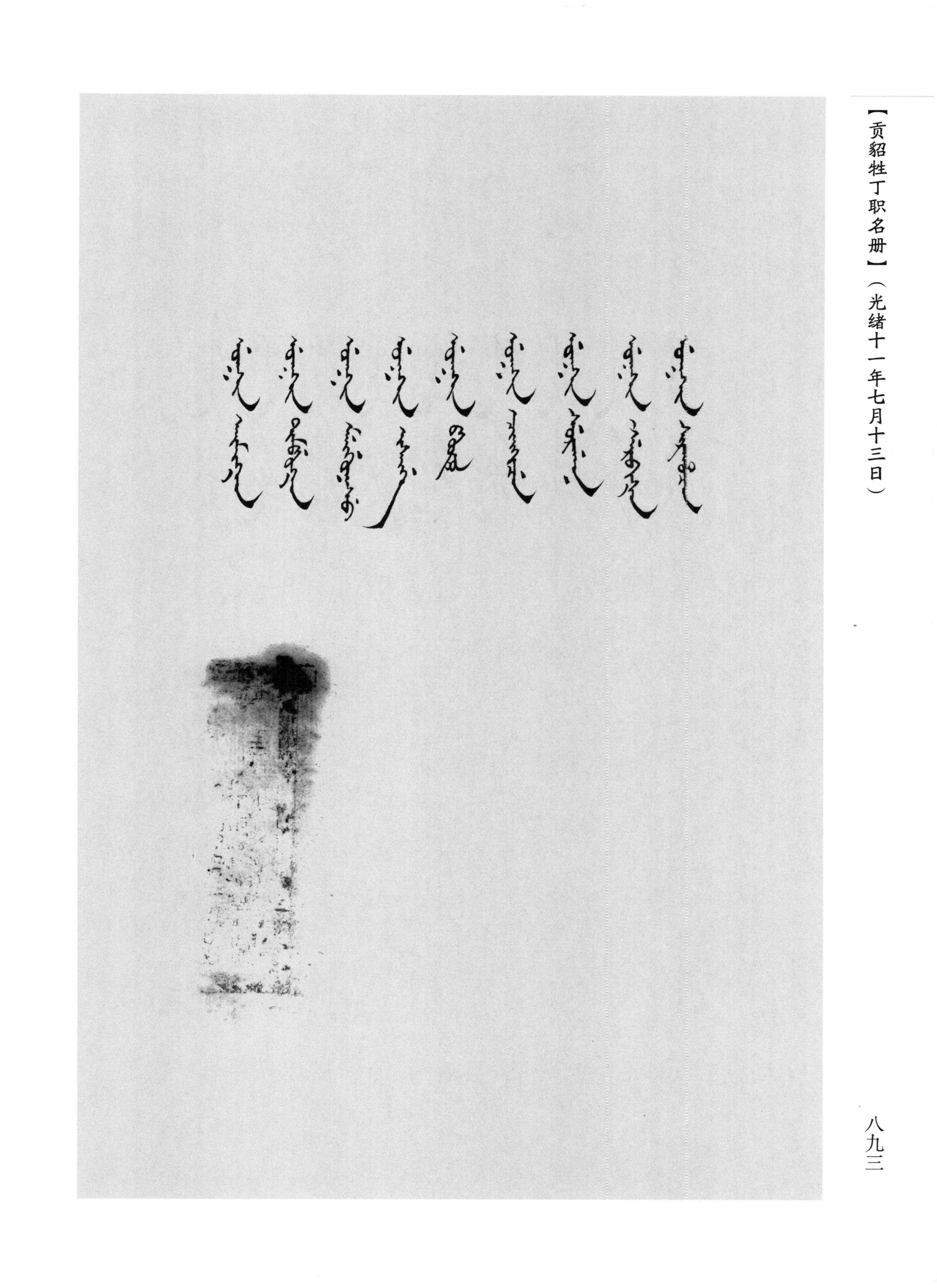

[illegible]

ᠰᡠᠯᠠ [illegible]
ᠰᡠᠯᠠ [illegible]
ᠰᡠᠯᠠ [illegible]
ᠰᡠᠯᠠ [illegible]
ᠰᡠᠯᠠ [illegible]
ᠰᡠᠯᠠ [illegible]
ᠰᡠᠯᠠ [illegible]
ᠰᡠᠯᠠ [illegible]

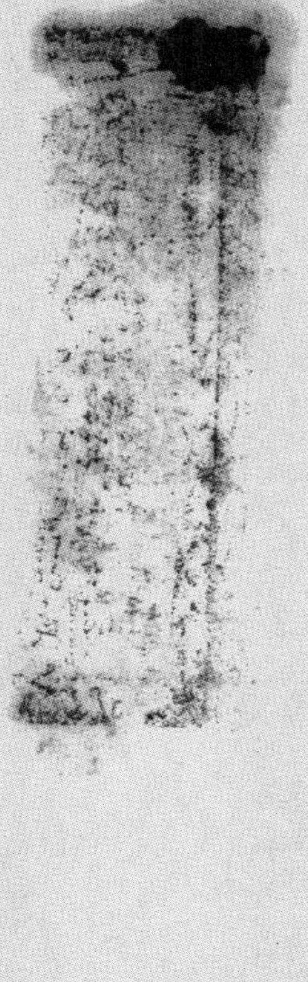

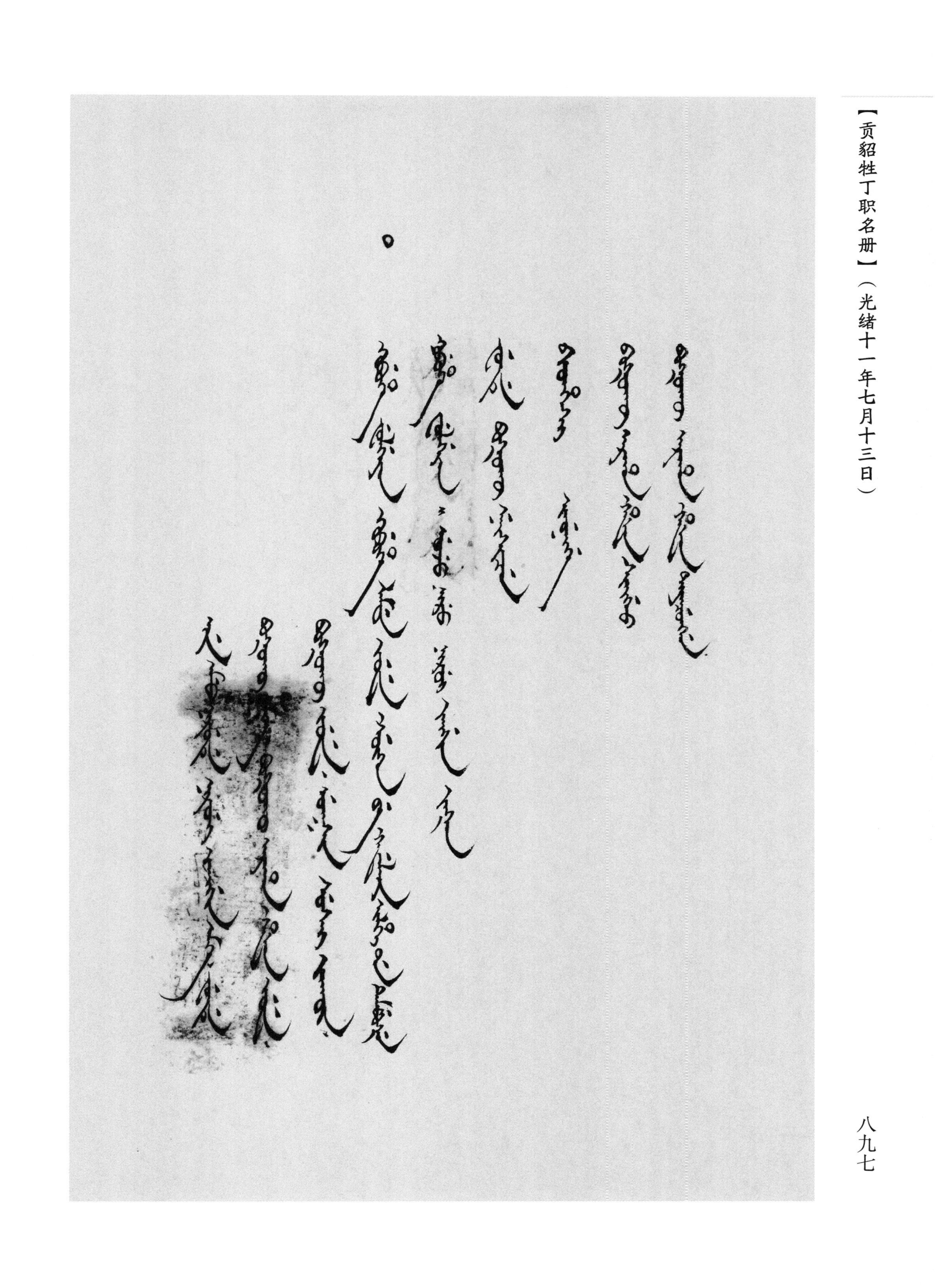

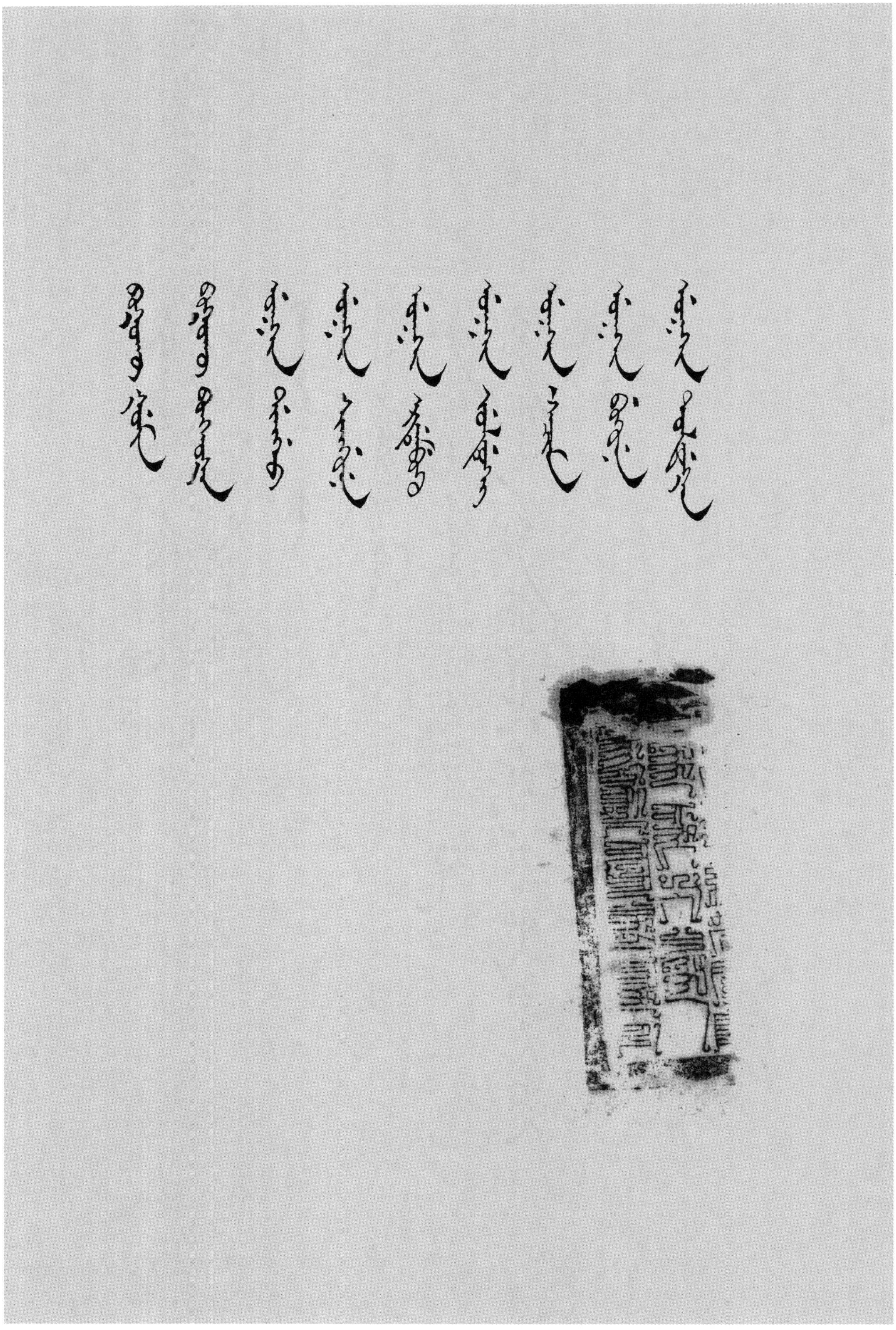

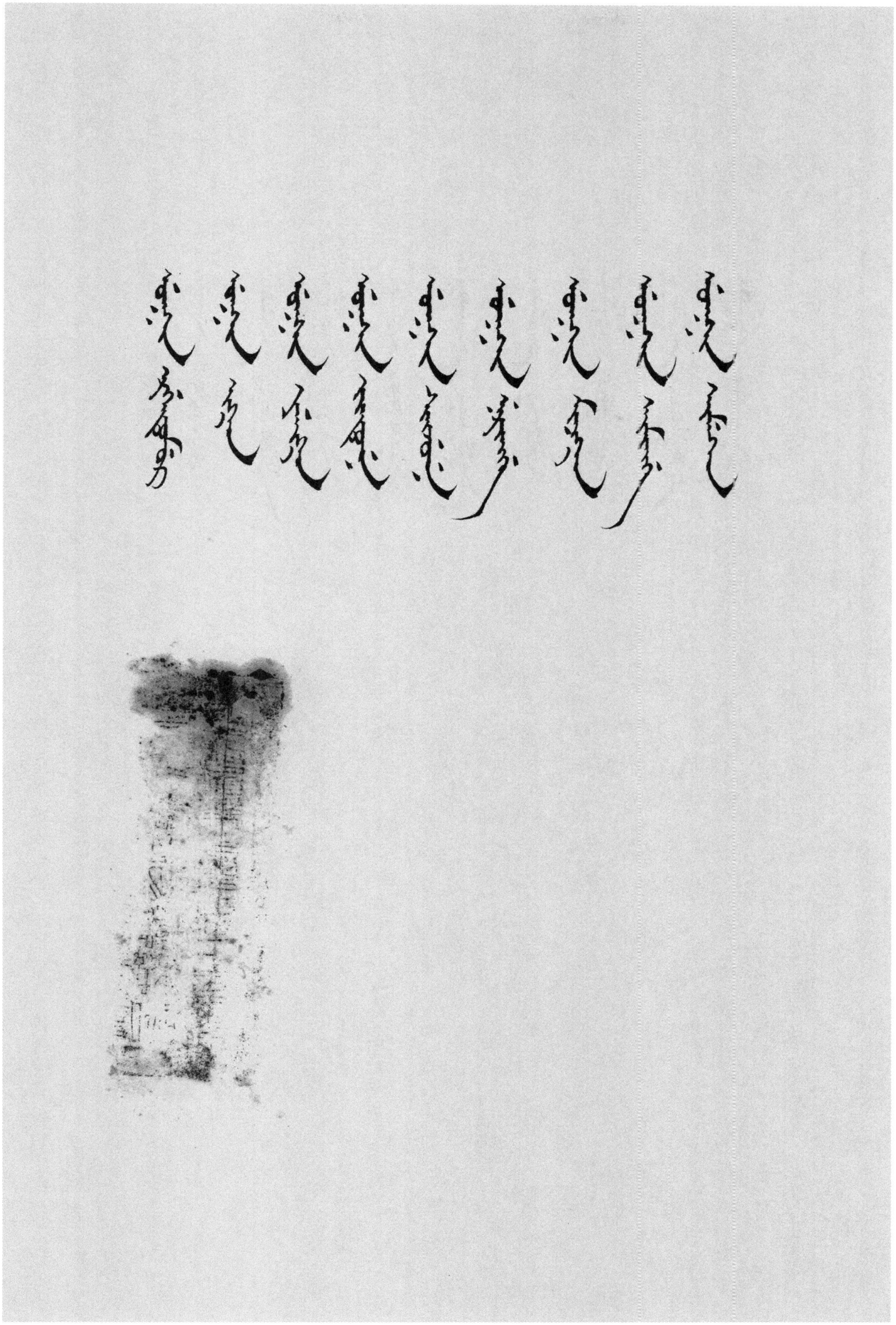

[illegible]
[illegible]
[illegible]
[illegible]
[illegible]
[illegible]
[illegible]
[illegible]
[illegible]

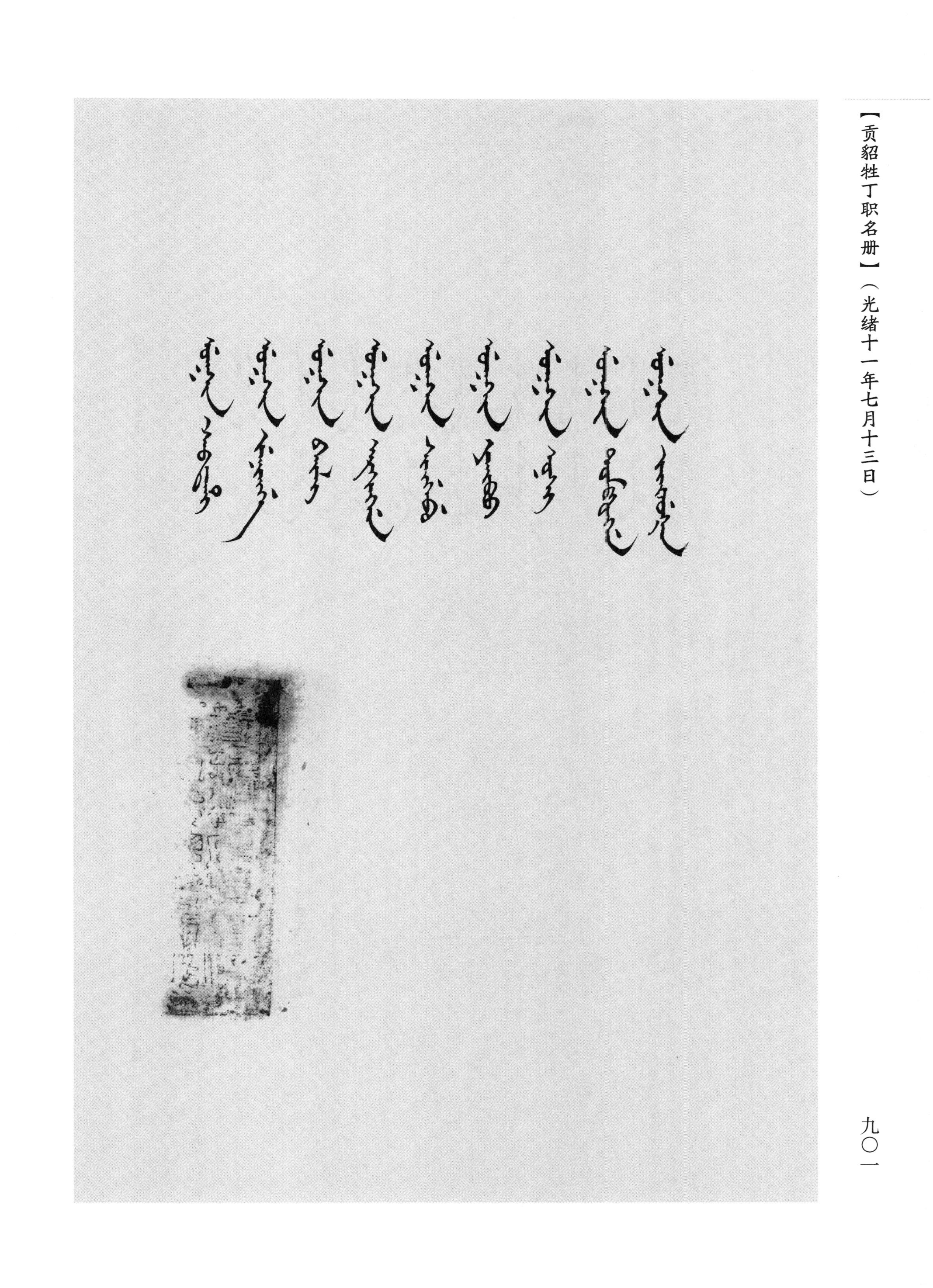

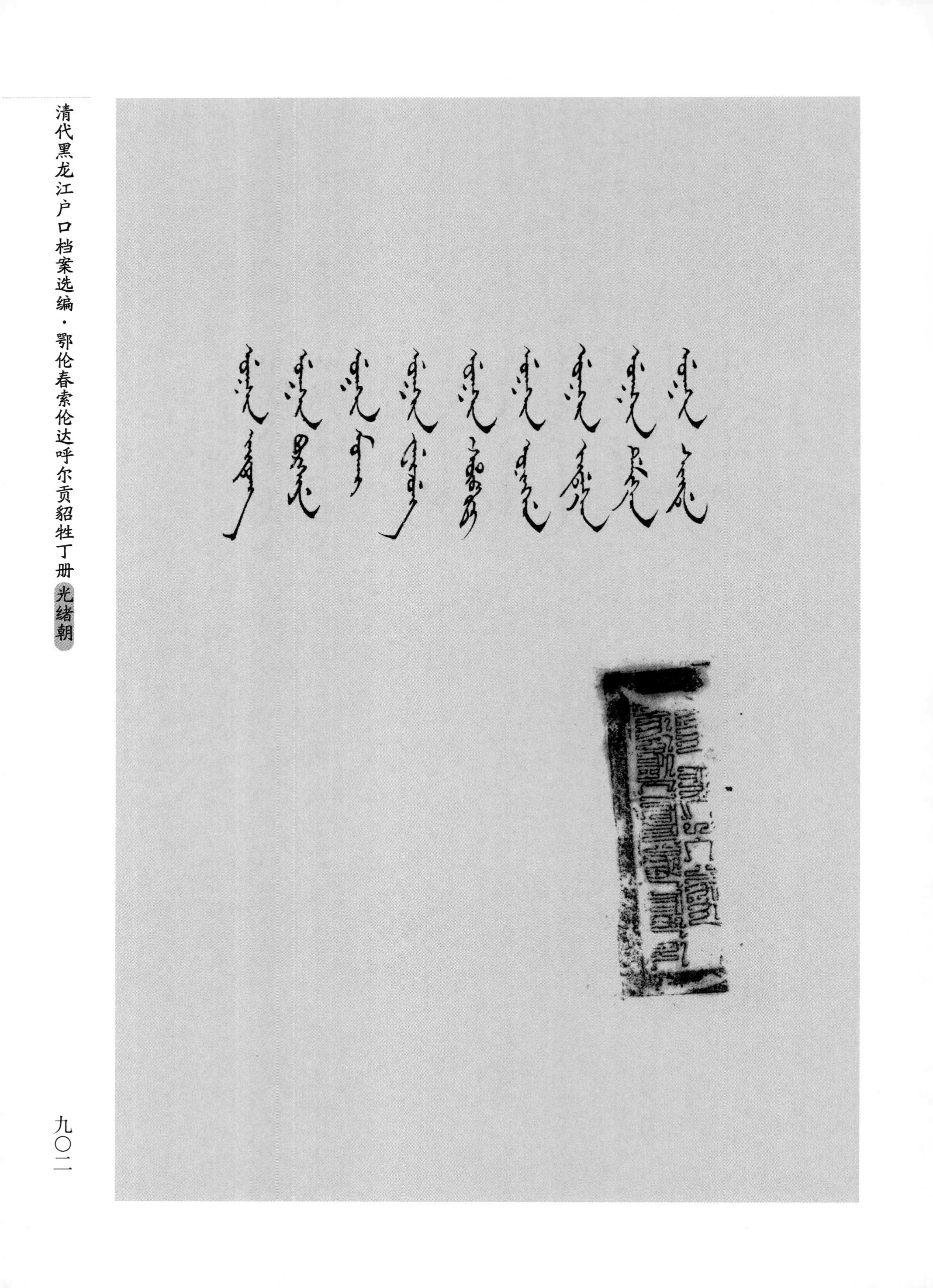

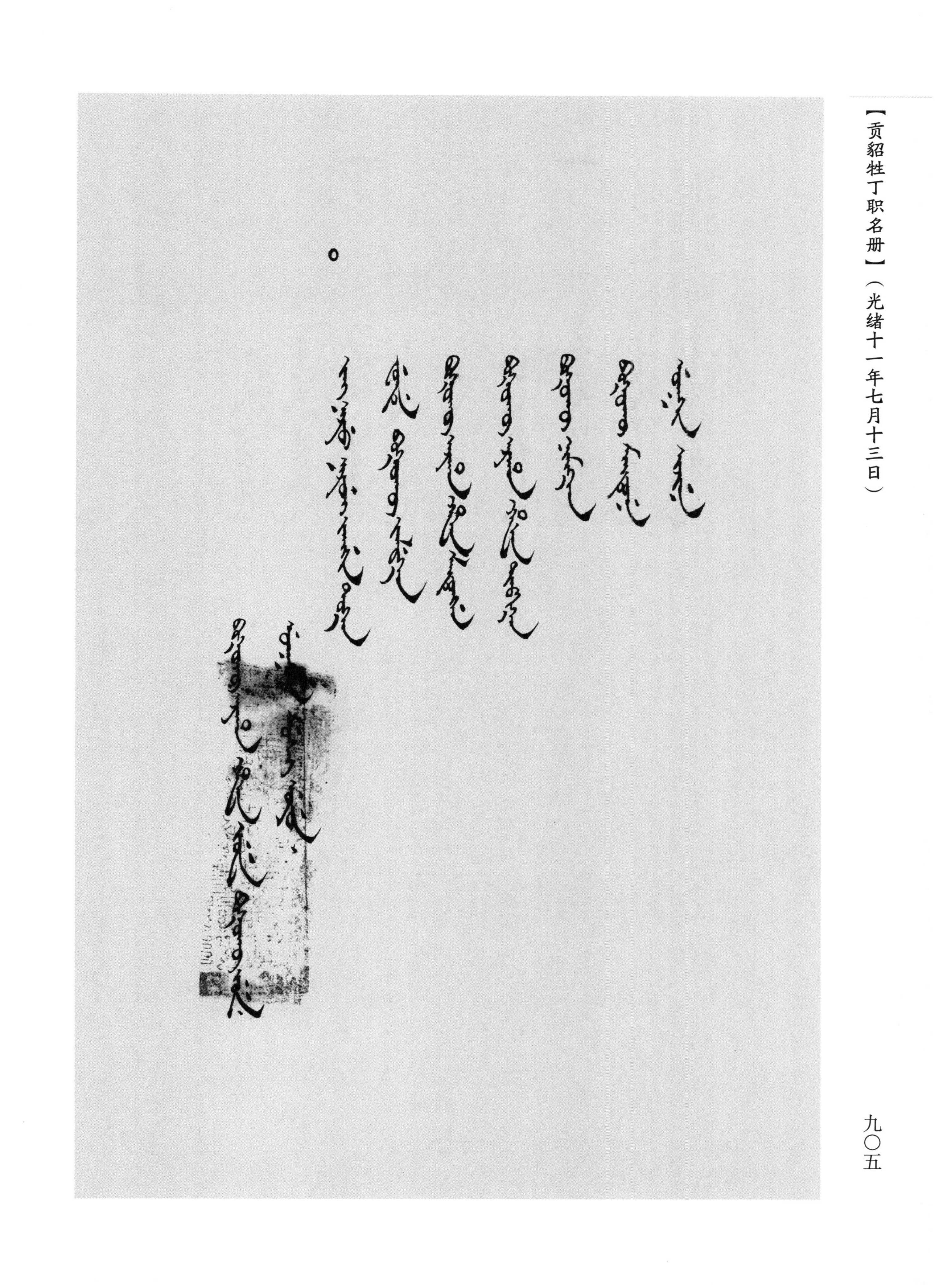

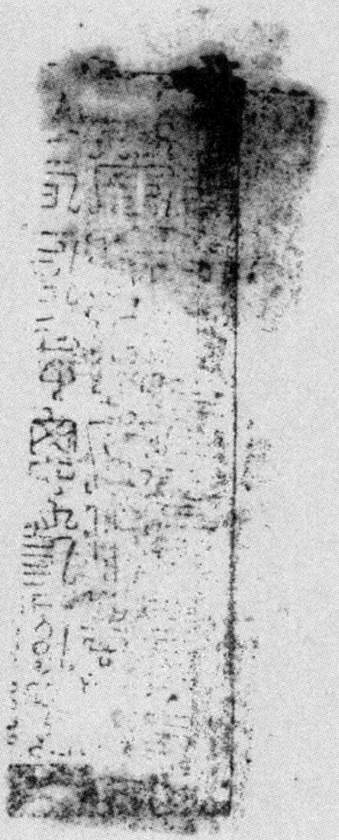

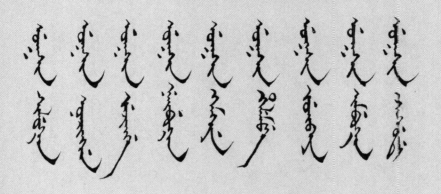

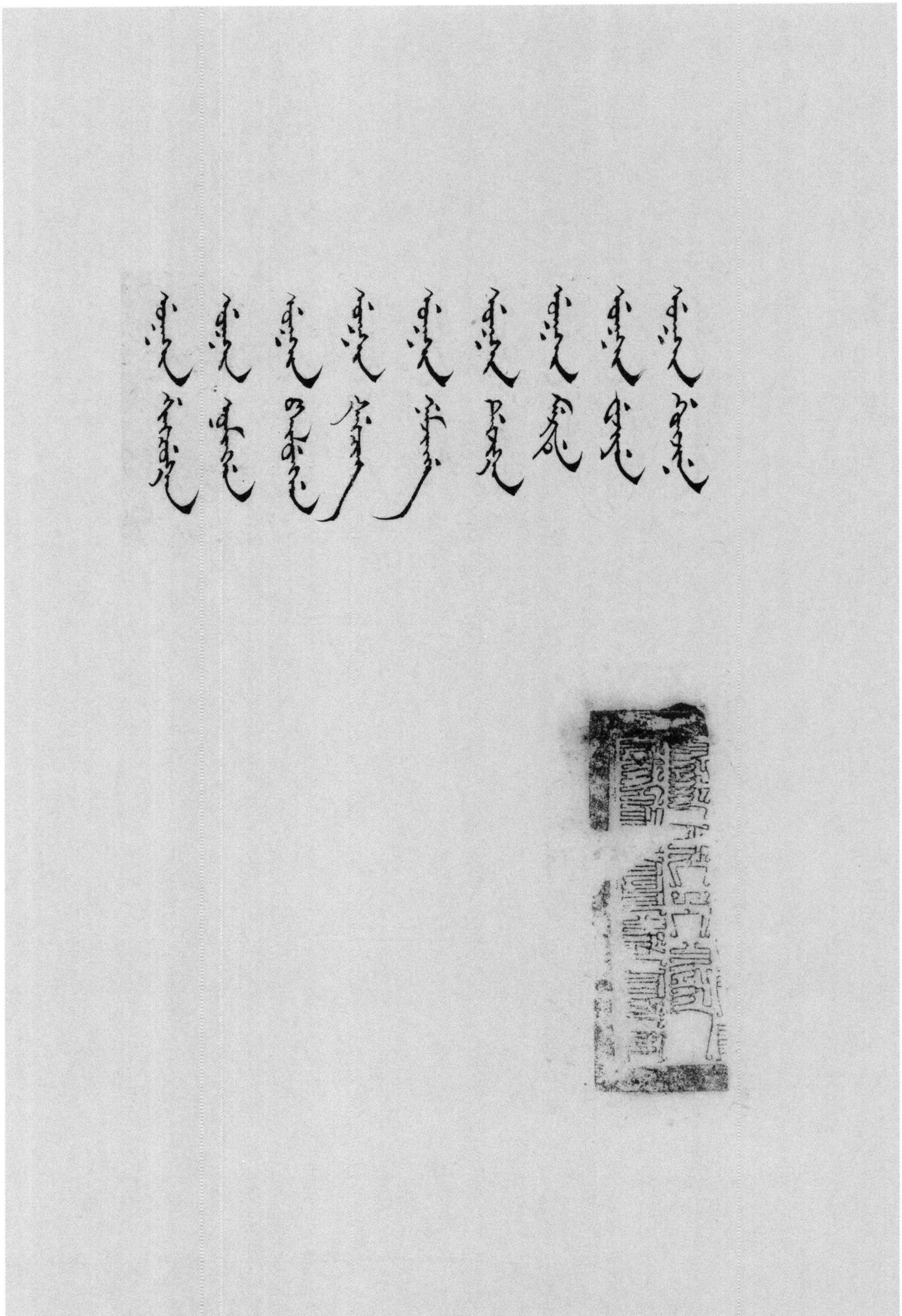

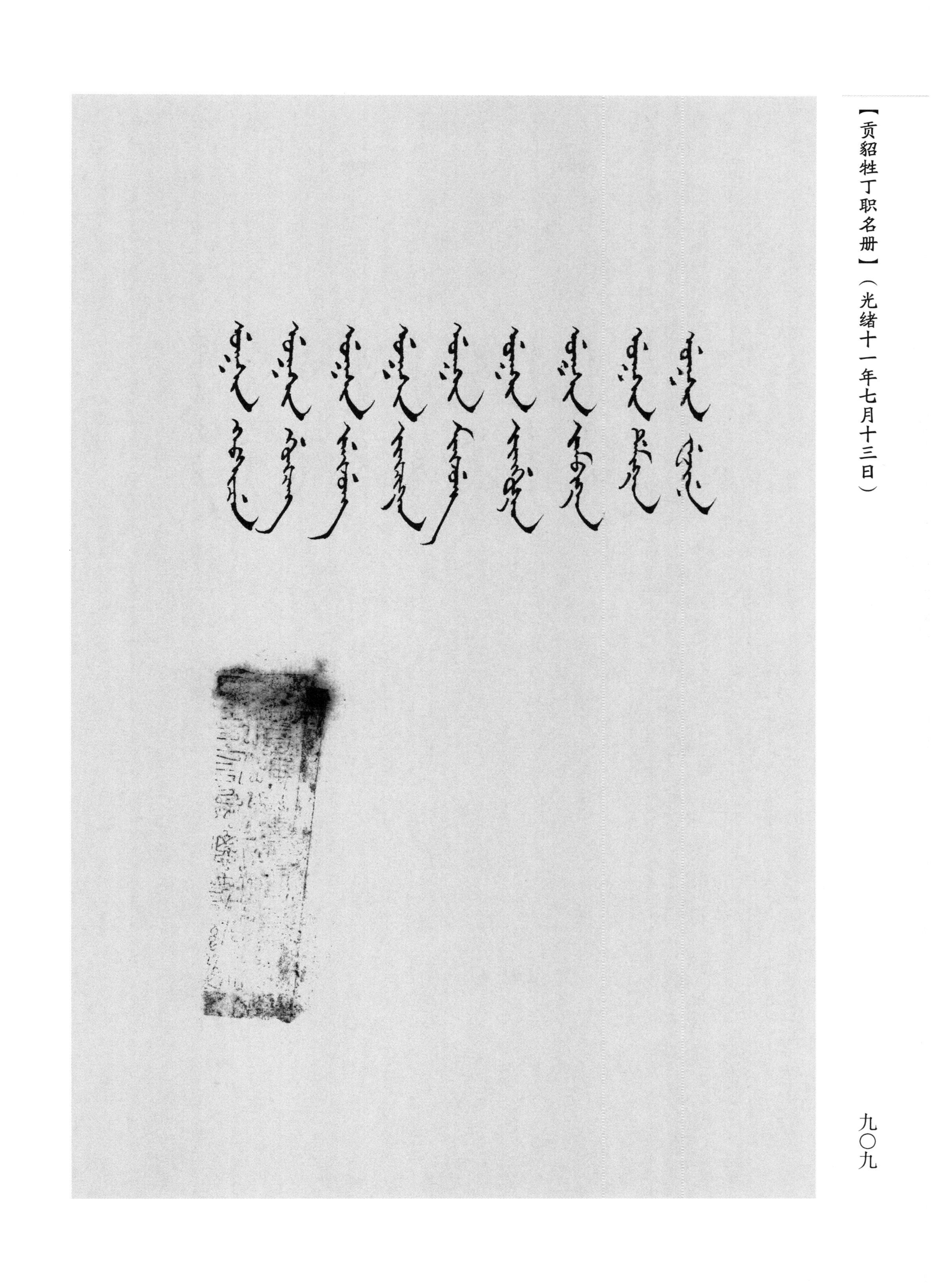

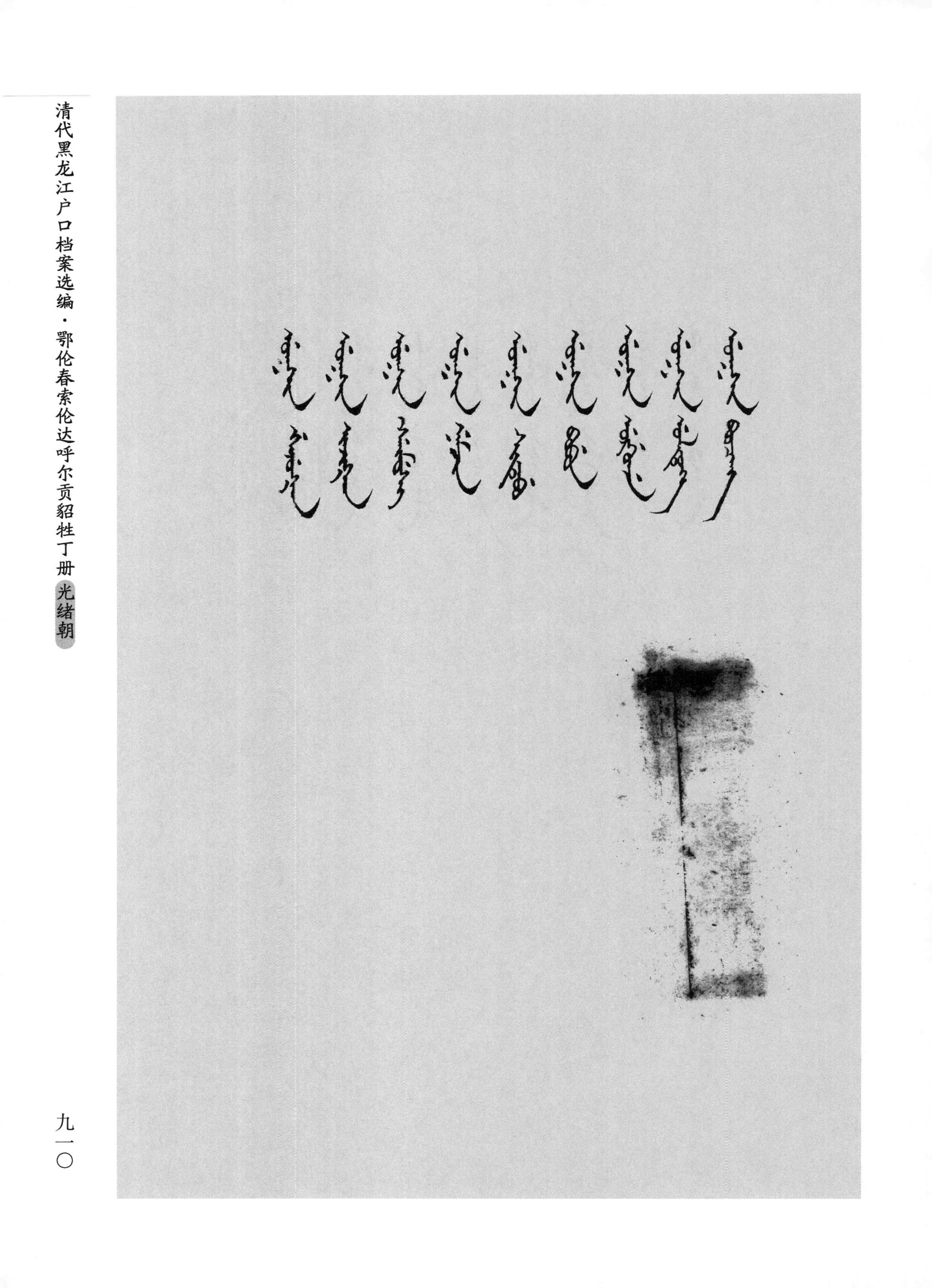

o [illegible]

[illegible]

[illegible]

[illegible]

[illegible]

[illegible]

[illegible]

[illegible]

[illegible]

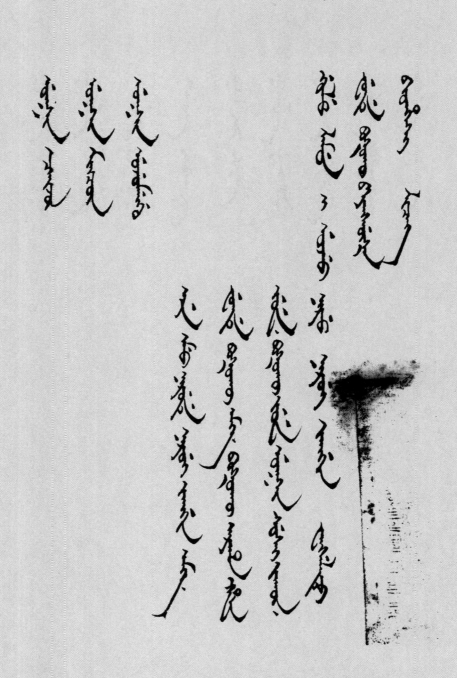

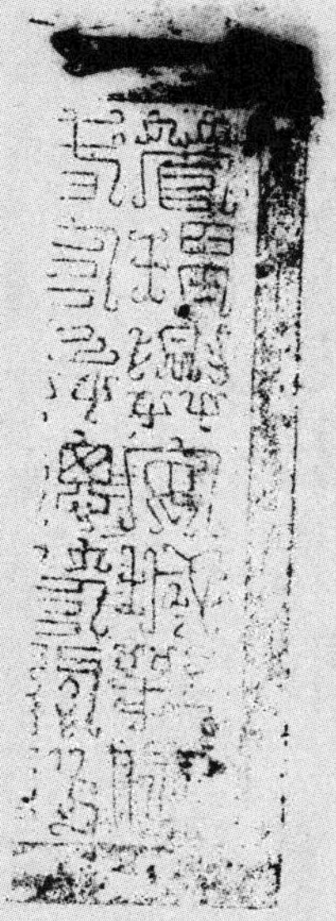

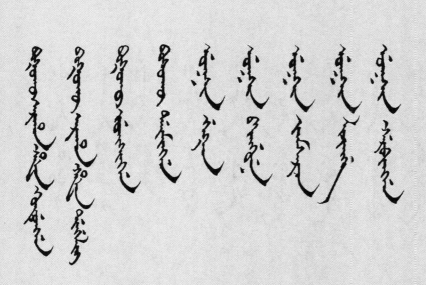

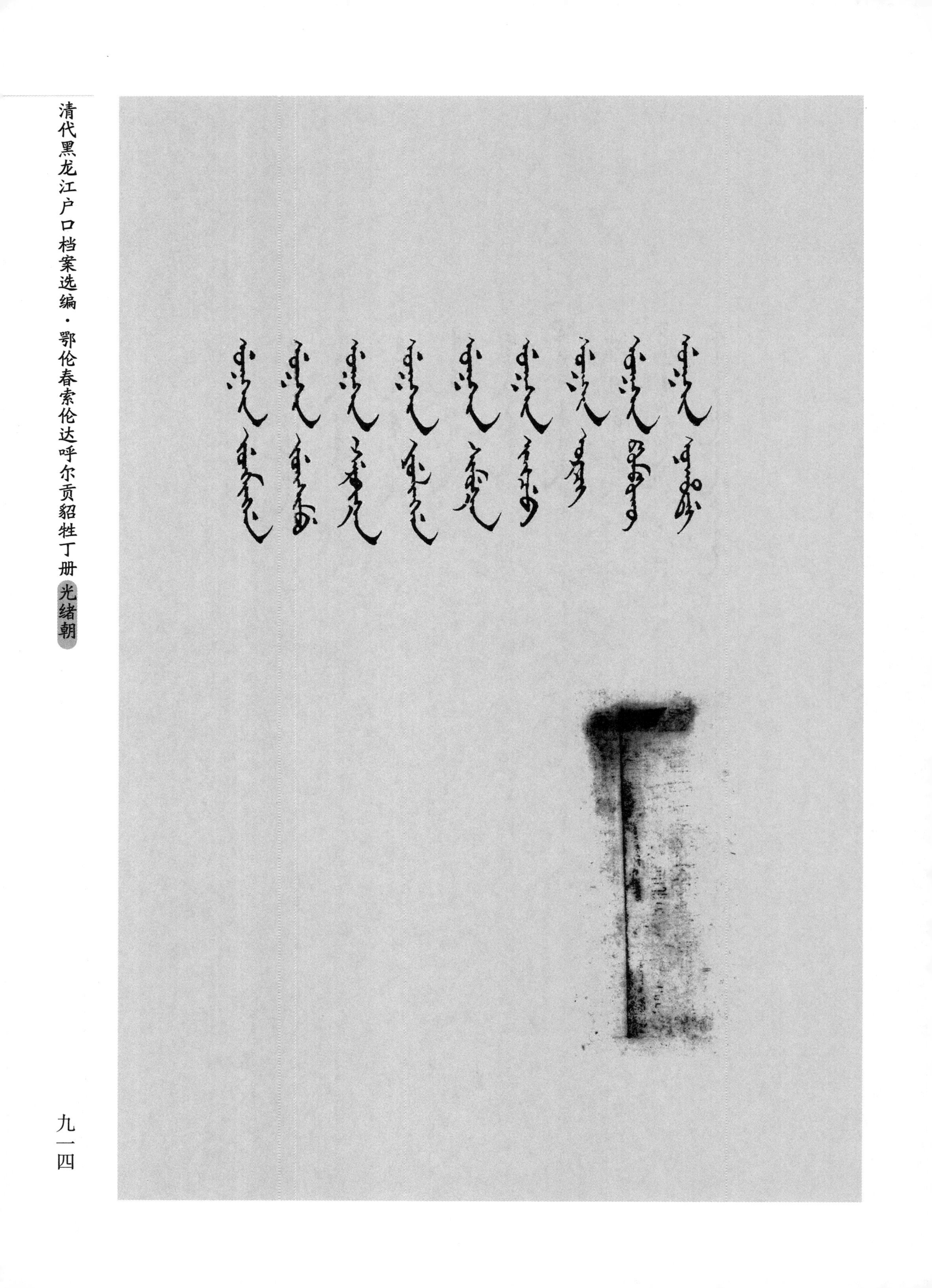

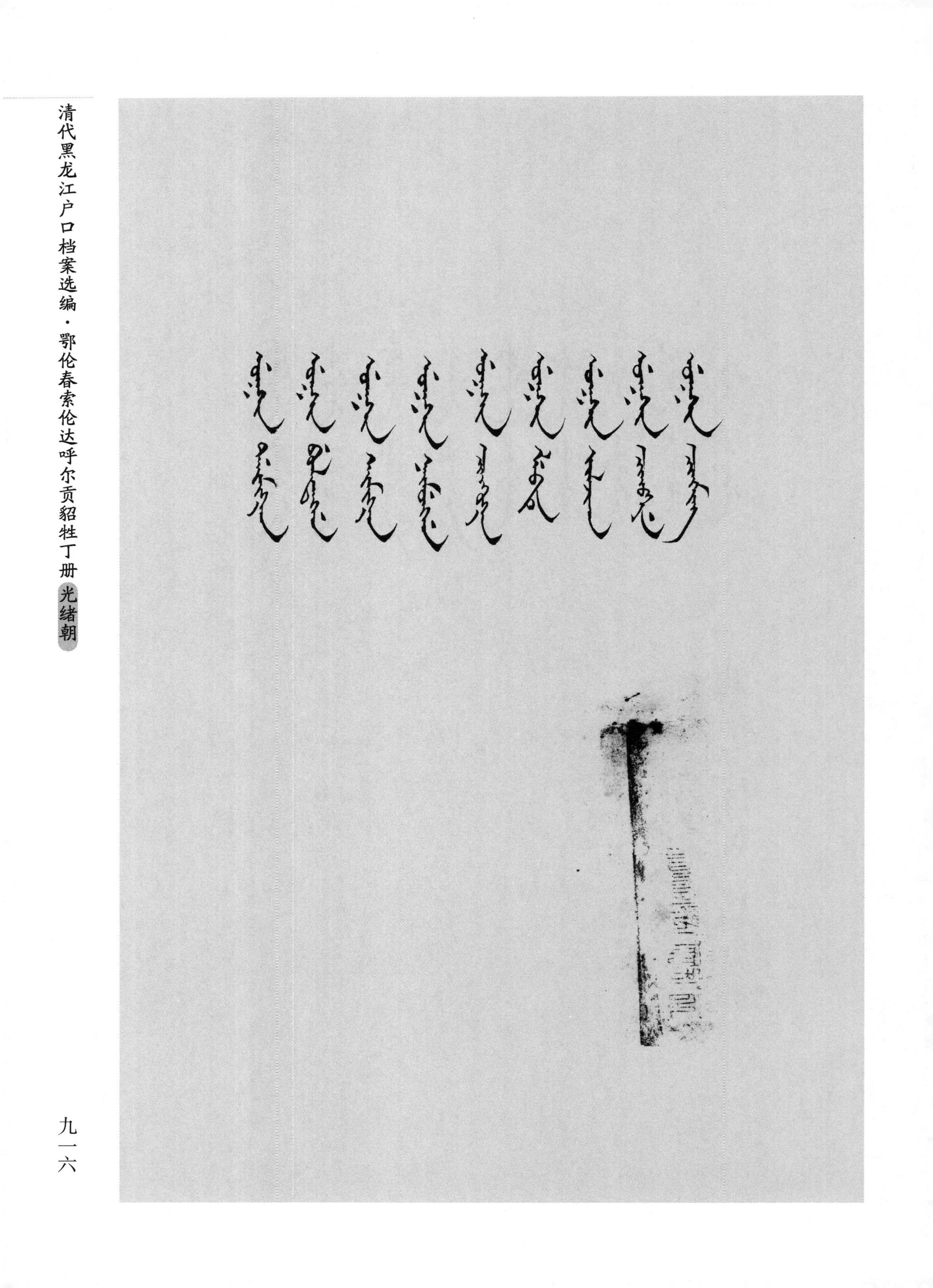

[illegible]

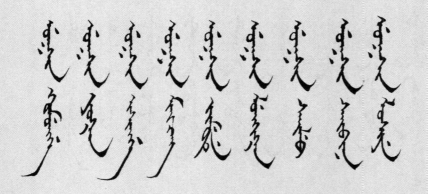

[illegible]

[illegible]

[illegible]

[illegible]

[illegible]

[illegible]

[illegible]

[illegible]

[illegible]

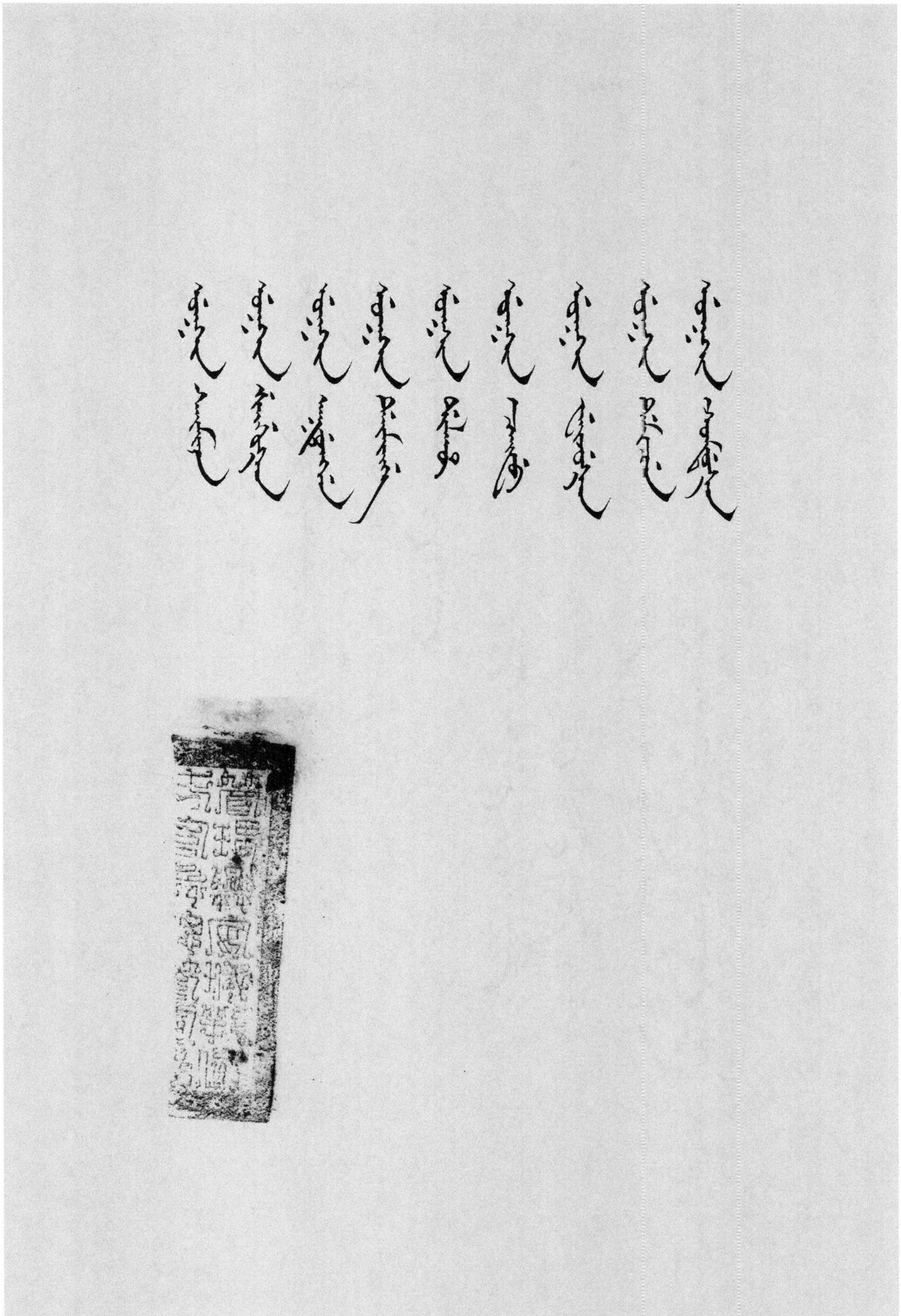

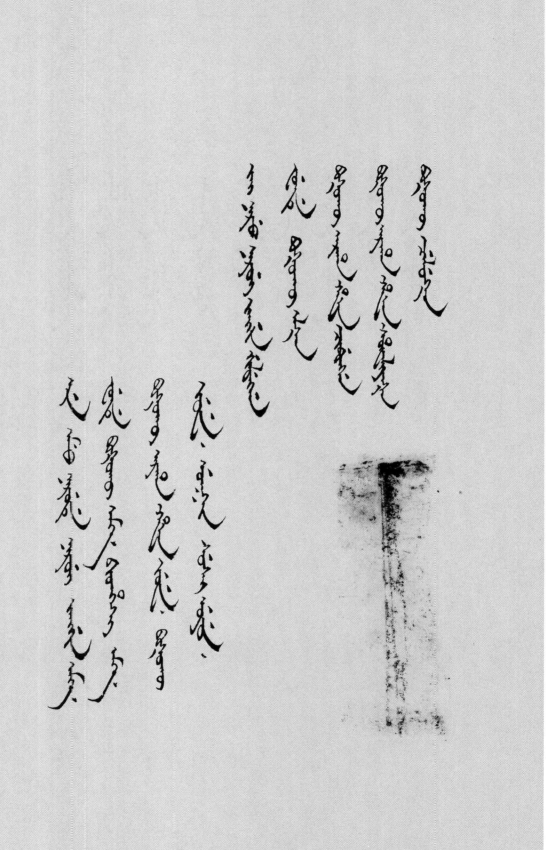

[illegible]

ᠪᠣᡧᠣᡴᡡ [illegible]

[illegible] ᠪᠣᡧᠣᡴᡡ [illegible]

[illegible]

[illegible]

[illegible] ᠪᠣᡧᠣᡴᡡ [illegible]

ᠪᠣᡧᠣᡴᡡ [illegible]

ᠪᠣᡧᠣᡴᡡ [illegible]

ᠪᠣᡧᠣᡴᡡ [illegible]

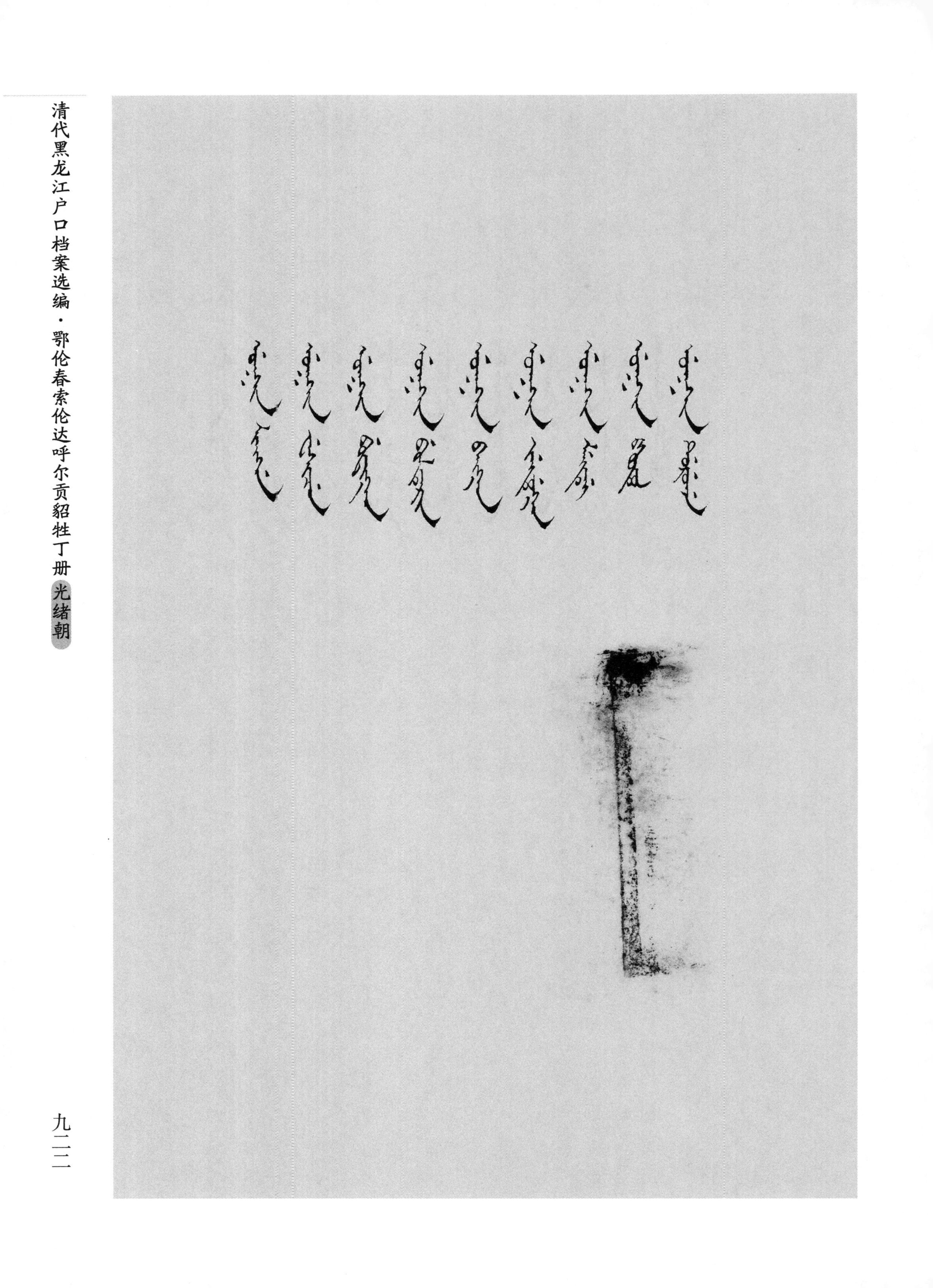

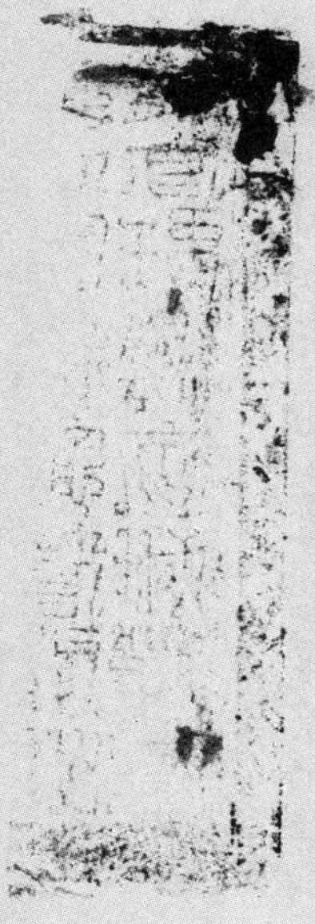

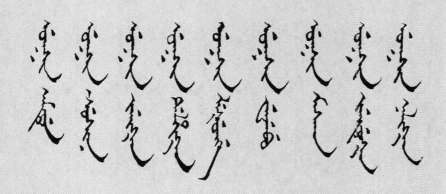

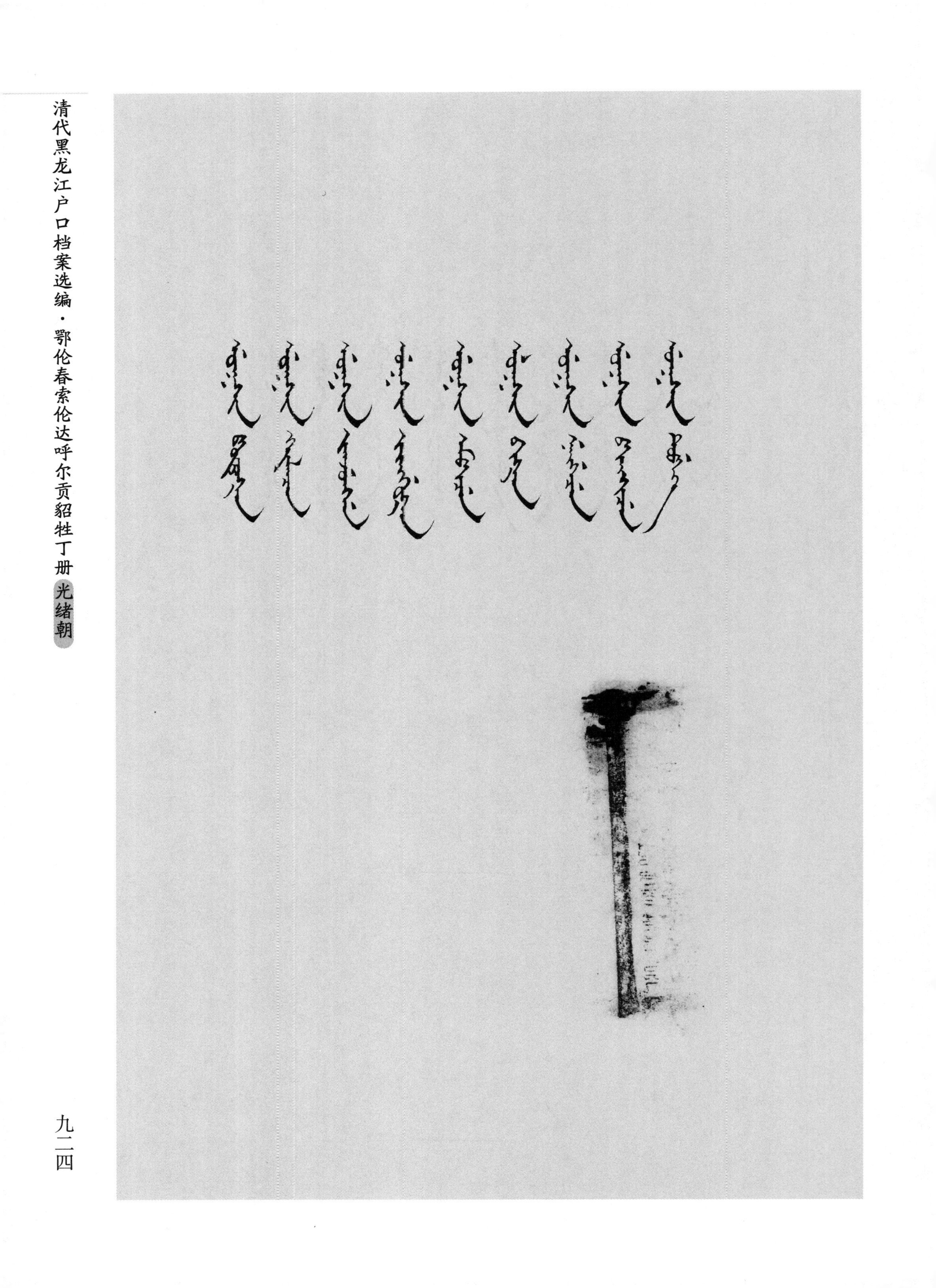

[illegible]
[illegible]
[illegible]
[illegible]
[illegible]
[illegible]
[illegible]
[illegible]

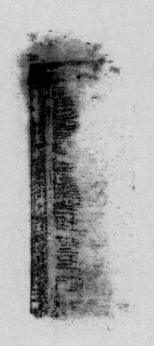

[illegible]

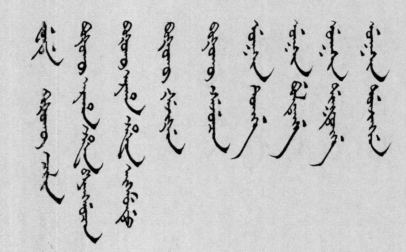

ᡶᡠᠨᠴᡝᡥᡝ ᠰᡝᡴᡝ
ᡶᡠᠨᠴᡝᡥᡝ [illegible]
ᡶᡠᠨᠴᡝᡥᡝ [illegible]
[illegible]
[illegible]
[illegible]
[illegible]
[illegible]

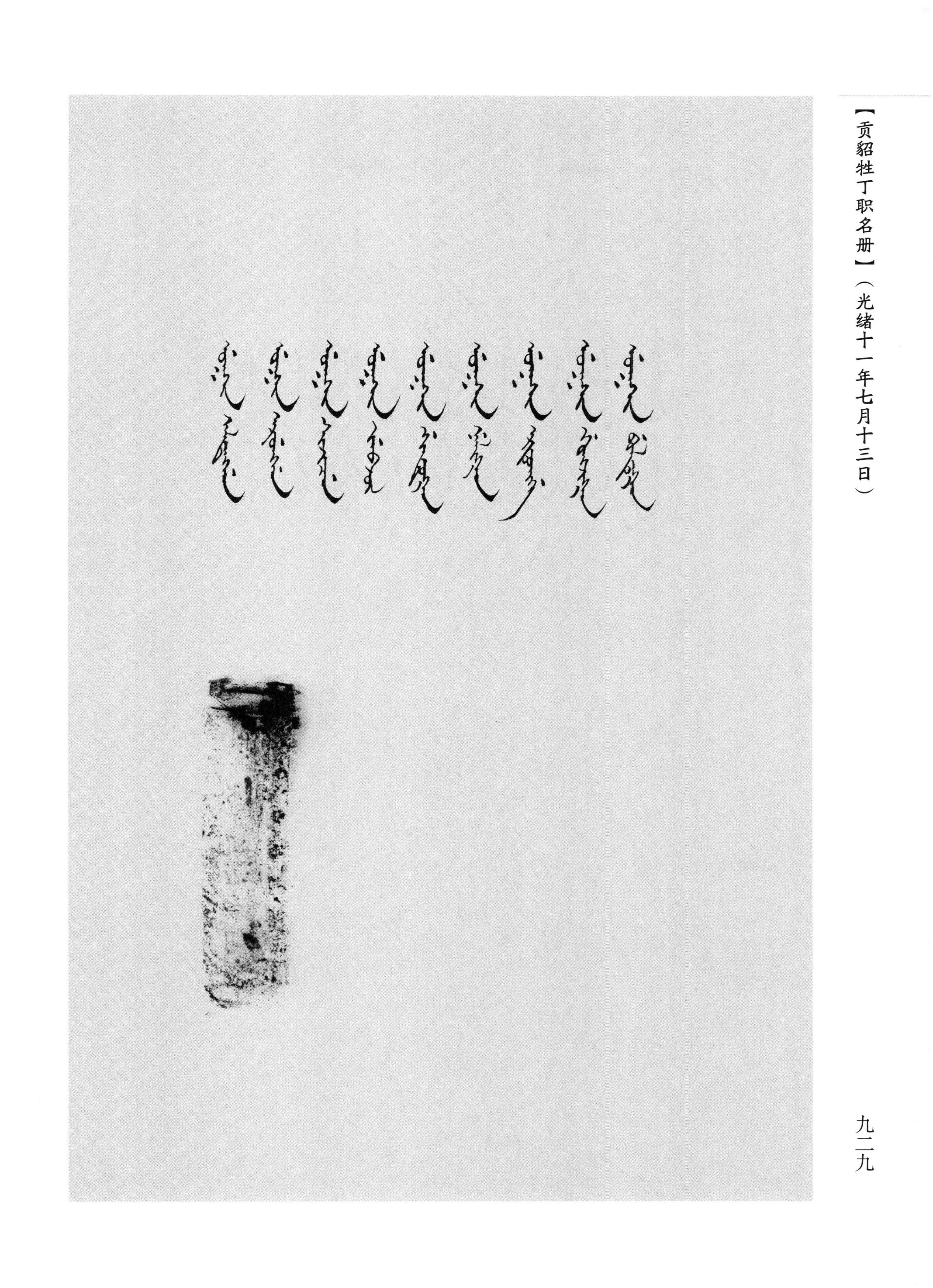

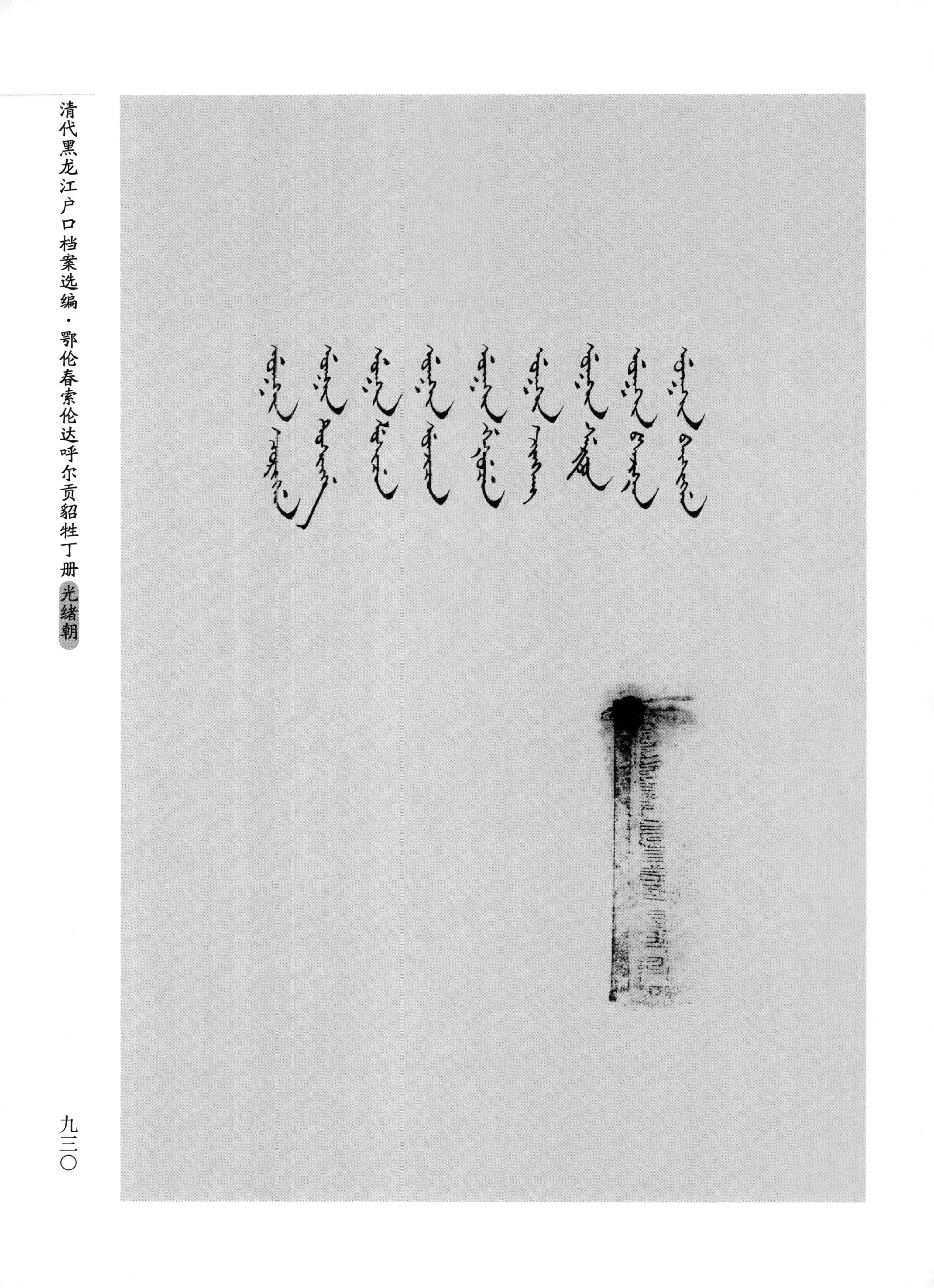

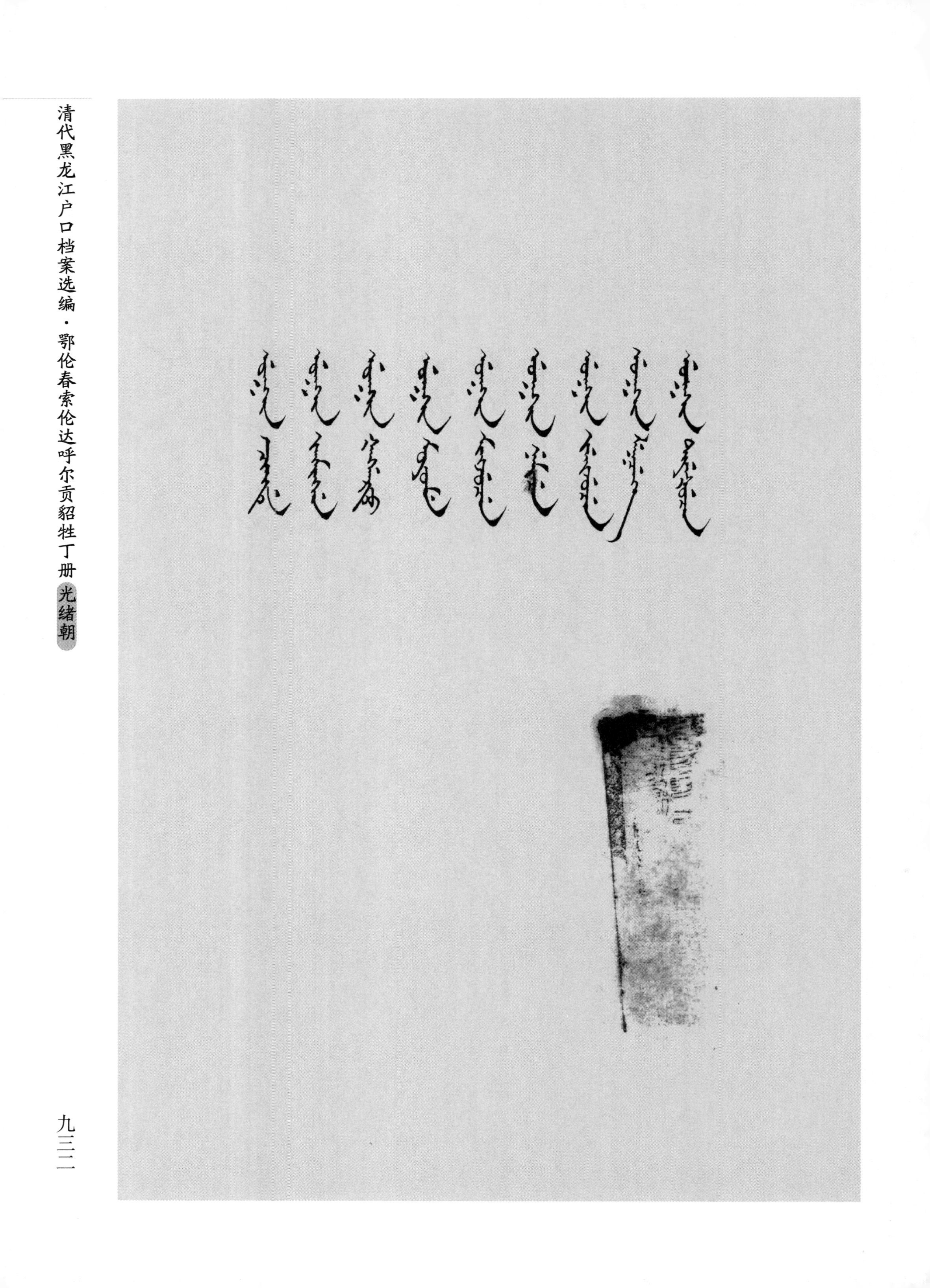

[illegible]

[illegible]

[illegible]

[illegible]

[illegible]

[illegible]

[illegible]

[illegible]

[illegible]

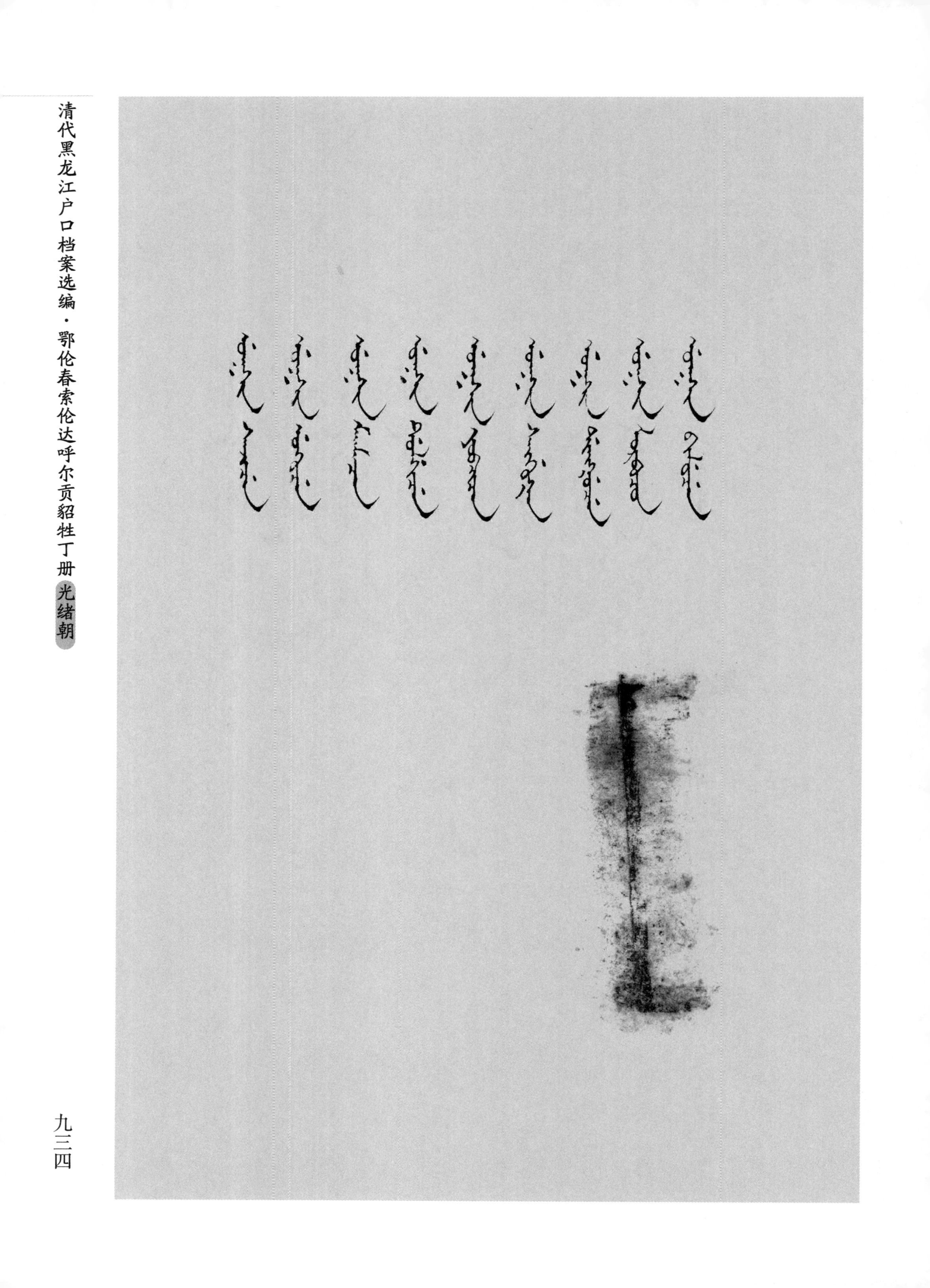

[illegible]

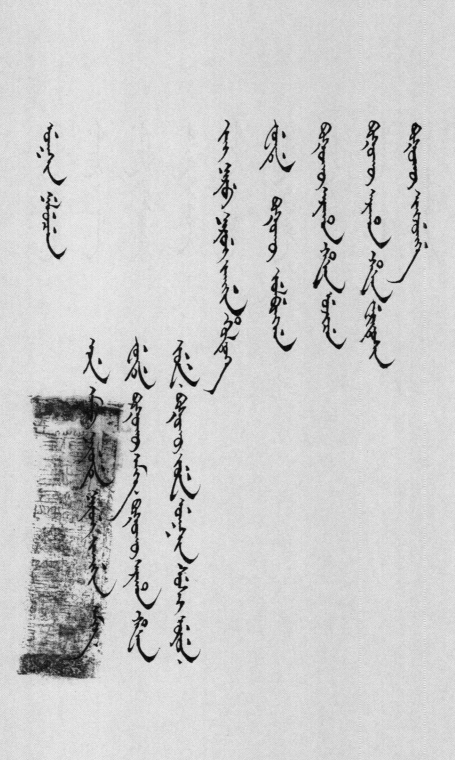

[illegible]

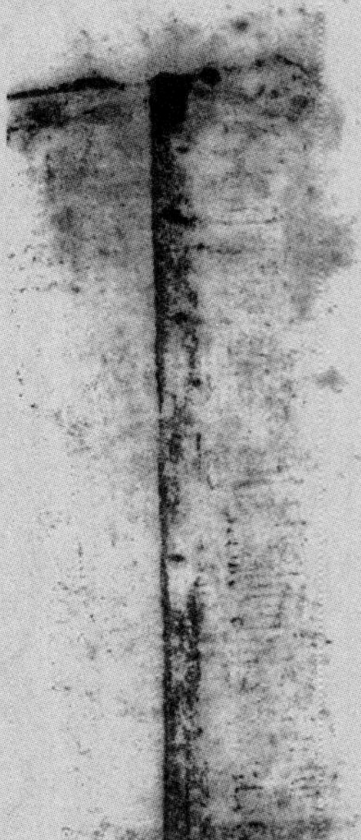

[illegible]
[illegible]
[illegible]
[illegible]
[illegible]
[illegible]
[illegible]
[illegible]
[illegible]

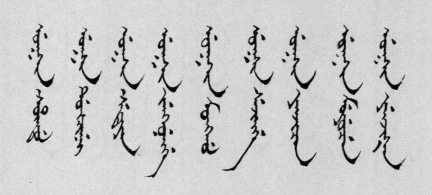

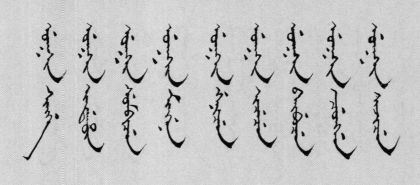

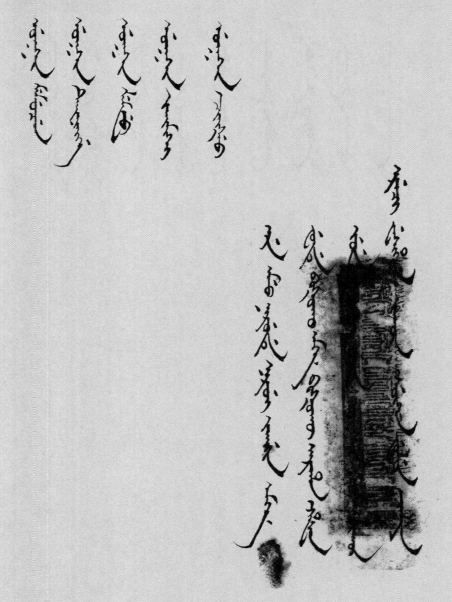

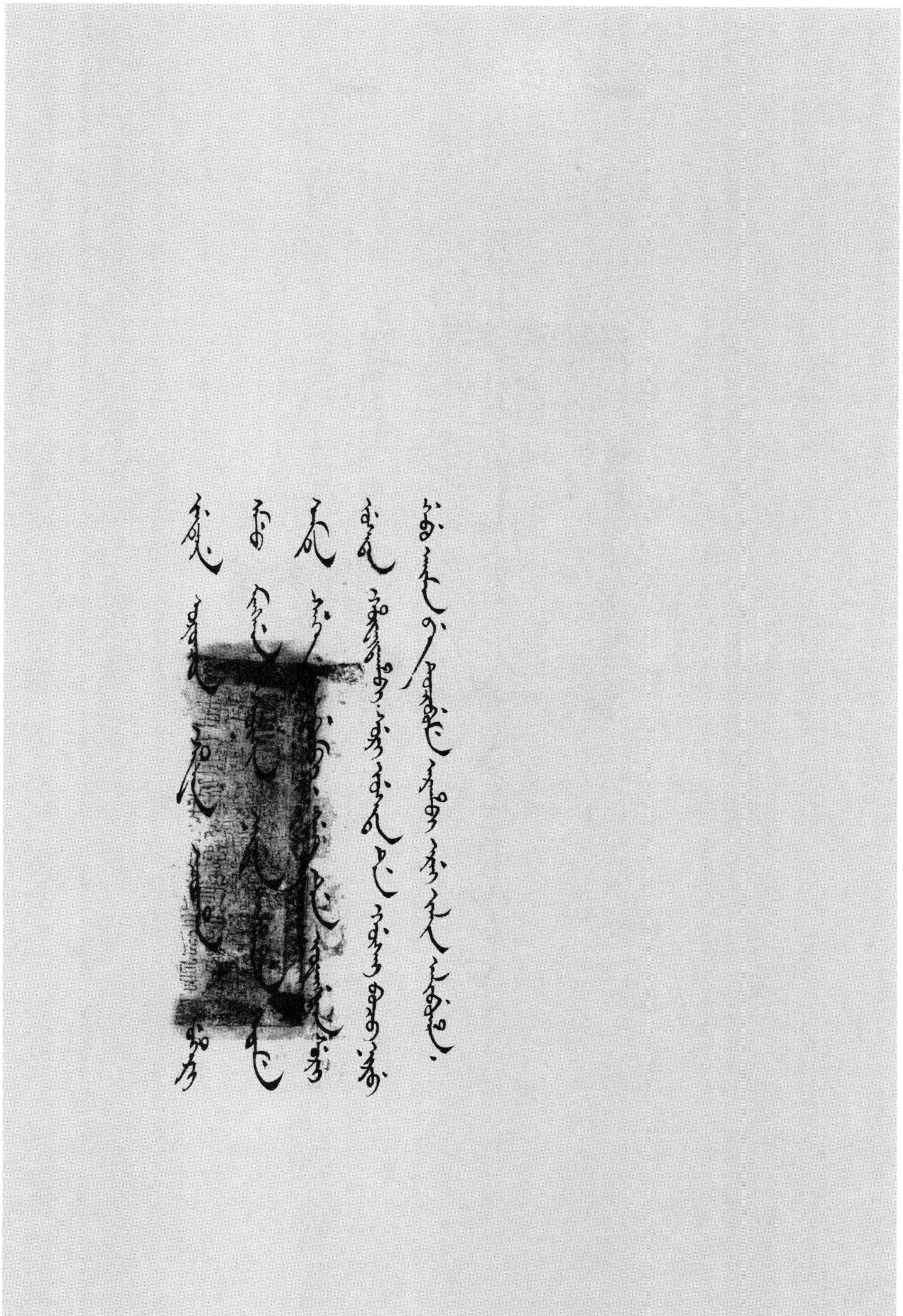

披甲弩依精額

披甲圖莫訥善

披甲邦固善

披甲圖力善

披甲精小

披甲莫勒吉善

披甲齋明阿

披甲訥穆善

披甲色普哲琛

披甲僧吉琛

披甲騰興額

披甲定固善

披甲成興額

披甲牛穆善

披甲肖興阿

披甲洛密善

披甲巴林布庫

披甲達拉瑪産

披甲胡奇善
披甲索木爬那
披甲尠力善
披甲登吉善
披甲圖尼琛
披甲恩特琛
披甲特蒙額
披甲三吉善
披甲珠賓額

披甲德木訥善

披甲悅爾吉琛

披甲哲木庫琛

披甲章弩善

此一牛彔驍騎校一員領催委官

二員領催二名披甲五十八名

管理正黃正紅二旗副管兼世管佐領德穆清額

正黃旗頭牛彔藍翎佐領來通阿

驍騎校新都善

筆帖式那松阿

領催委官關德善

領催委官珠拉洪額

領　催阿克東阿

領　催訥胡善

披　甲凌忠

披　甲奇林爬

披　甲吉拉吉喀

披　甲苭楚

披甲依精額

披甲德爾興額

披甲莫弩善

披甲卓勒伯善

披甲古尼善

披甲苪德善

披甲托清阿

披甲徵洪額

披甲奇明額

披甲鐵蒙阿
披甲廸穆善
披甲濃訥善
披甲廸木畢
披甲平吞
披甲甯珠善
披甲霍爾畢善
披甲根欽
披甲琳木普里

披甲準青阿

披甲業爾特善

披甲札克都善

披甲札克東阿

披甲烏木普里

披甲珠木普善

披甲額木庫訥

披甲丕力善

披甲烏定額

披甲通克善
披甲西拉伯
披甲伯勤克圖
披甲莫諾霍
披甲伯力善
披甲鎮庫善
披甲依忠阿
披甲春　德
披甲依特布

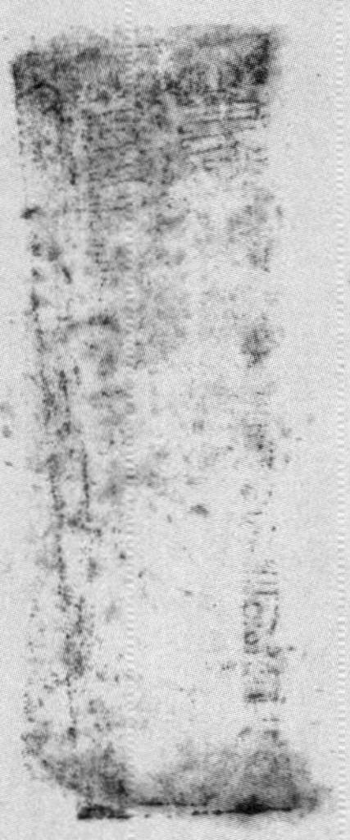

披甲依特善

披甲庚根音

披甲布力雅

披甲法普善

披甲達拉巴善

披甲扎綳阿

披甲齋　楚

披甲依吉善

披甲尼密善

披甲長耆
披甲瓦爾佳
披甲哲木保
披甲特克善
披甲依善
披甲依克德善
披甲芬都善
披甲老西
披甲耐吉那

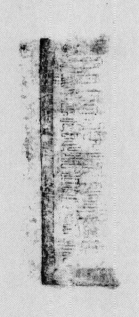

披甲欽奇那

此一牛彔副管一員佐領一員驍騎校一員

筆帖式一員領催委官二員領催二名披

甲五十九名

二牛彔德穆清額佐領下驍騎校依明額

領催委官穆祿善

領催委官哈尼善

領催德普奇琛

領催扎盛善

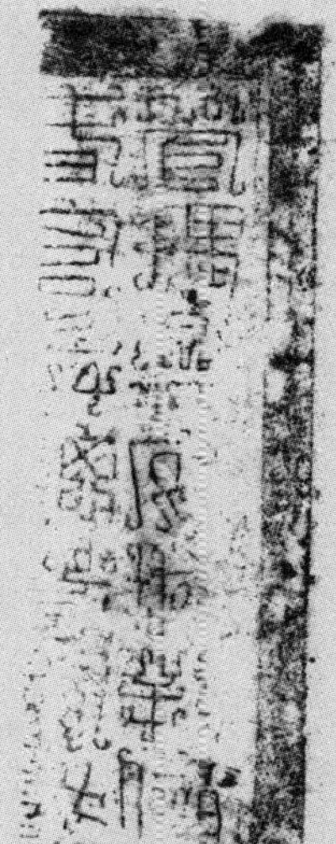

披甲平奇

披甲吉拉善

披甲白善

披甲額木奇訥

披甲維莫琛

披甲德豐額

披甲巴圖善

披甲興鍋

披甲推密善

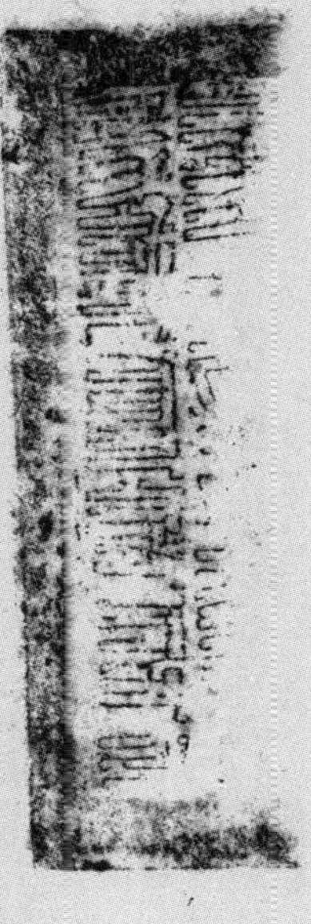

披甲德蒙額

披甲哲勒吉善

披甲慶考

披甲書木善

披甲説密善

披甲明壽

披甲愛濃額

披甲隆都訥

披甲瑪吉那

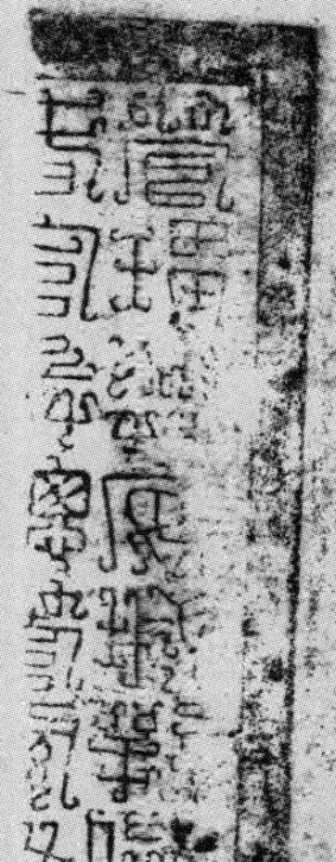

披甲連柱

披甲倭奇琛

披甲七普提勒

披甲方連

披甲堆密琛

披甲特木訥善

披甲胡普琛

披甲騰吉琛

披甲德林

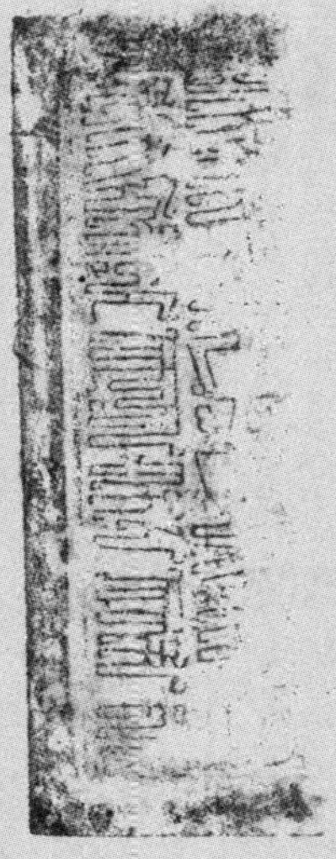

披甲楊善

披甲訥恩德訥

披甲其色

披甲提木爬

披甲吉蒙阿

披甲訥敏

披甲額依書訥

披甲提敏

披甲諉多春

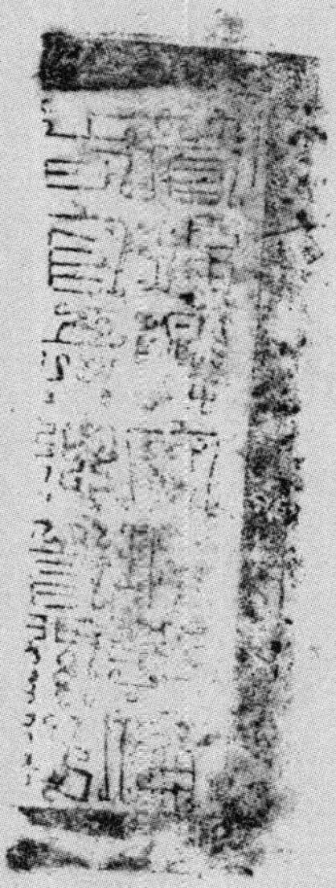

披甲額勒東額

披甲林福

披甲淩耆

披甲布爾佳

披甲額勒和善

披甲德普西琛

披甲依寧額

披甲莫迪琛

披甲特爾瑪

披甲木西琭
披甲依奇木保
披甲巴雅善
披甲力邦阿
披甲依成額
披甲鐵　茂
披甲額木空額
披甲阿力善
披甲興格琛
披甲達拉

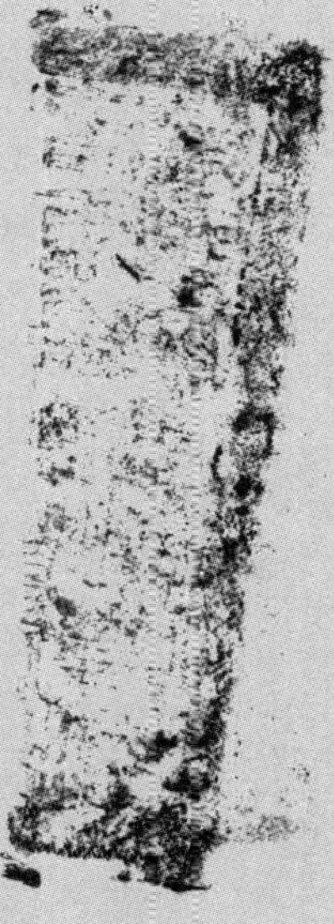

披甲訥依明額
披甲札淩阿
披甲西祿善
此一牛彔驍騎校一員領催委官二員
領催二名披甲五十八名
正白旗頭牛彔佐領嘎善
驍騎校巴爾吉善
領催委官札奔阿
領催委官德保

領催倭木郭春
領催嘎雅廬
披甲迪濃善
披甲温吉善
披甲訥依和琛
披甲白哈那
披甲托尼産
披甲興固訥
披甲卓洛春

披甲納力善

披甲克庫琛

披甲胡吉善

披甲依凌額

披甲依吉善

披甲札雅產

披甲雅爾奇善

披甲紳精額

披甲力保

披甲珠能額

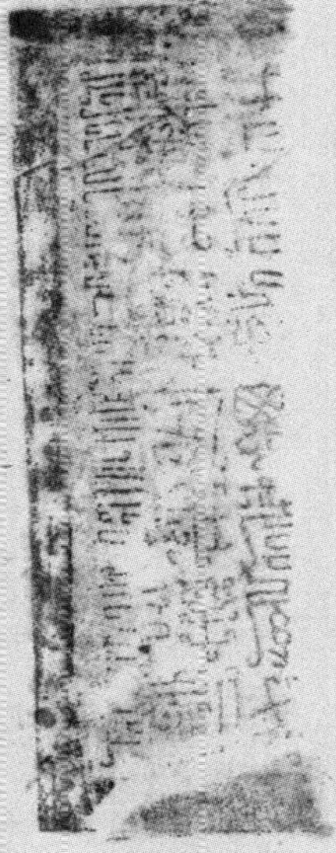

披甲達拉奇善
披甲烏他木
披甲額勒爾奇琛
披甲舍金
披甲常山
披甲吉松額
披甲畢松阿
披甲察木畢善
披甲齋松阿

披甲常德善

披甲成紳

披甲諾弩阿

披甲張訥善

披甲達西踩

披甲安札遜

披甲阿力善

披甲卓凌阿

披甲力興額

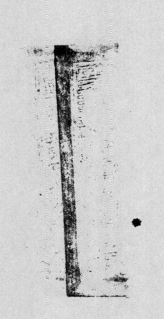

披甲木克德克琛

披甲齋明阿

披甲齋凌阿

披甲裴楊固善

披甲珠木尼瓖

披甲尼岳尼音泰

披甲蒙果岱

披甲他木興阿

披甲哲寧額

披甲蘇拉善

披甲格勒布善

披甲兆　善

披甲丁德善

披甲烏勒圖善

披甲台畢善

披甲雅畢那

披甲羅普慶

披甲芮興額

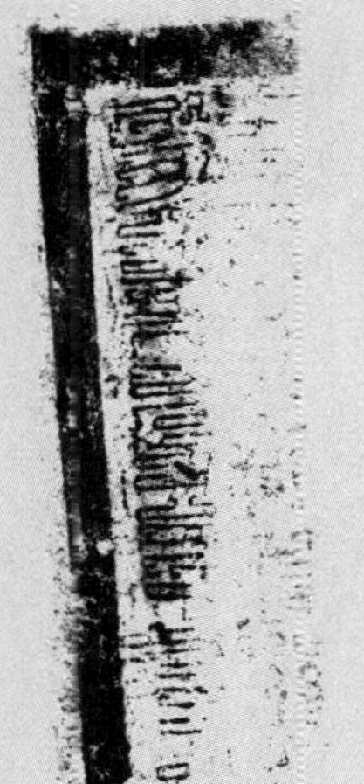

披甲吉密善
披甲苗興阿
披甲訥勒圖善
披甲吉濃善
披甲訥慶額
披甲哲勒格紳
二牛彔佐領常通阿
此一牛彔佐領一員驍騎校一員領催
委官二員領催二名披甲五十九名

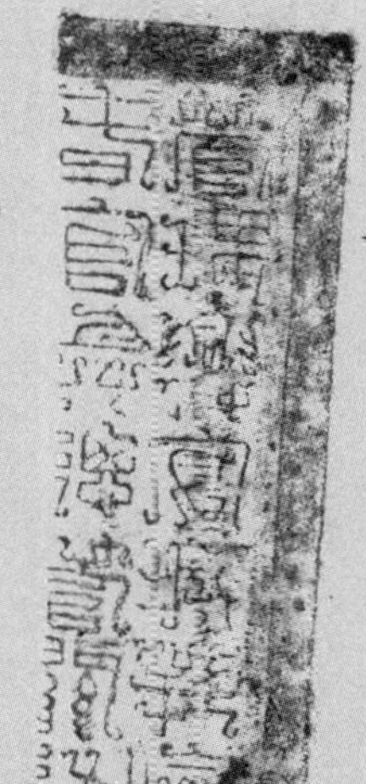

驍騎校崗　阿

領催委官保　忠

領催委官車普欽

領催全　鎖

領催那力善

披甲倭德善

披甲倭木清阿

披甲布庫額

披甲齊奇里

披甲張康福
披甲諸慶阿
披甲布訥欽
披甲努克琛
披甲精固善
披甲悦興阿
披甲格圖善
披甲哲祿琛
披甲依祿善

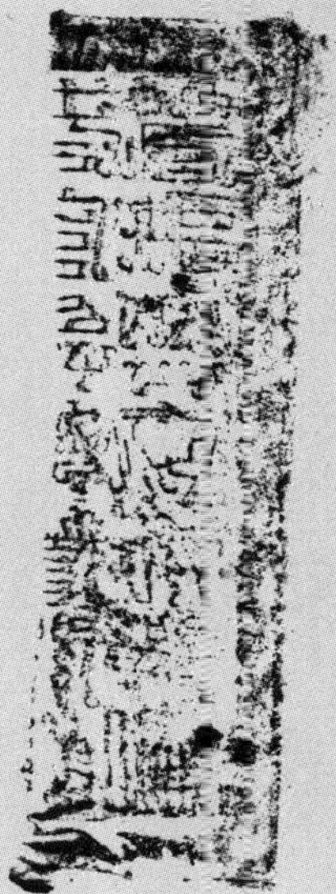

披　甲嘎爾拉圖

披　甲保　全

披　甲喀爬産

披　甲翁　阿

披　甲芳　喀

披　甲堆　布善

披　甲廸普通額

披　甲布拉吉善

披　甲嘎木布庫

披甲耐通阿
披甲奇丕善
披甲英奇訥
披甲伯力產
披甲廸普圖善
披甲慶梁
披甲坡綽
披甲說爾奇那
披甲喀拉札

披甲説廸善

披甲錐訥善

披甲瑪弩善

披甲隆固善

披甲金奇那

披甲祥固善

披甲烏提喜

披甲來圖産

披甲庫崇額

披甲業興額

披甲哈發

披甲圖木爾布庫

披甲台吉善

披甲金珠善

披甲阿吉善

披甲提木盤初

披甲托客善

披甲札祿

披甲都家善

披甲吉木善

披甲朗耆

披甲常有

披甲阿拉塔産

披甲常托

披甲依勒伯訥

披甲訥图善

披甲楊善

此一牛彔佐領一員驍騎校一員領催委
官二員領催二名披甲五十八名

正紅旗頭牛彔佐領都凌額
驍騎校圖家善
領催委官登錫
領催委官精尼善
領　催根奇善
領　催額依明額
披　甲吉濃額

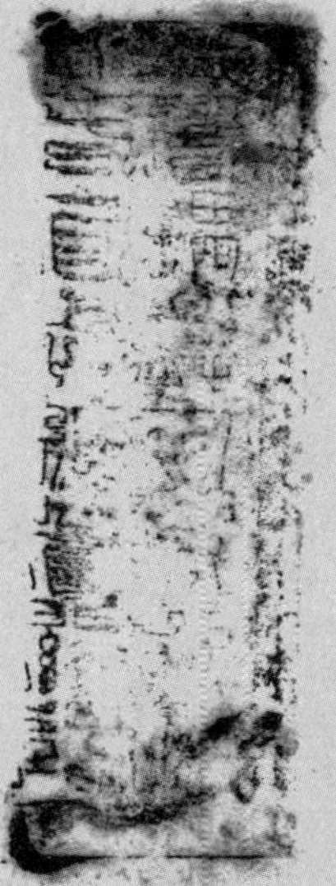

披甲烏胡琛

披甲塞　通

披甲里客善

披甲里精額

披甲慶福善

披甲西木畢善

披甲綳圖善

披甲訥勒善

披甲楊甯額

披甲精庫善

披甲塞濃額

披甲哲冰額

披甲額依密善

披甲嘎普嘎

披甲祿吉善

披甲烏和琛

披甲依倫

披甲西木畢琛

披甲巴楊阿

披甲額依固善

披甲依布

披甲都新

披甲布爾絧阿

披甲奇拉胡岱

披甲吉木克善

披甲氷克善

披甲吉松額

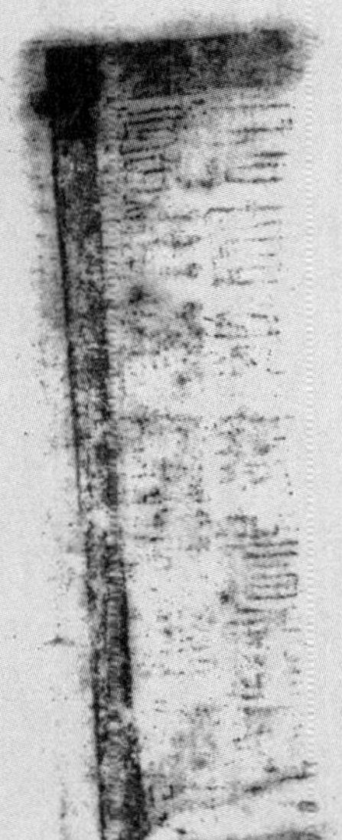

披甲維明

披甲明固善

披甲畢慶額

披甲富和

披甲依瑪

披甲提木畢琛

披甲明訥善

披甲札木保

披甲來敏

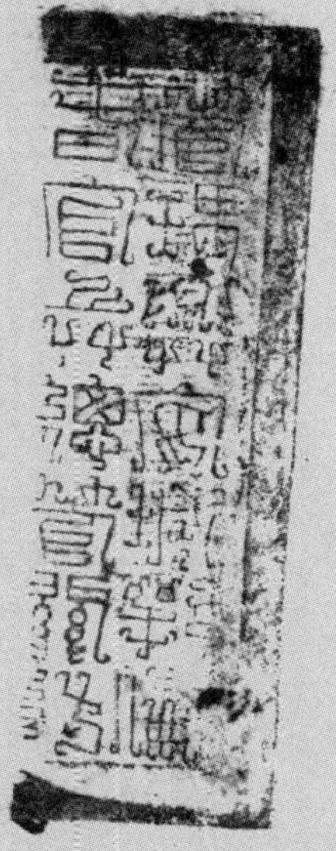

披甲來敏

披甲常豐阿

披甲德弩善

披甲濃奇布

披甲阿力善

披甲巴林阿

披甲精福

披甲明珠善

披甲孝里善

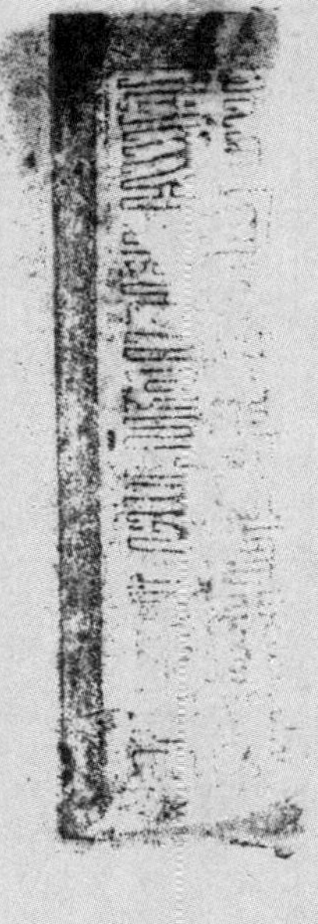

披甲水哈座

披甲蒙固善

披甲芮松額

披甲温得布

披甲依凝額

披甲公林

披甲札蘭阿

披甲札力善

披甲里茂

披甲烏興阿
披甲特尼善
披甲克勤特和
披甲畢力善
披甲珠勤和善
此一牛彔佐領一員驍騎校一員領催
委官二員領催二名披甲五十九名
二牛彔佐領布勤特琛
驍騎校德 慶額

領催委官精通額

領催委官定國琛

領催精甯阿

領催和尼琛

披甲里善

披甲甯特琛

披甲哈木善

披甲色克精額

披甲雅普善

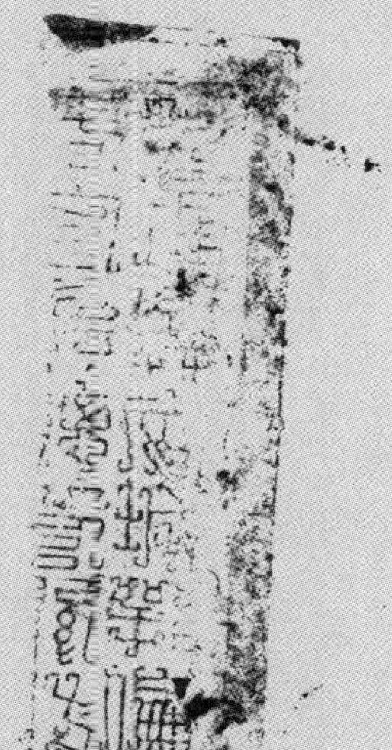

披甲依甯額

披甲巴彦琛

披甲都密善

披甲吉密善

披甲提奇那

披甲台松阿

披甲特　凡

披甲訥勒德依

披甲察　碩爾

披甲忠福
披甲依綳額
披甲依濃善
披甲平固善
披甲貝勒琛
披甲烏勒畢琛
披甲依勒圖善
披甲蘇密喜
披甲音德善

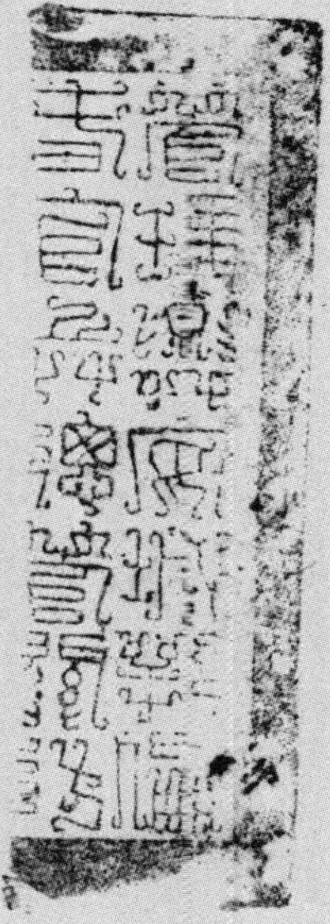

披甲雲欽
披甲鐵善
披甲吉蒙額
披甲平通
披甲特西善
披甲塞畢那
披甲訥吉琛
披甲貝甯阿
披甲多尼善

披甲英格訥
披甲德吉訥
披甲壽吉訥
披甲珠爾干保
披甲訥圖善
披甲色尼善
披甲烏精阿
披甲圖旺格
披甲諾吉那

披甲額勒胡善
披甲訥吉善
披甲額木興額
披甲額依布訥
披甲穆隆額
披甲西明
披甲精固訥
披甲特西訥
披甲敦吉那

披甲隨嘎産
披甲濃訥善
披甲烏善
披甲德尼琛
披甲賡音布
披甲都常
披甲鵬圖木保
披甲克西布
此一牛彔佐領

官二員領催二名披甲五十八名

管理鑲白正藍二旗副管特魯[illegible]

鑲白旗頭牛彔耐福善佐領下驍騎校僧吉訥

領催委官永　全

領催委官伯奇　琛

領　催嘎塔善

領　催僧克訥

披　甲薩木西那

披　甲蘇里善

披甲忠舍琛

披甲札依興阿

披甲安吉善

披甲霍洛春

披甲勝吉善

披甲札勒吉善

披甲特依固訥

披甲珠爾固善

披甲都勒斌阿

披甲巴木布那

披甲伯業琛

披甲依凌阿

披甲吉爾格琛

披甲台布庫

披甲珠爾栗布

披甲雲定

披甲圖都琛

披甲忠勝額

披甲莫尼善

披甲色勒圖木爾

披甲岳尼善

披甲依勒特琛

披甲精訥善

披甲珠木皮善

披甲張濃阿

披甲吉舒翁阿

披甲多勒吉善

披甲蒙吉善

披甲依蒙額

披甲里木布善

披甲瑪雅塔産

披甲札奇那

披甲孫都善

披甲珠依興阿

披甲精布庫

披甲凌固善

披甲吉畢善

披甲巴布琛

披甲珠依西訥

披甲莫爾固善

披甲德尼琛

披甲蘇克布

披甲耆蘭

披甲都勒善

披甲里布善

披甲訥祿善
披甲臣布勒格琛
披甲莫寧額
披甲圖瓦拉哈善
披甲花良阿
披甲那松阿
披甲瑪尼善
披甲凌善
披甲吉木善

披甲發尚
披甲哈拉札
披甲和尼琛
此一牛彔副管一員驍騎校一員領催
委官二員領催二名披甲五十九名
二牛彔佐領崑都善
驍騎校莫寧額
領催委官蓋密善
領催委官維密訥

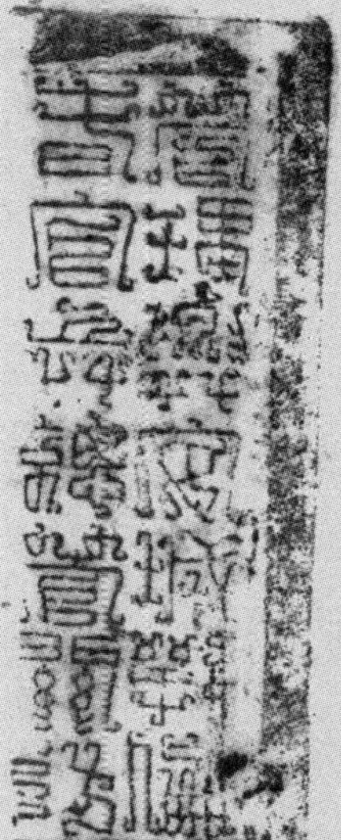

領催常明
領催浪托
披甲吉隆額
披甲牛凌阿
披甲那松阿
披甲巴凝阿
披甲那凌阿
披甲鐵山
披甲札密顕

披甲達拉巴善

披甲鐵干

披甲朔爾嘎善

披甲忠儀

披甲伯里産

披甲精善

披甲鐵耆

披甲迎圖木保

披甲倭爾欽綽

披甲布都西烏維
披甲精福
披甲景郎
披甲吉密善
披甲白蘇産
披甲愛明阿
披甲愛密善
披甲提木蒲善
披甲孟古納蘇

披甲依鑑額

披甲胞腿

披甲慶奇琛

披甲蘇爾嘎那

披甲嘎爾畢善

披甲喜爾霍産

披甲托普吉産

披甲來忠

披甲烏努琛

披甲雅克哈善
披甲成德訥
披甲克爾格
披甲嘎塔善
披甲郎都産
披甲銅耆
披甲托勒
披甲穆爾木德
披甲雙明

披甲英克善
披甲訥勒伯善
披甲哲松額
披甲森德琛
披甲伯羅廸
披甲張固
披甲博英額
披甲忠能額
披甲奎明阿

披甲誰住

披甲喜綳阿

披甲休吉善

披甲忠興阿

披甲里西琛

披甲雙福

此一牛彔佐領一員驍騎校一員領催

委官員領催二名披甲五十八名

管理鑲紅鑲藍二旗副管特木普慎

鑲紅旗頭牛彔佐領札 善
驍騎校葯西琛
筆帖式依濃額
領催委官興 者
領催委官田衡阿
領催舒 閔
領催崩科善
披甲定 者
披甲興古訥

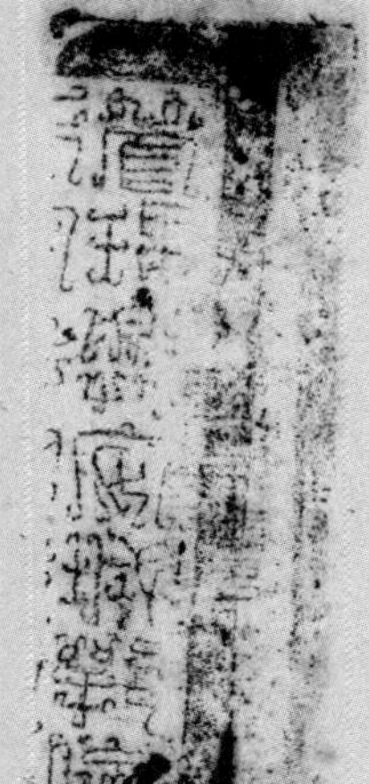

披甲額爾德木布庫

披甲朱勒都喜

披甲喀奇瑪

披甲布庫訥

披甲托勒多善

披甲額爾根都木爾

披甲依善

披甲英善

披甲景圖訥

披甲興忠訥

披甲訥凌額

披甲密尼善

披甲額依蒙額

披甲額依莫善

披甲慶德

披甲綽爾布善

披甲圖普春

披甲嘎木布庫

披甲定布林

披甲布庫春

披甲布庫善

披甲多郭爾章

披甲披興額

披甲卡普塔海

披甲哲凝額

披甲白里

披甲阿爾興阿

披甲興格布

披甲楊保

披甲諾喜

披甲托木鵬阿

披甲精楚善

披甲英通

披甲博爾協

披甲莫凱

披甲文忠

披甲胡坡提

披甲倭凝阿

披甲吉德善

披甲德密善

披甲興德

披甲依布善

披甲坡木坡庫

披甲舍濃善

披甲來達拉

披甲興格琛

披甲廸木善

披甲平楚善

披甲白蘭

披甲倭鵬

披甲貞廸善

披甲珠木皮善

披甲托凝阿

披甲崇固特依

披甲阿爾奔阿

披甲載圖

披甲綽力保

此一牛彔副管一員佐領一員驍騎校一員
筆帖式一員領催委官二員領催二名披
甲五十九名

二牛彔佐領托善

驍騎校札祿善

領催委官來通阿

領催委官提木皮善
領　催尼密善
領　催明圖訥
披　甲依吉訥
披　甲圖克都善
披　甲圖瓦興阿
披　甲伯吉訥
披　甲公吉訥
披　甲洛莫春

領催委官提木皮善
領　催尼密善
領　催明圖訥
披　甲依吉訥
披　甲圖克都善
披　甲圖瓦興阿
披　甲伯吉訥
披　甲公吉訥
披　甲洛莫春

披甲和勒木坡

披甲珠依皮業

披甲依木布善

披甲嘎蘇岱

披甲精楚善

披甲諾明阿

披甲牌隆阿

披甲盛慶

披甲訥木精額

披甲德克吉善

披甲莫爾德

披甲倭吉彥

披甲公吉訥

披甲克普西產

披甲公精

披甲徵忠

披甲精奇善

披甲明忠

披甲精固善

披甲哲木畢善

披甲德密善

披甲倭吉訥

披甲根珠善

披甲音吉善

披甲蓋木喜

披甲訥木金

披甲喜特布

披甲伯　奔

披甲烏爾滚哲

披甲烏勒圖克

披甲保　昌

披甲托力　善

披甲舒密　琛

披甲諾家　善

披甲蒙庫特依

披甲嘎　塔

披甲阿爾綱阿

披甲平固訥

披甲西德訥

披甲興格布

披甲常住爾

披甲明春

披甲烏珠蒙庫

此牛彔佐領一員驍騎校一員領催委官二
員領催二名披甲五十八名

正藍旗頭牛彔佐領旺阿拉圖

驍騎校丕楊郭善

筆帖式里　常

領催委官坤東　阿

領催委官定格里

領　催錐興阿

領　催岱明阿

披　甲格　善

披　甲平固訥

披甲札木薩蘭

披甲里興額

披甲嘎爾冰阿

披甲忠明阿

披甲忠新布

披甲嘎爾畢善

披甲岳凌阿

披甲喜木善

披甲英住

披甲倭爾奇

披甲坡木坡庫

披甲諾霍岱

披甲定格善

披甲葢密善

披甲烏喀岱

披甲倭木善

披甲托爾莫春

披甲戍明

披甲德克景額

披甲來明阿

披甲札濃善

披甲岱察善

披甲布勒唐阿

披甲愛察善

披甲奈蒙阿

披甲清庫善

披甲勒普特

披甲吉勒吉喀

披甲青皮業

披甲慶明

披甲庫蒙額

披甲岳善

披甲依興額

披甲明常

披甲吉木德

披甲隆奇善

披甲賽祿

披甲薩依畢那

披甲洛西業

披甲客西琛

披甲圖拉哈善

披甲愛興阿

披甲騰奇善

披甲明興

披甲索密善

披甲羅洛木保

披甲察木彦

披甲凌明

披甲賽密札

披甲景固善

披甲阿克棟阿

披甲登明額

披甲堤拉胡

披甲常福

披甲維柱善

披甲德密琛

披甲庫木都善

此一牛彔佐領一員驍騎校一員筆帖式一員領
催委官二員領催二名披甲五十九名

二牛彔佐領 吉隆阿

驍騎校額勒善

領催委官奇綳阿

領催委官花里雅善

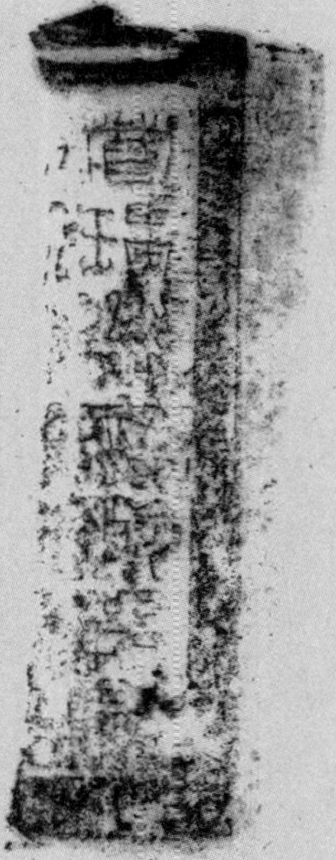

領催車祿善

領催烏丹保

披甲阿木察吉

披甲巴胡善

披甲楞庫善

披甲克弩善

披甲哲克東額

披甲平奇訥

披甲貝興額

披甲穆力善

披甲凌色

披甲倭西琛

披甲布提善

披甲布拉特林

披甲白善

披甲哲克都善

披甲疊得

披甲胞腿

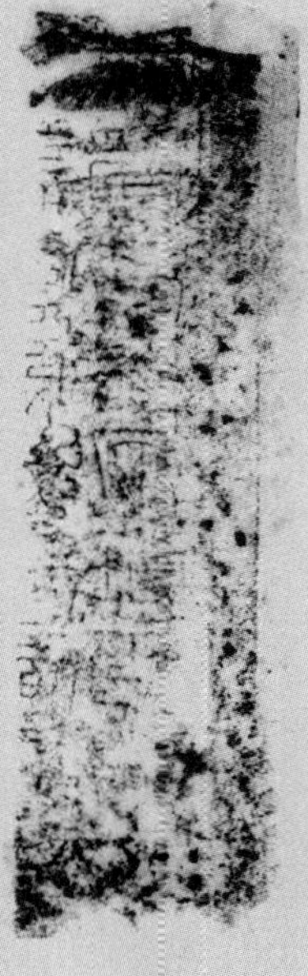

披甲圖倫車
披甲阿木敦
披甲郭西那
披甲徵依善
披甲德勒和善
披甲勒松額
披甲文哲布
披甲瑪薩卡
披甲哲克都善

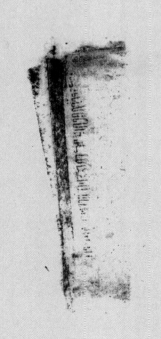

披甲那里善

披甲披圖善

披甲奇雅拉琛

披甲占忠阿

披甲精固善

披甲額木皮琛

披甲畢善

披甲訥依格琛

披甲平吉琛

披甲圖坡克
披甲巴拉
披甲都訥善
披甲博奇圖
披甲卓羅布庫
披甲定訥
披甲劉西琛
披甲哲德琛
披甲莫爾格善

披甲阿爾蘇善

披甲登固訥

披甲佛爾托善

披甲倭爾托善

披甲庫明額

披甲穆凝額

披甲嘎塔善

披甲霍吉那

披甲托明阿

披甲蒙固善
披甲薩拉景阿
披甲卓那善
披甲色爾格琛
披甲依拉嘎善
披甲哲都訥

此牛彔佐領一員驍騎校一員領催委官
二員領二名披甲五十八名

鑲藍旗頭牛彔佐領多爾精阿

驍騎校奇　林

領催委官皮楊固善

領催委官鞥克們都

領催森吉善

領催嘎任琛

披甲通　格

披甲布勒騰額

披甲迪克通額

披甲敦精阿

披甲阿木棠阿
披甲阿隆阿
披甲西吉琛
披甲哲普珠
披甲景圖善
披甲訥力善
披甲額勒通額
披甲公吉善
披甲布勒特善

披甲綽凌阿
披甲圖興額
披甲祿西琛
披甲烏吉琛
披甲格書琛
披甲慶凱
披甲色勒呑
披甲潘吉善
披甲白新阿

披甲訥西琛

披甲尚嘎拉圖

披甲卡拉産

披甲密蘇琛

披甲德明額

披甲翁吉善

披甲穆克德琛

披甲品圖善

披甲天吉倫

披甲慶德
披甲齋明阿
披甲尚阿拉圖
披甲莫岳莫
披甲明珠琛
披甲訥密琛
披甲徵珠琛
披甲勒克車克
披甲鐵書産

披甲提普庫爾
披甲定吉善
披甲特西琛
披甲倭隆阿
披甲保　柱
披甲明庫善
披甲尼隆阿
披甲吉濃額
披甲迪普西琛

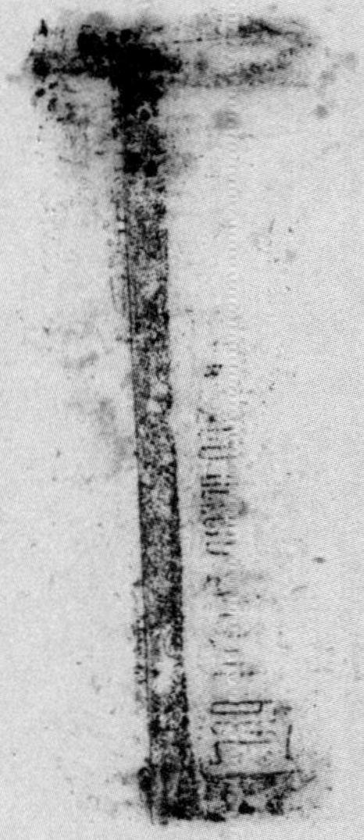

披甲三吉琛

披甲烏庫琛

披甲瑪喀瑪産

披甲都勒吉琛

披甲岳普西産

披甲勝固善

披甲定舒琛

披甲落拉伯春

披甲畢祿琛

披甲訥祿琛

此一牛彔佐領一員驍騎校一員領催委

官二員領催二名披甲五十九名

二牛彔佐領胡勒圖克

驍騎校朱拉綳阿

領催委官烏吉琛

領催委官倭爾圖琛

領催英崇額

領催凝慶

披甲愛松阿

披甲訥畢琛

披甲圖木爾哲

披甲彥精阿

披甲静訥

披甲静奇琛

披甲森朱琛

披甲吉拉布庢

披甲楚拉繃阿

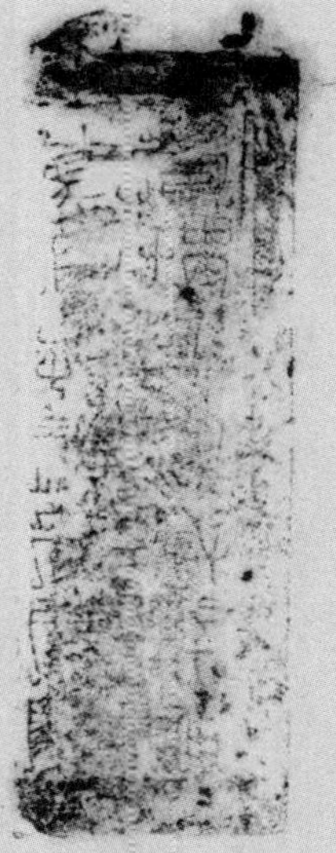

披甲哲努
披甲新德
披甲伯布琛
披甲孟庫琛
披甲訥圖
披甲訥奇琛
披甲訥善
披甲諾西産
披甲隆吉琛

披甲莫諾霍
披甲朱拉畢琛
披甲通奇琛
披甲木羅莫
披甲達拉產
披甲雅拉洪阿
披甲興阿
披甲西爾木琛
披甲琿多爾

披甲東奇汭

披甲嘎塔彦

披甲徵濃額

披甲孟固爾

披甲森景額

披甲彦吉産

披甲木玉琛

披甲音吉善

披甲興格

披甲音達琿

披甲蘇木畢琛

披甲明諾

披甲格尼琛

披甲依車琛

披甲白固琛

披甲崇阿

披甲阿吉琛

披甲額拉畢琛

披甲白林珠

披甲伯布訥

披甲達爾達產

披甲迪克都琛

披甲都新保

披甲尼祿產

披甲蘇木平額

披甲特克興額

披甲莫木琛

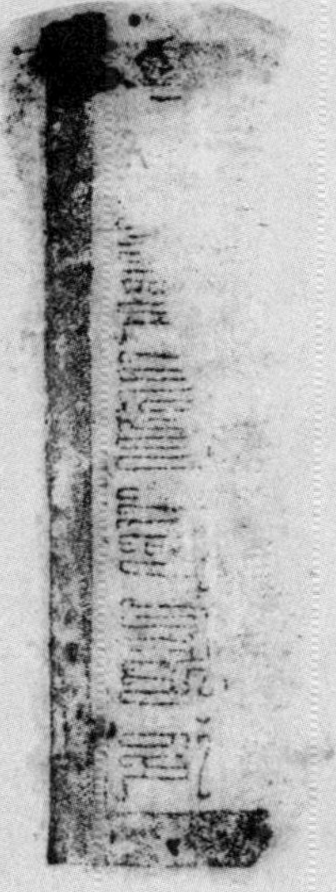

披甲特依凝額

披甲勒木福

披甲栽密善

披甲慶壽

此一牛彔佐領一員驍騎校一員領催委官
二員領催二名披甲五十八名

以上八旗食俸餉鄂倫春官兵共一千零
三十七名每名應交貂皮一張貂皮拴有綠色絲条
並將旗佐名目部落合併聲明須至冊者

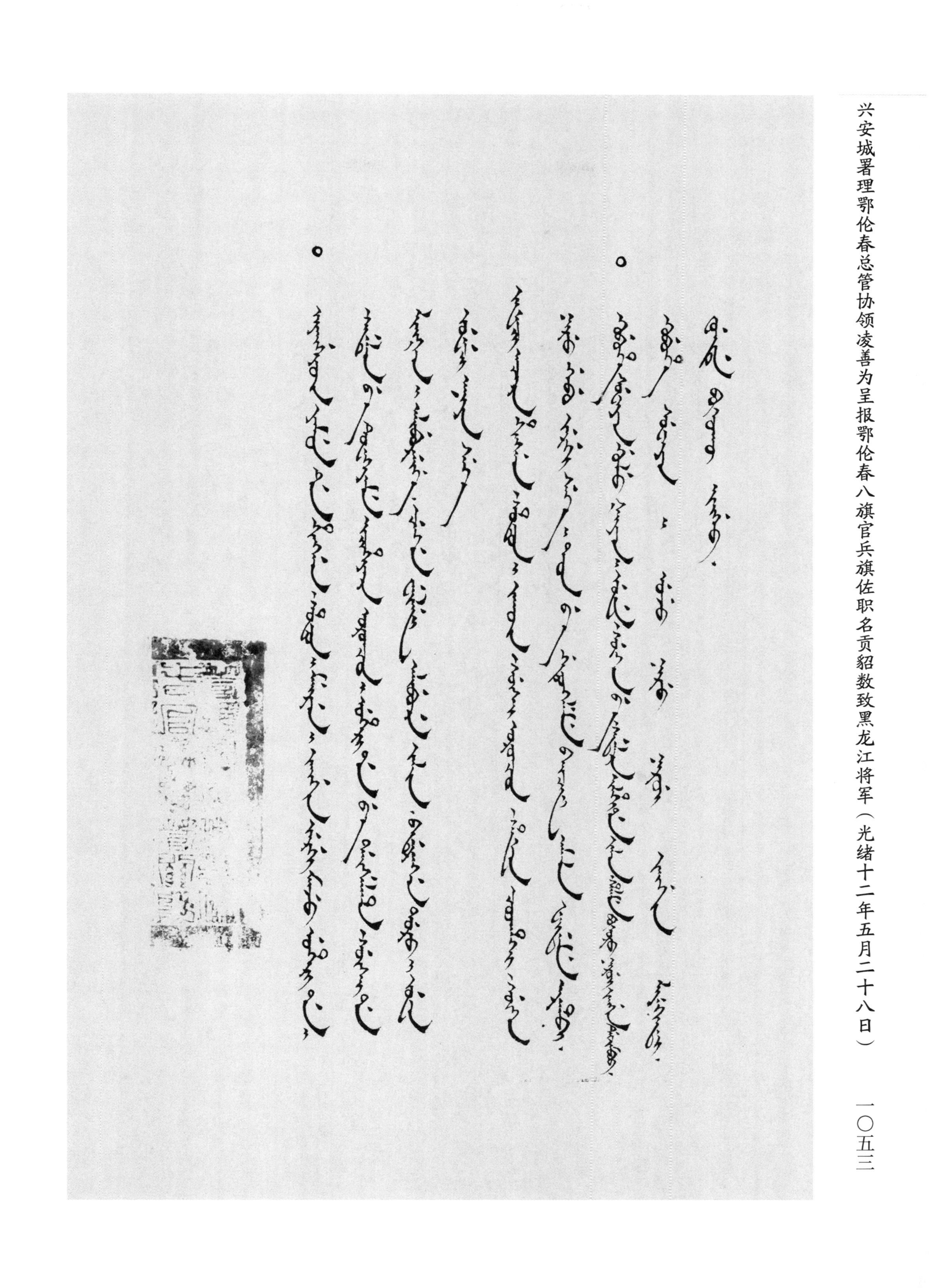

ᡠᡴᠰᡳᠨ [illegible]

ᡠᡴᠰᡳᠨ [illegible]

ᡠᡴᠰᡳᠨ [illegible]

ᡠᡴᠰᡳᠨ [illegible]

ᠪᠣᡧᠣᡴᡡ [illegible]

ᠪᠣᡧᠣᡴᡡ [illegible]

ᠪᠣᡧᠣᡴᡡ [illegible]

ᠪᠣᡧᠣᡴᡡ [illegible]

[illegible]

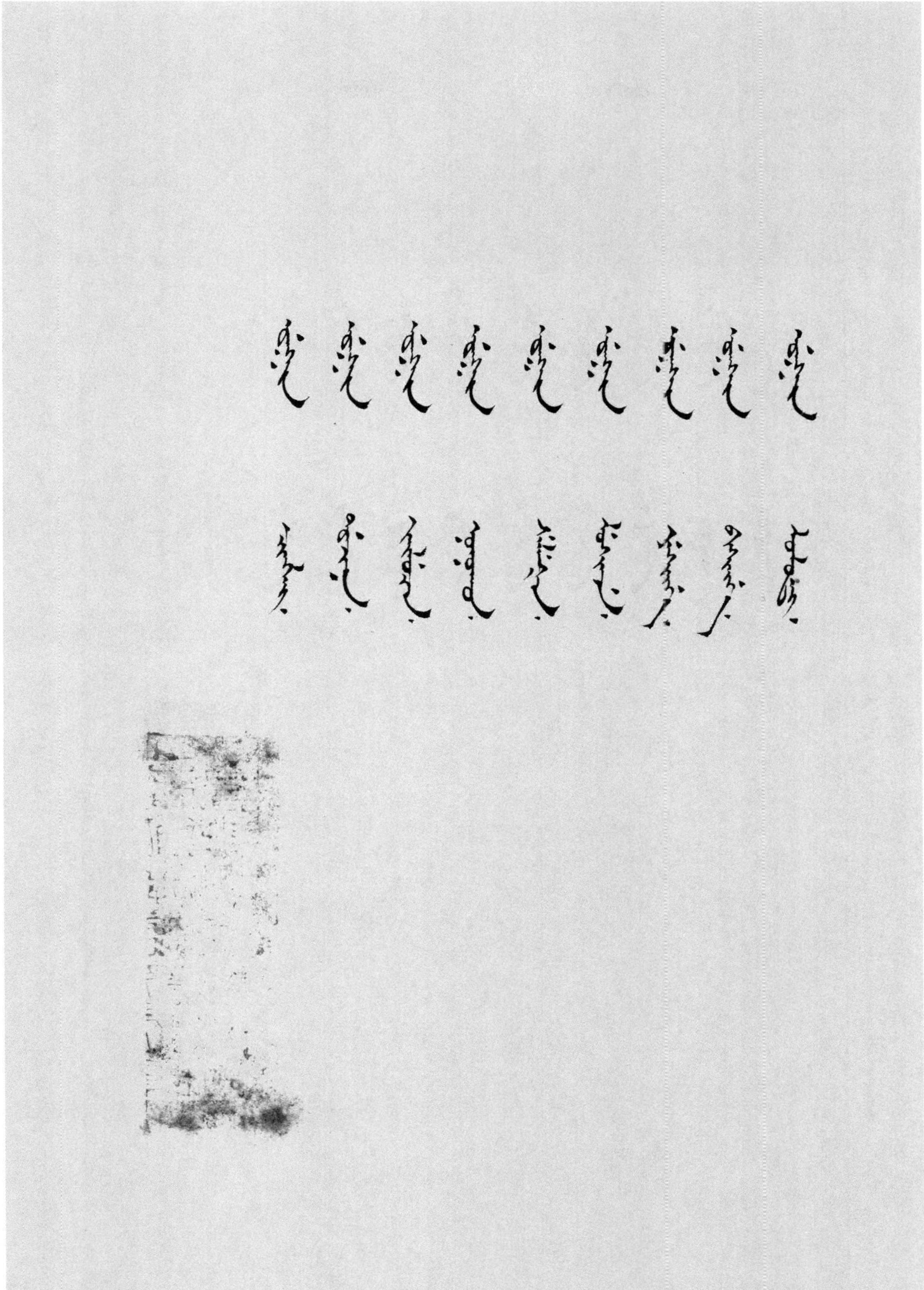

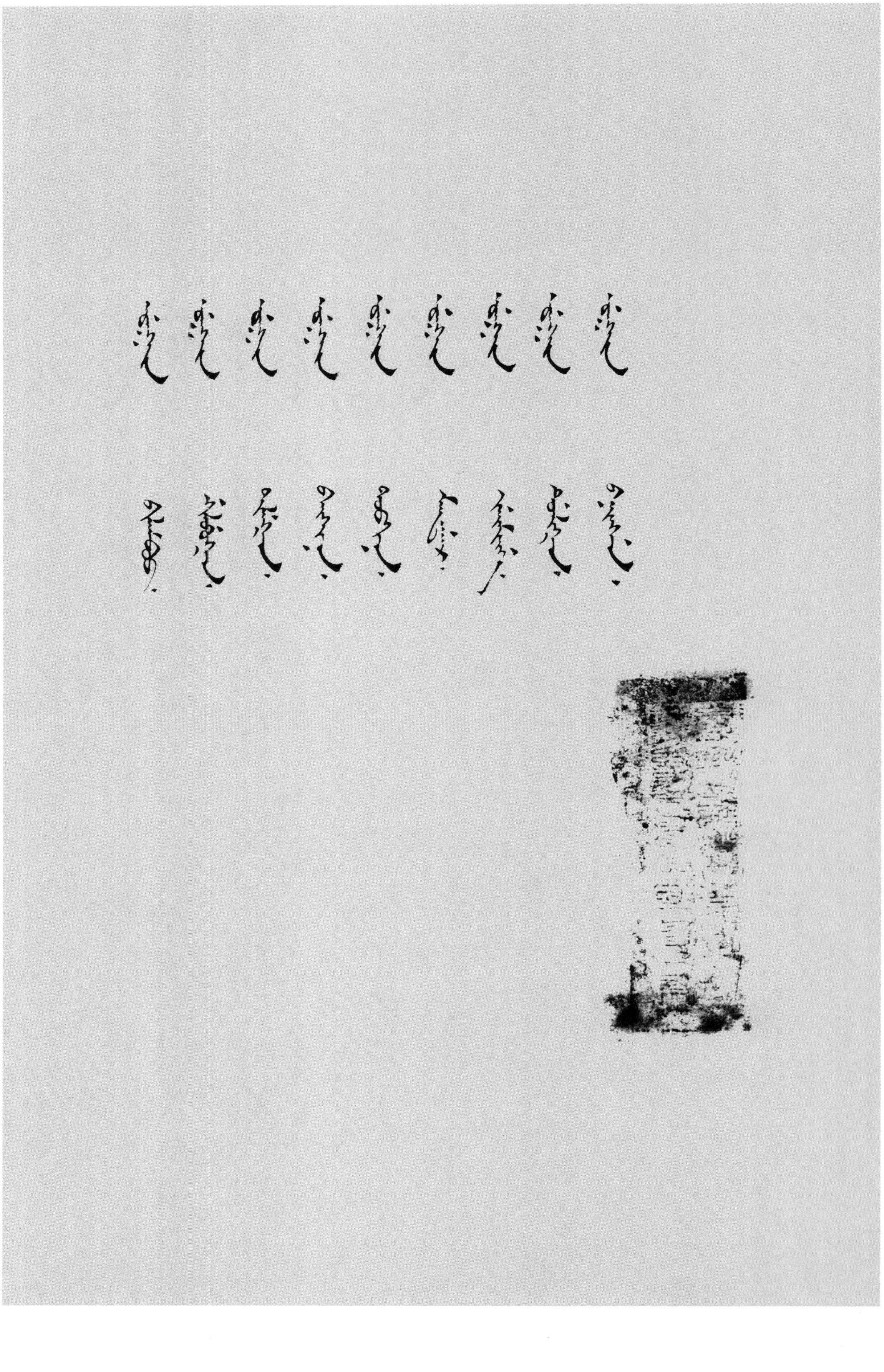

兴安城署理鄂伦春总管协领凌善为呈报鄂伦春八旗官兵旗佐职名贡貂数致黑龙江将军（光绪十二年五月二十八日）

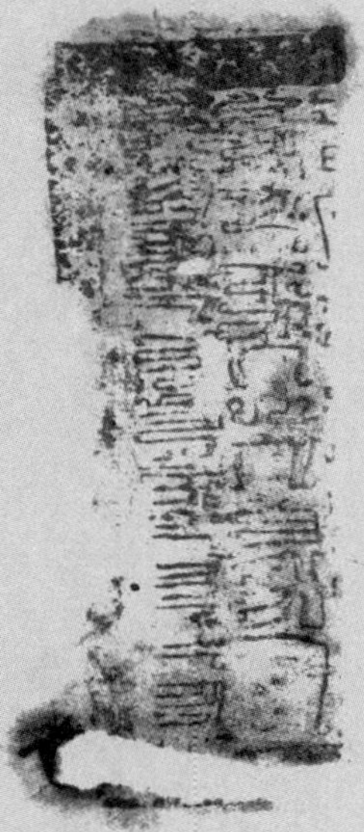

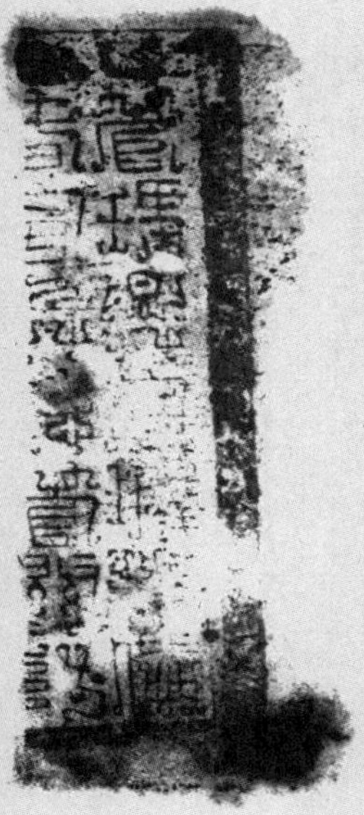

[illegible]

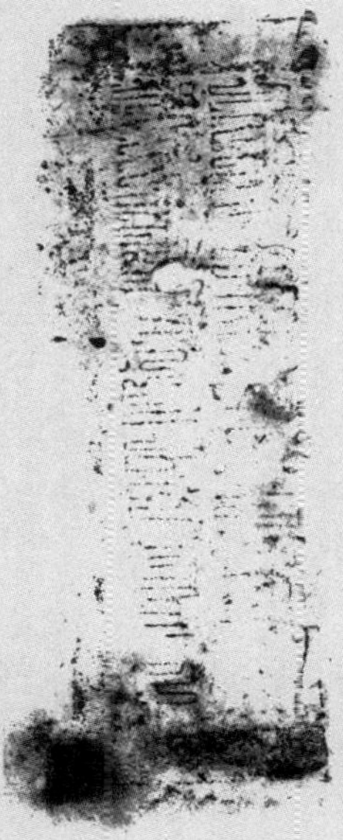

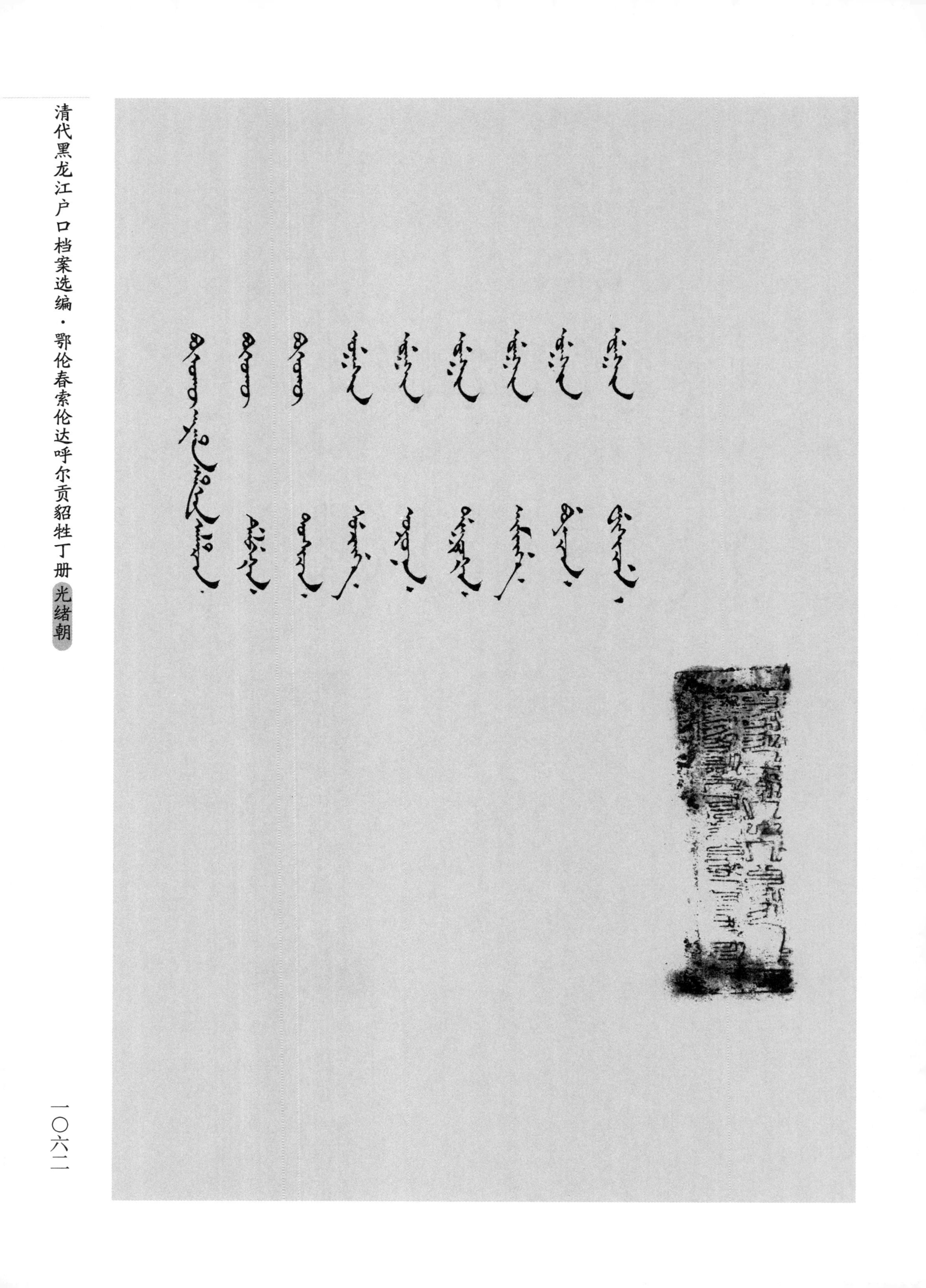

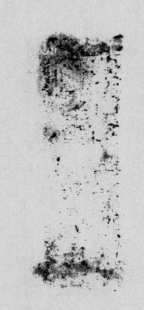

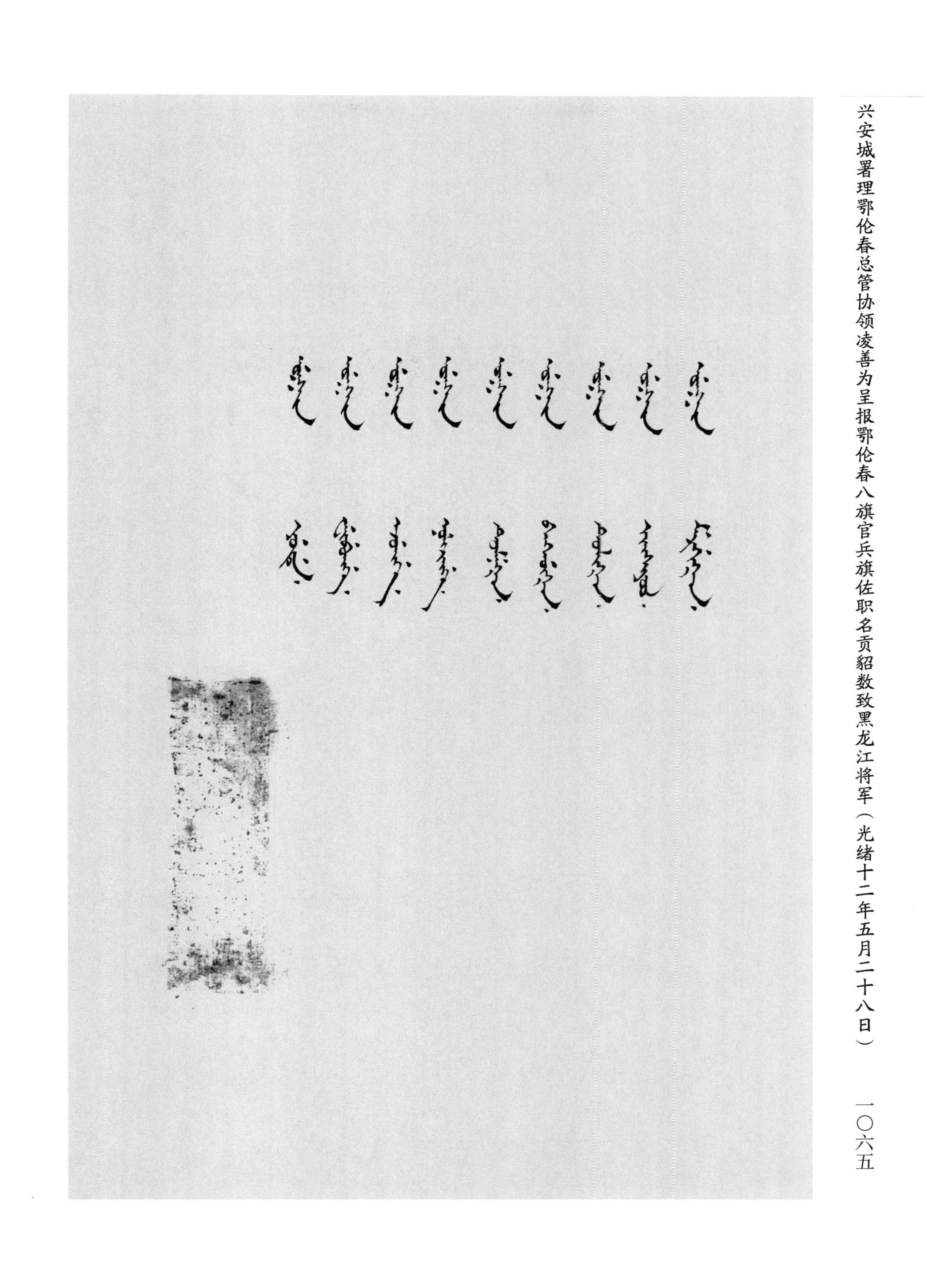

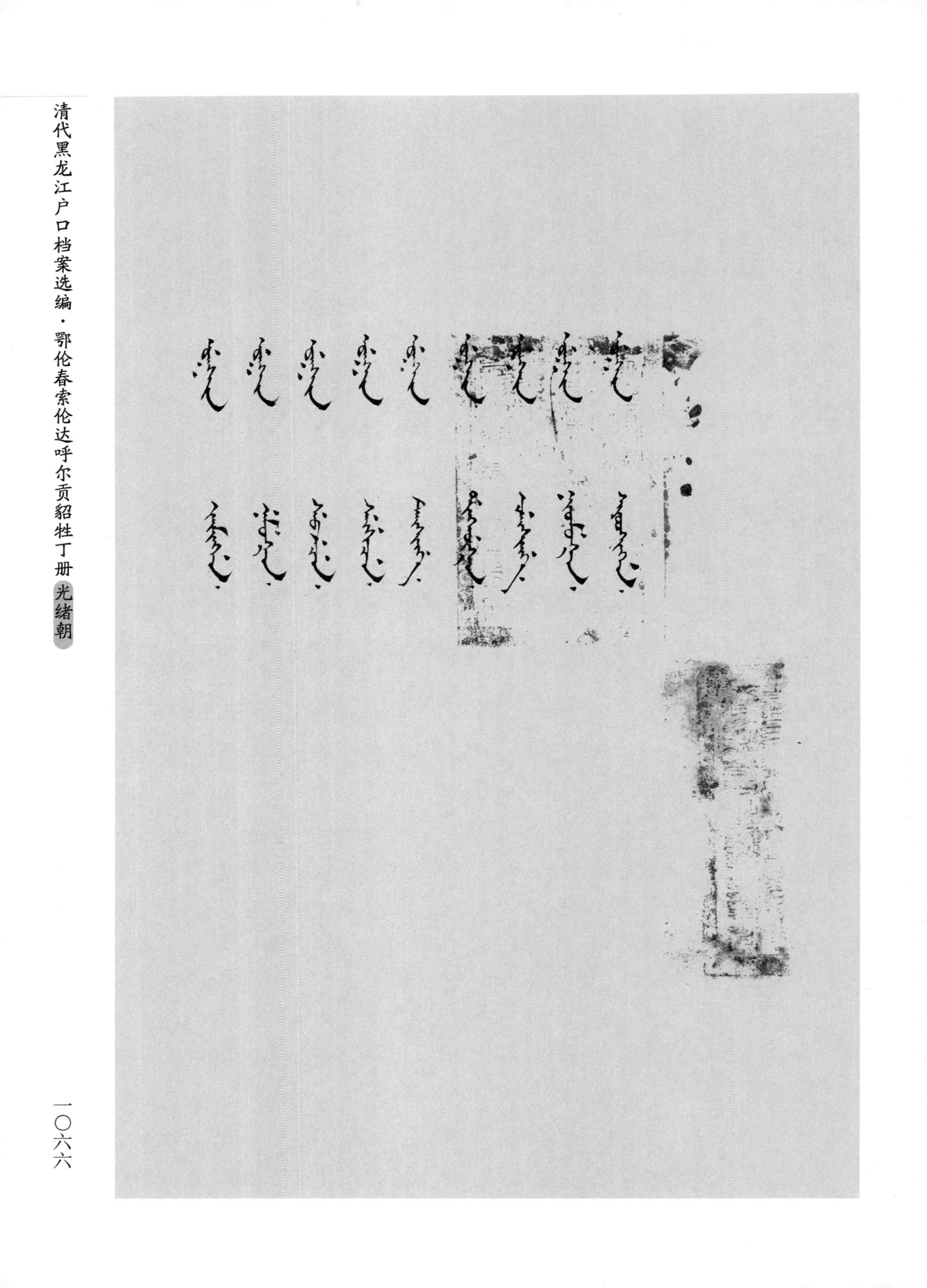

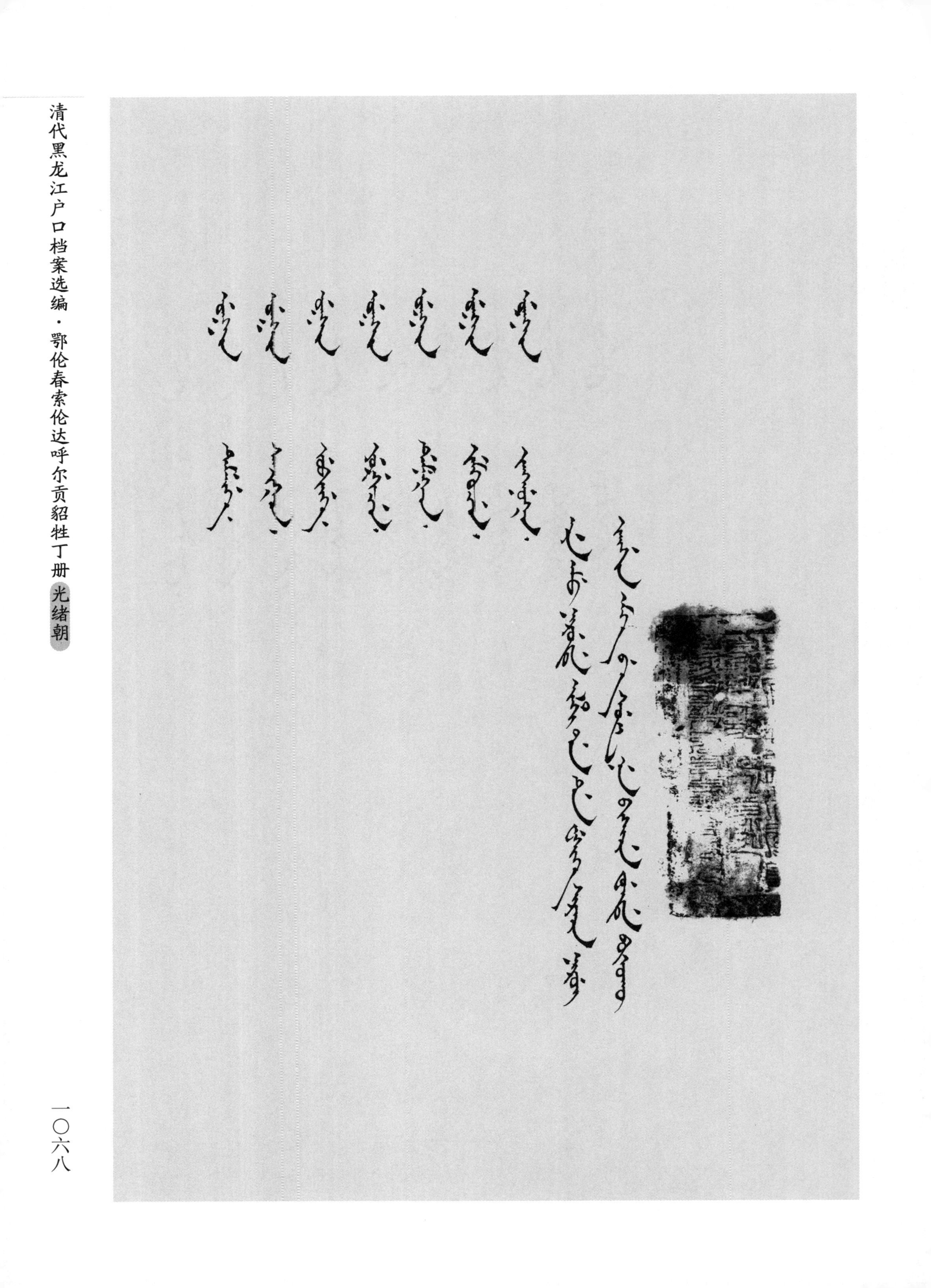

[illegible]

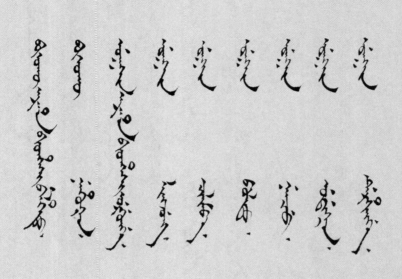

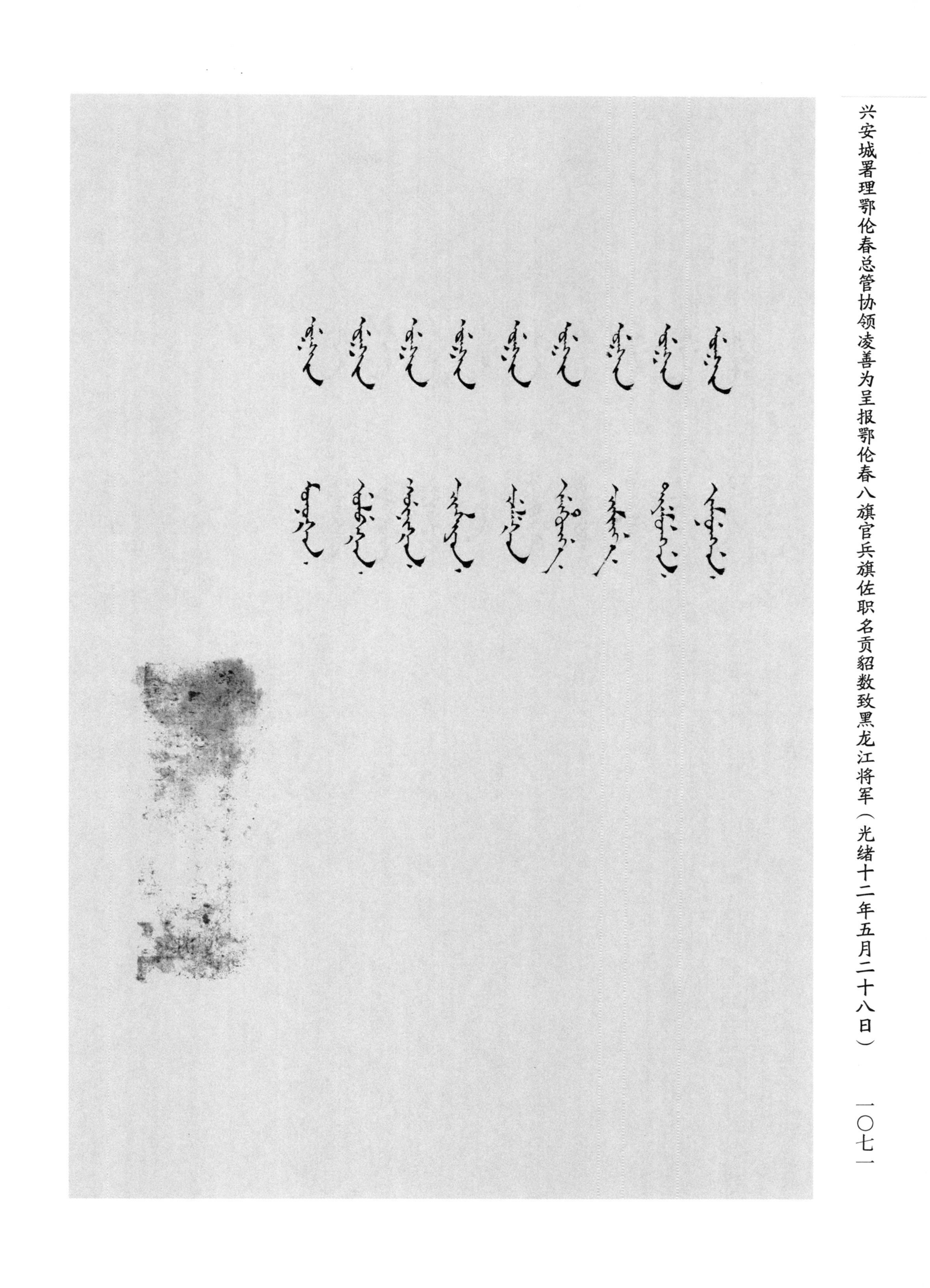

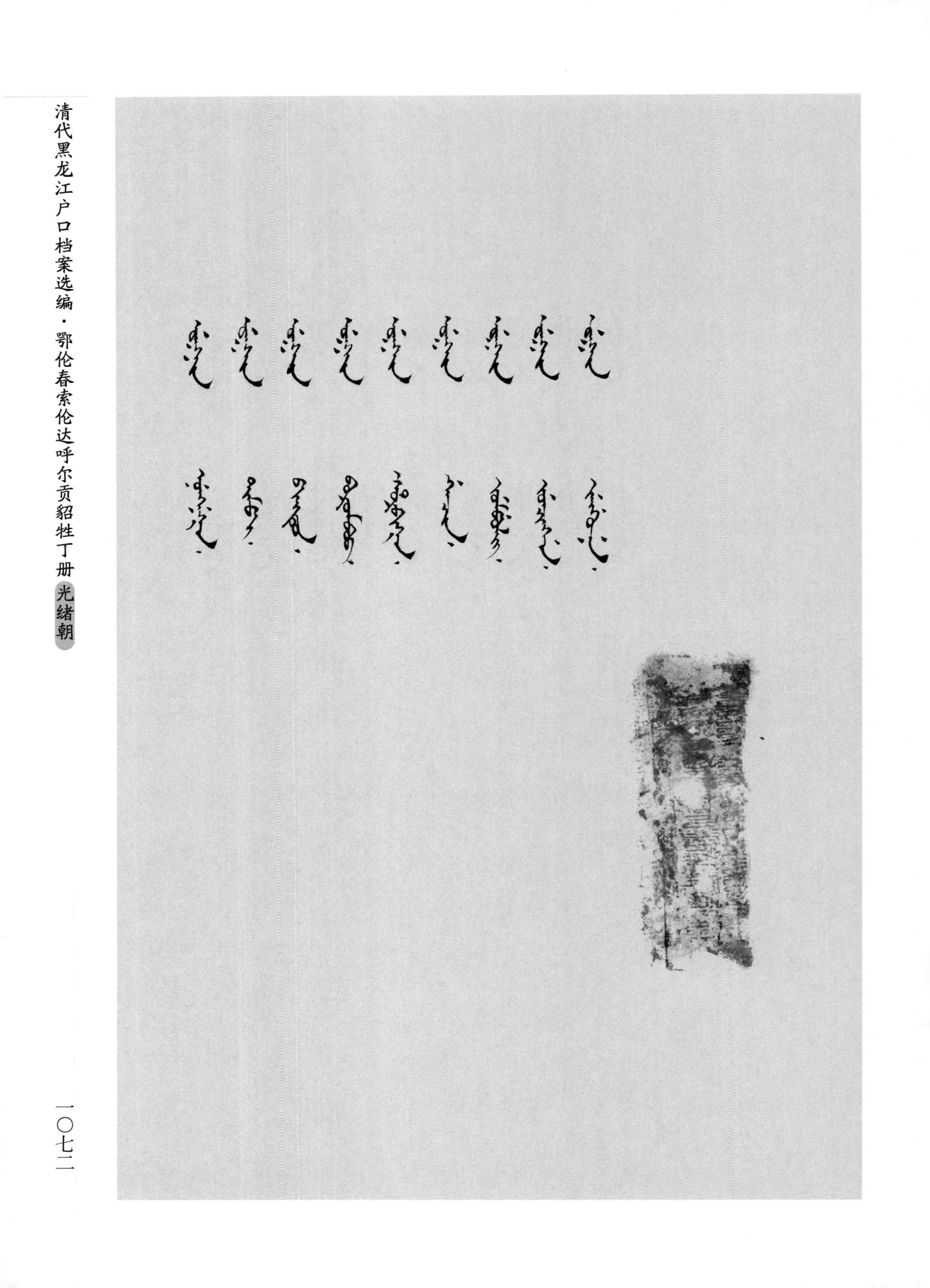

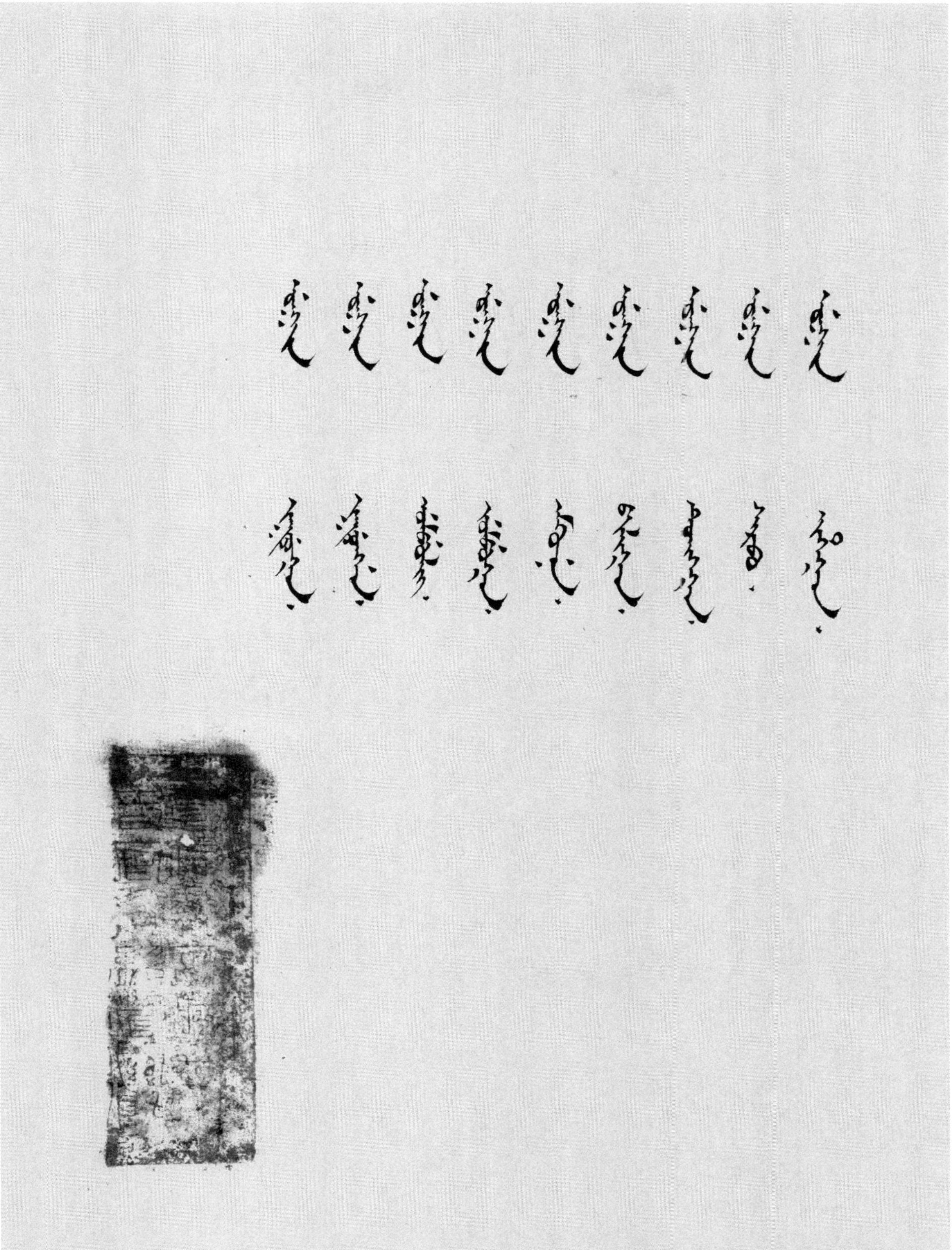

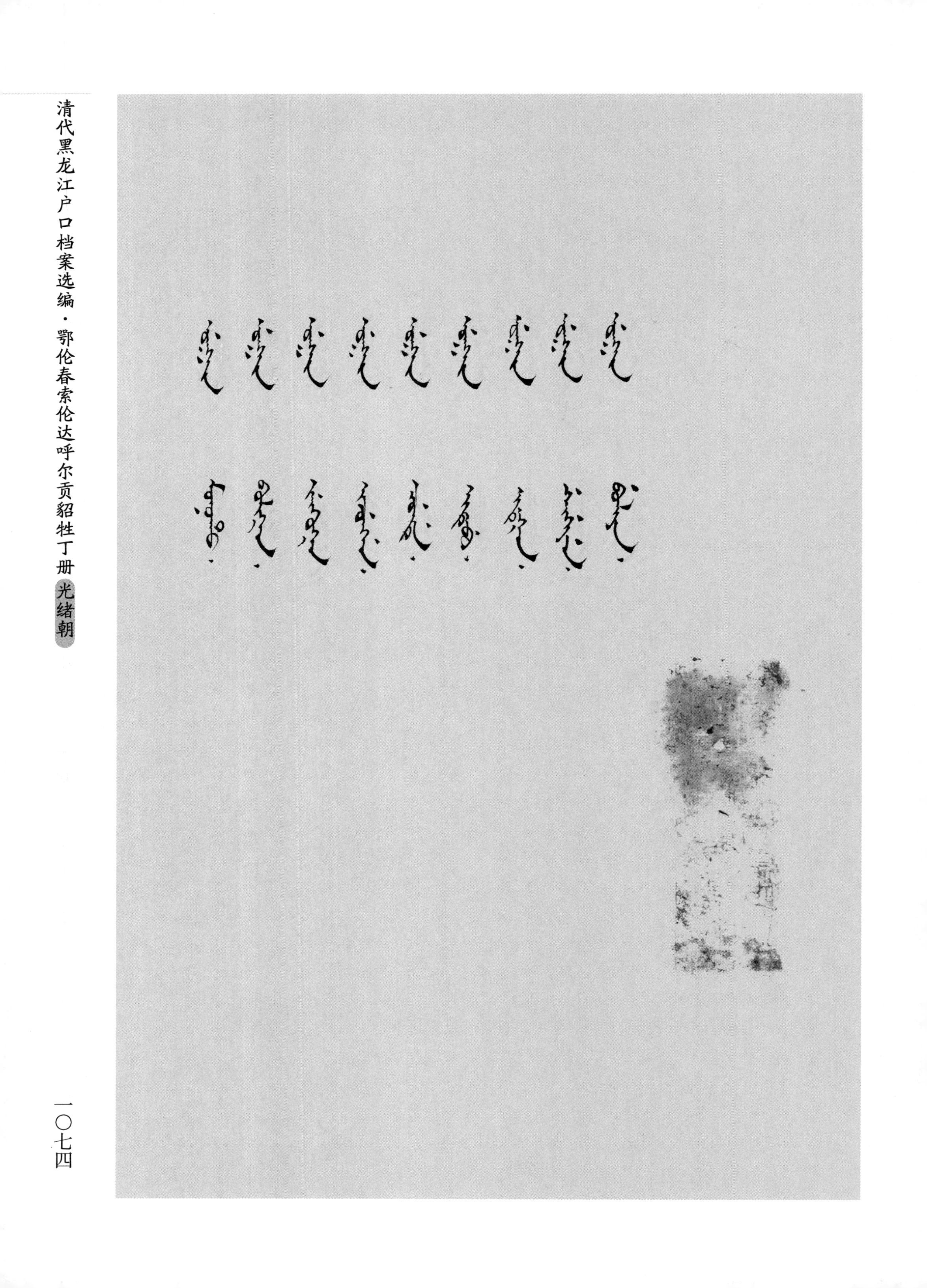

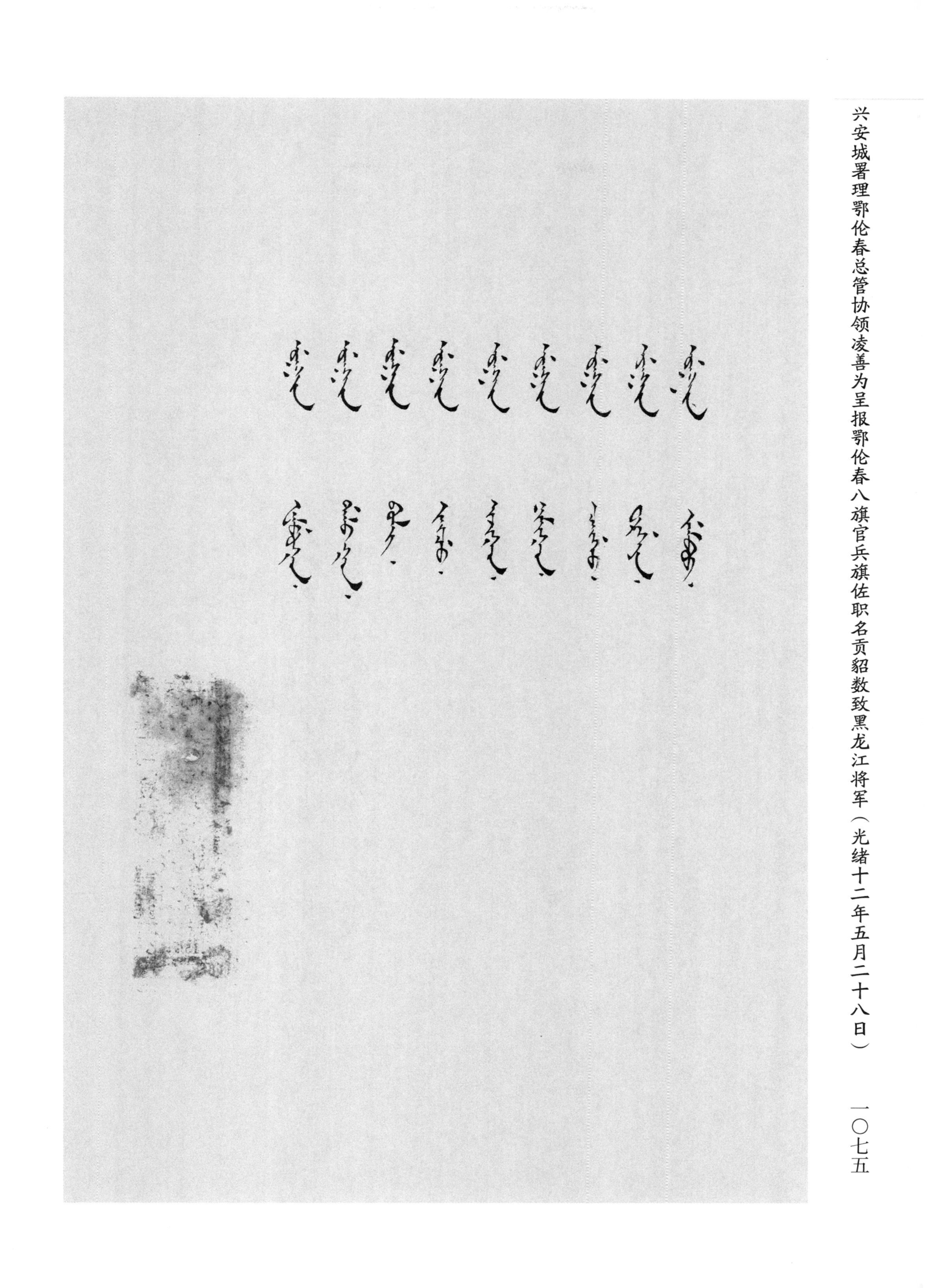

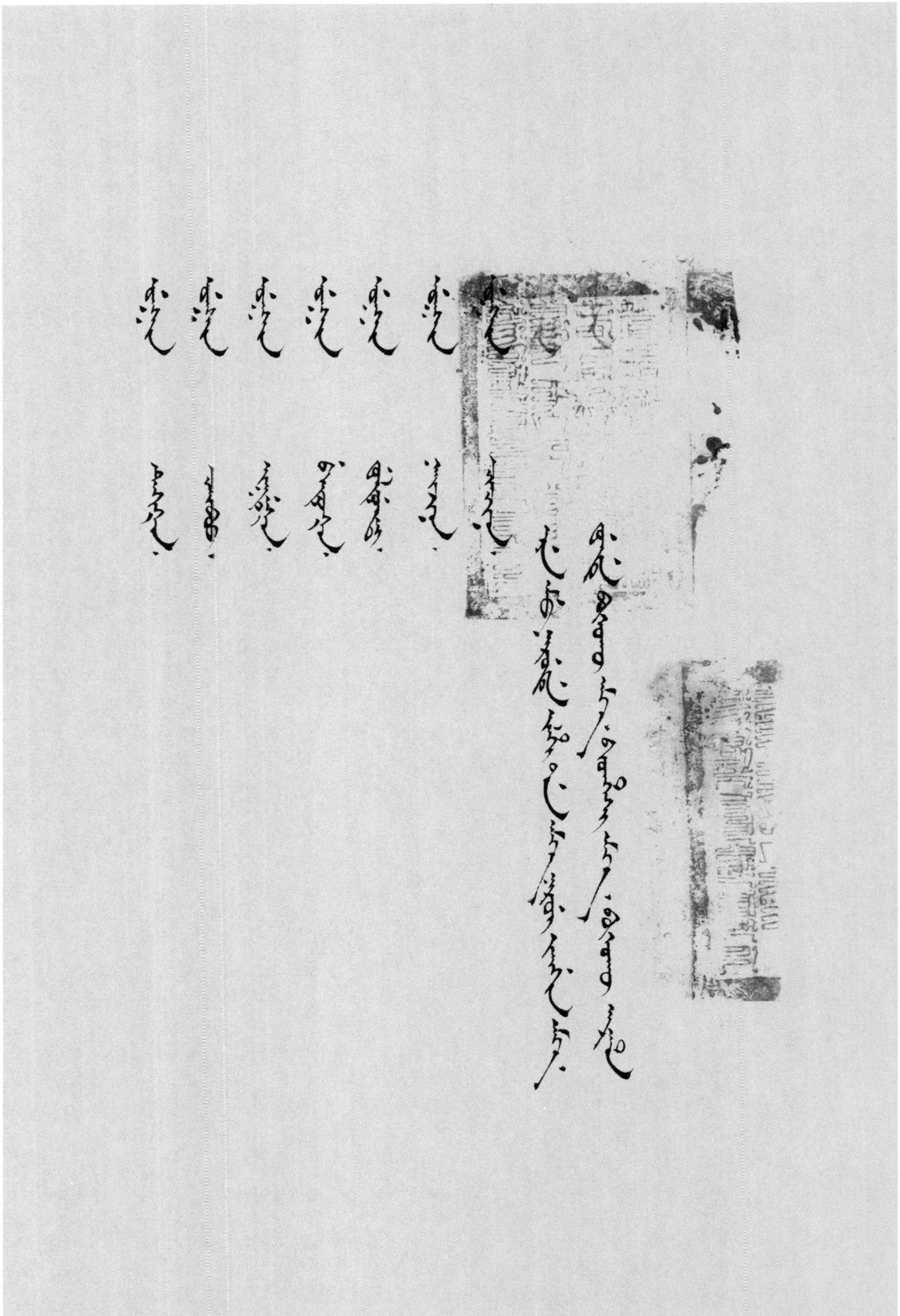

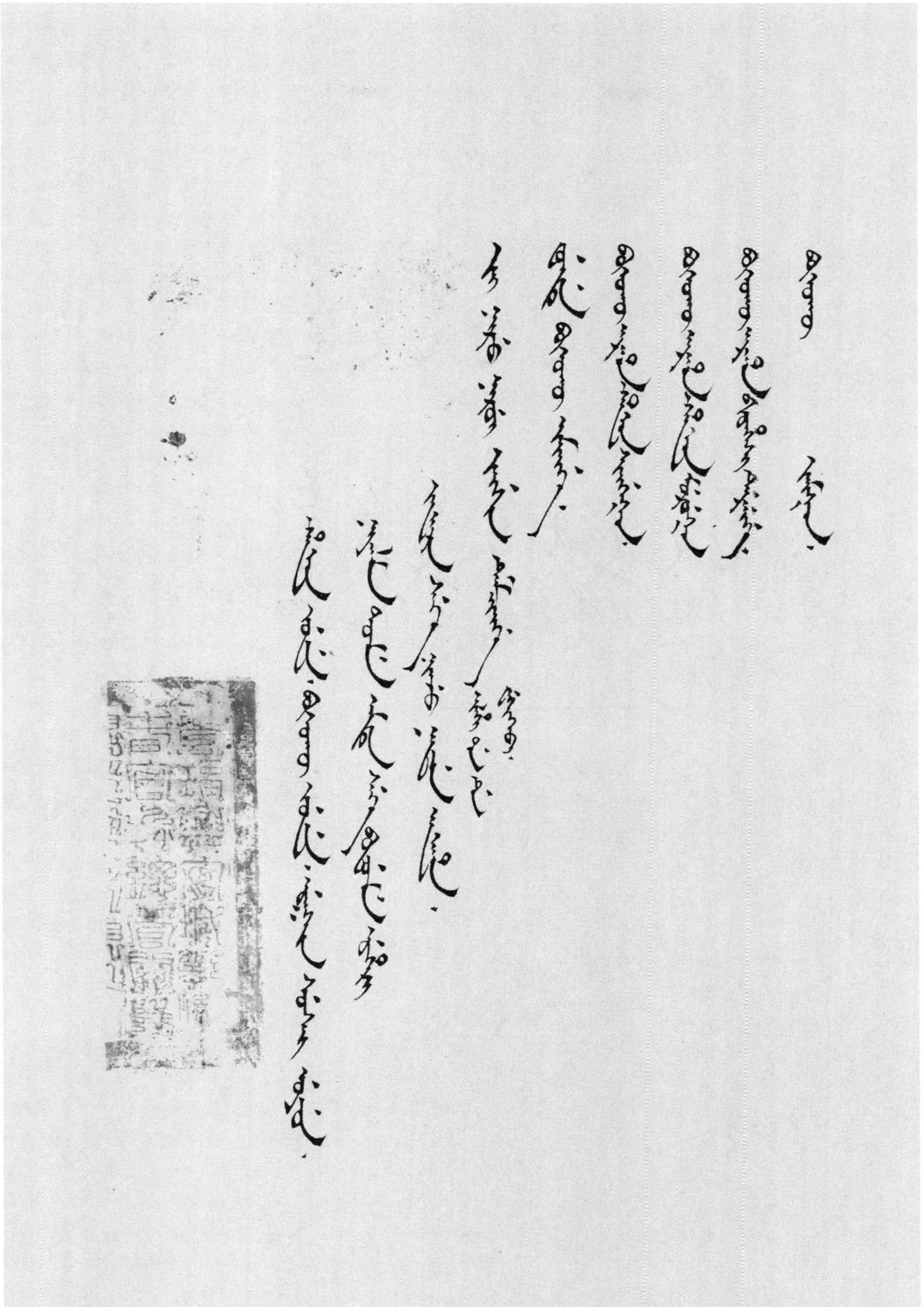

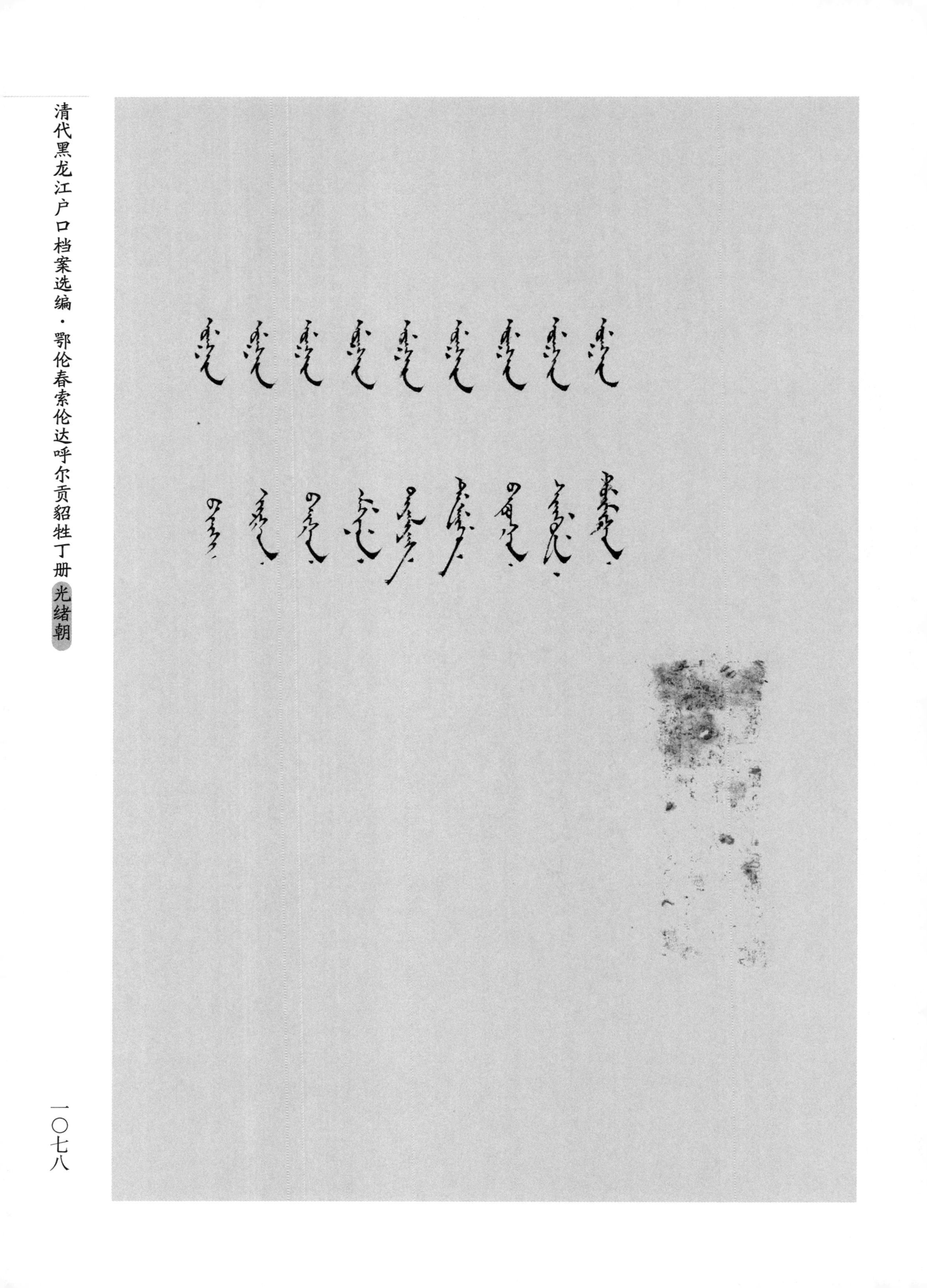

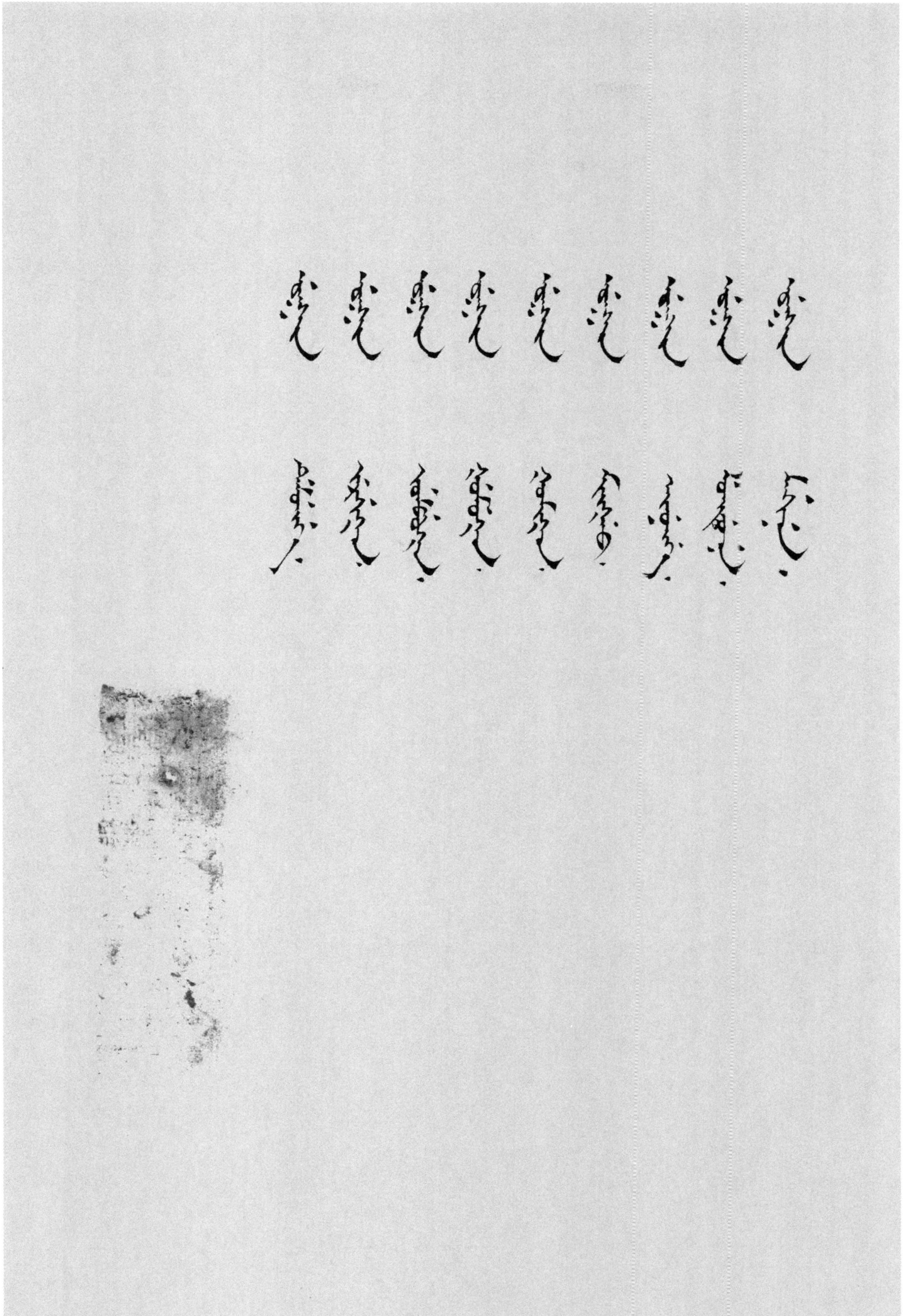

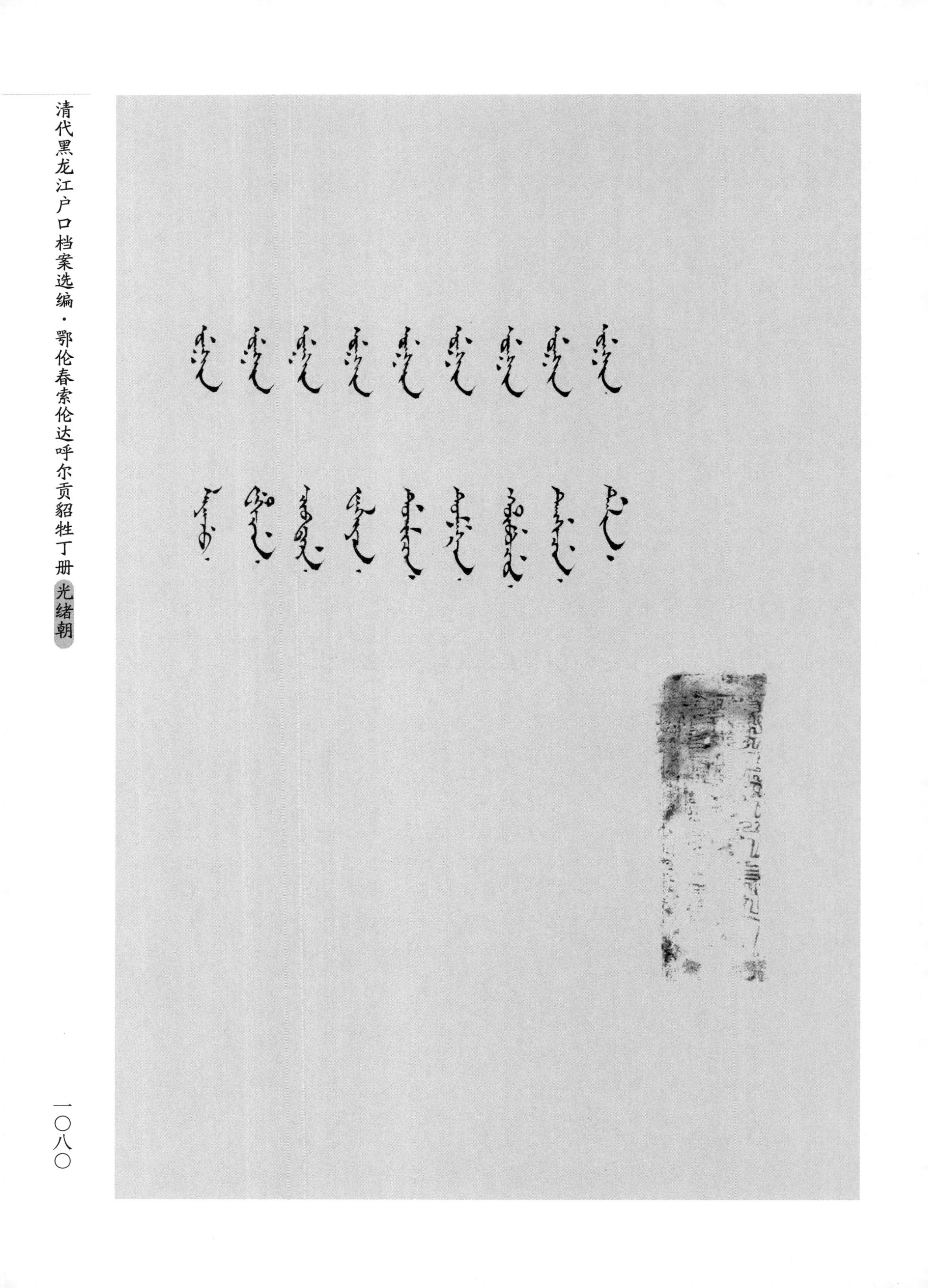

[illegible]

[illegible]

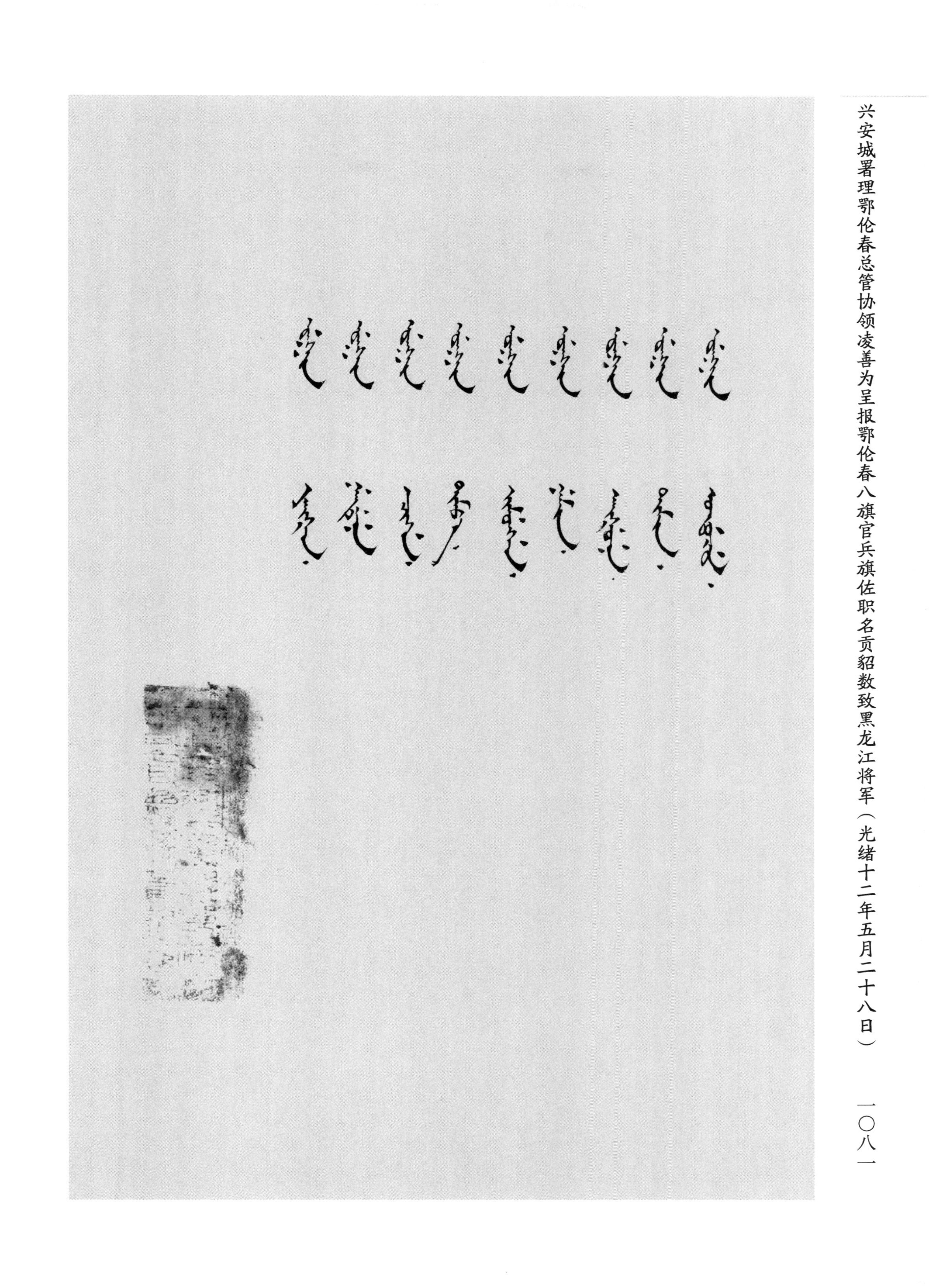

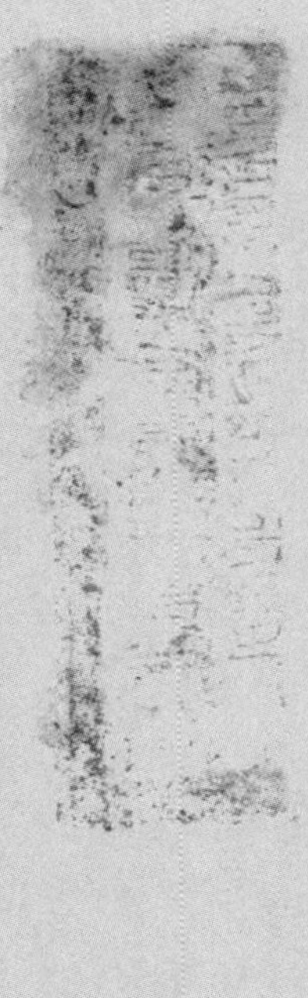

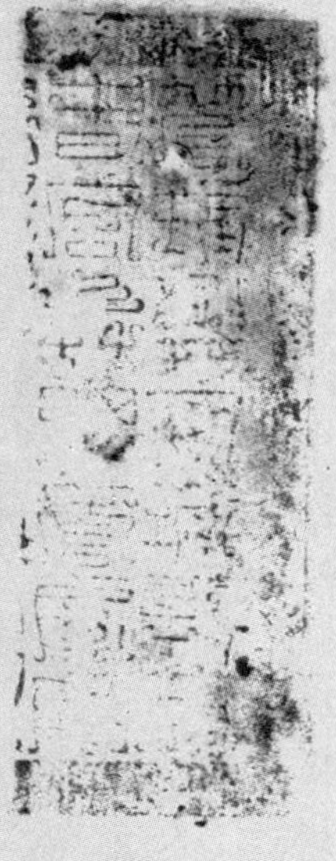

[illegible]

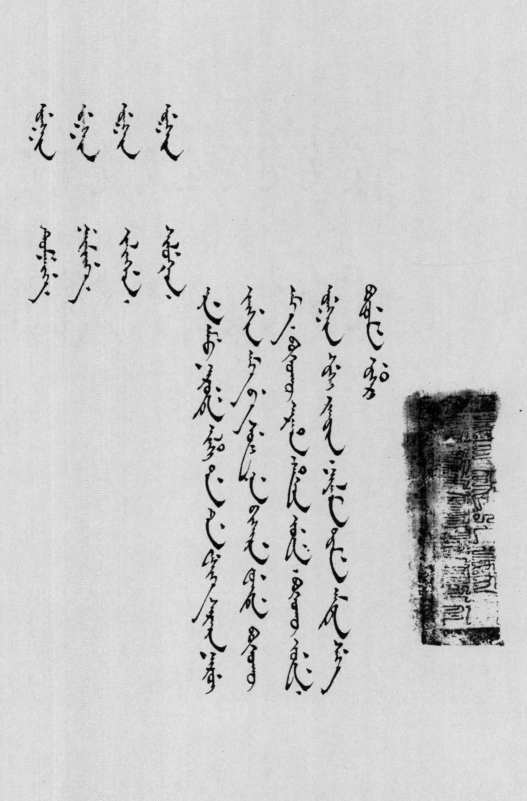

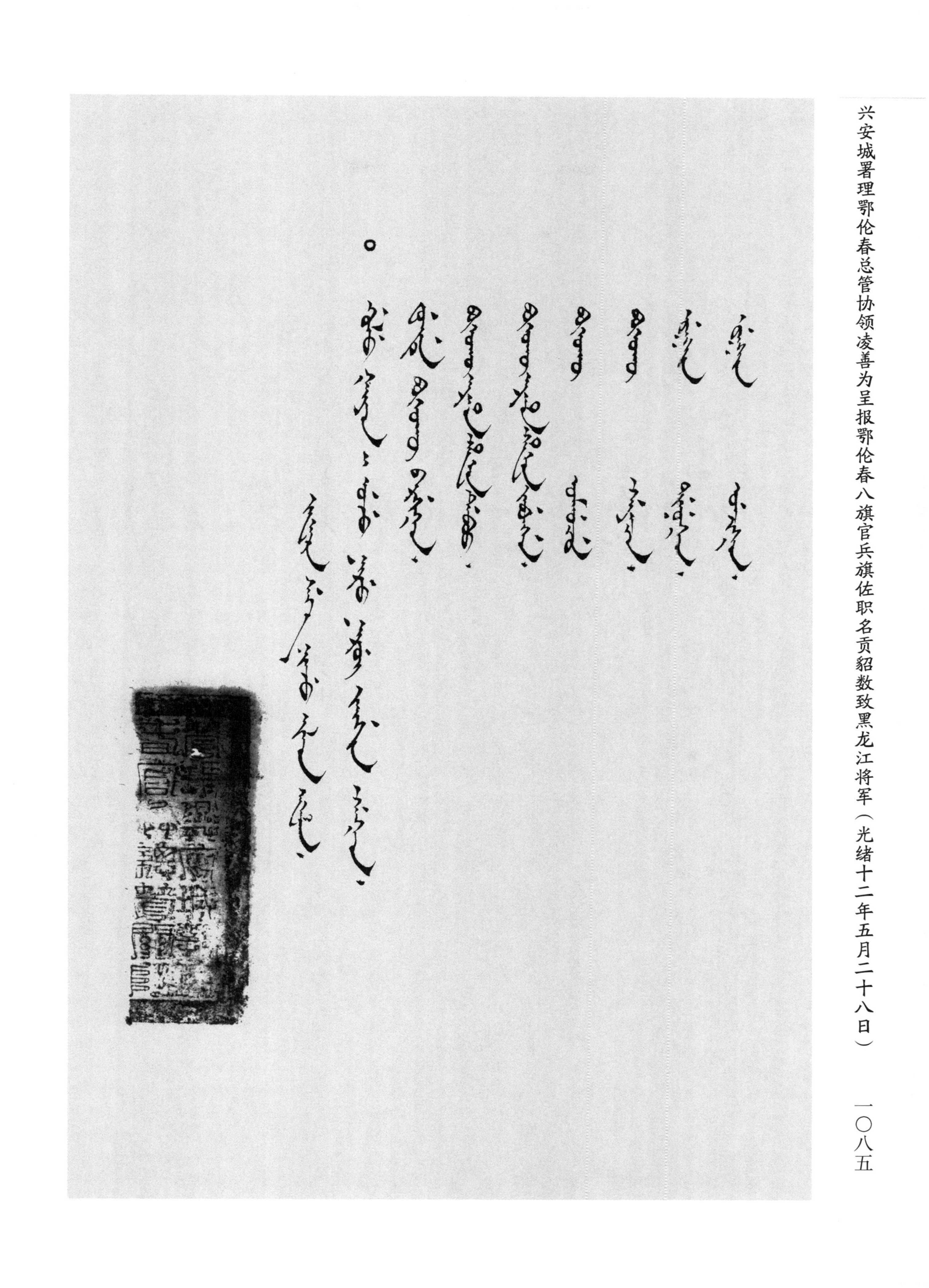

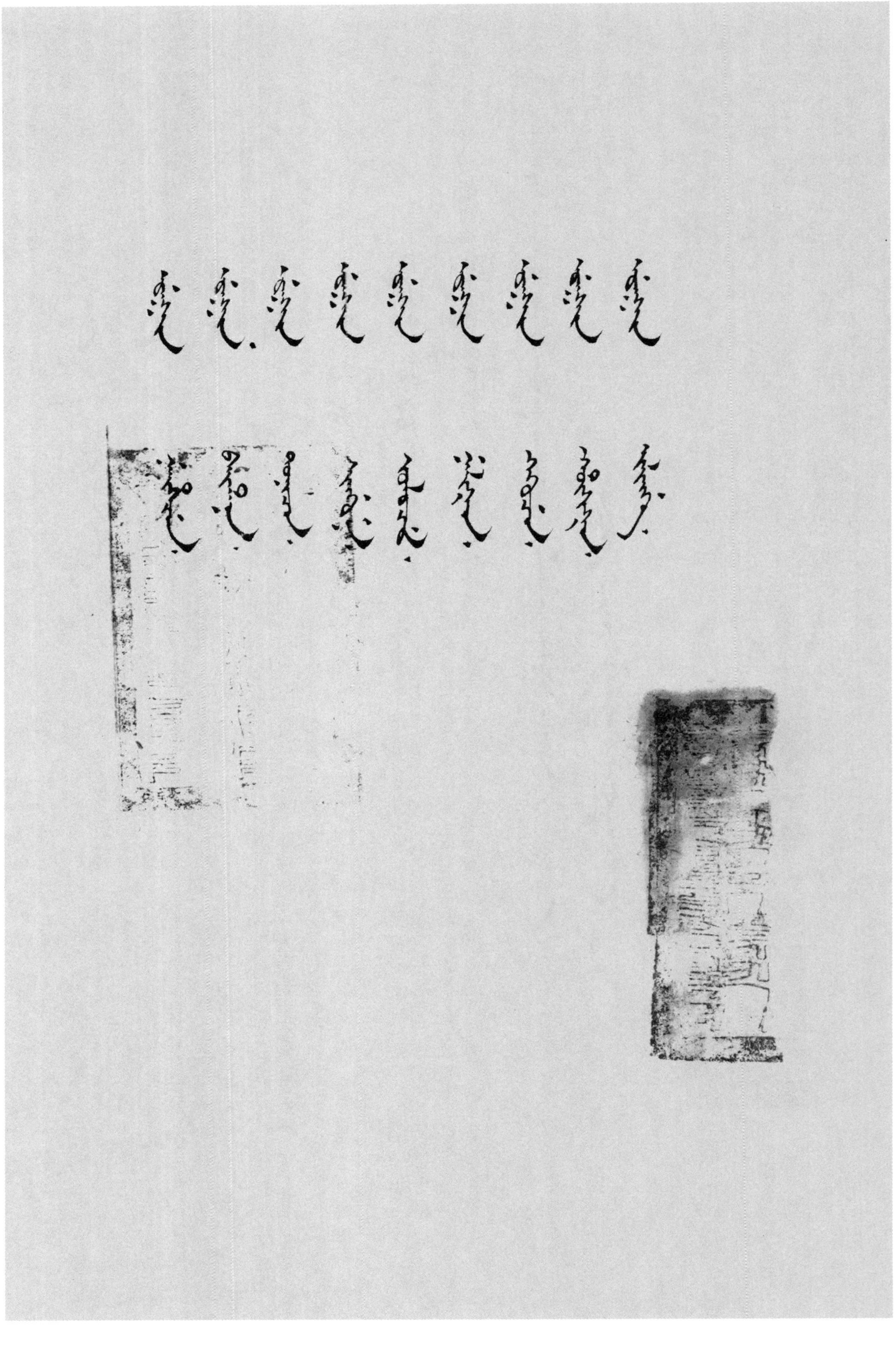

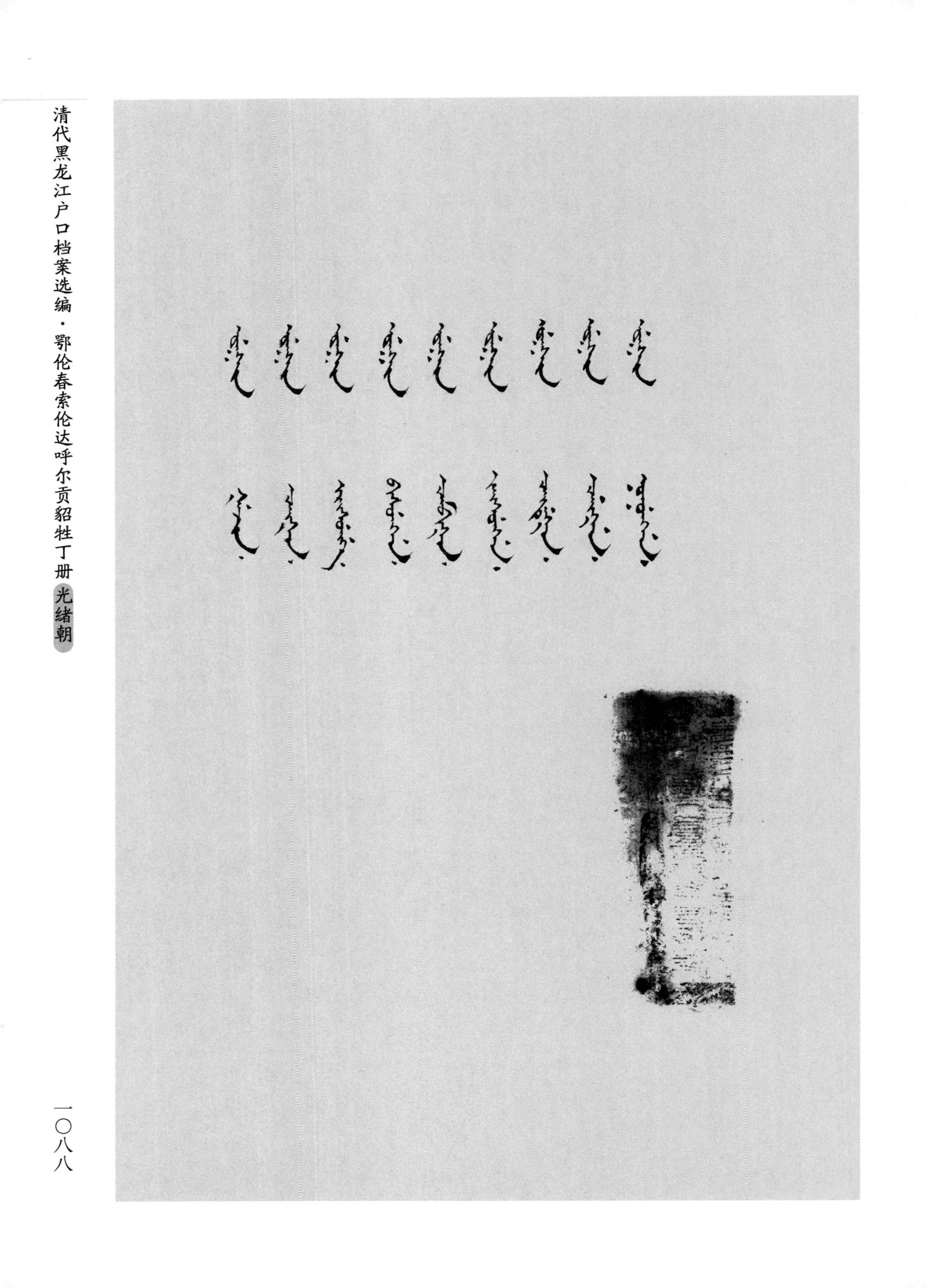

[illegible]

[illegible]

ᠰᡠᠨᠵᠠ ᠰᡠᠨᠵᠠ ᠰᡠᠨᠵᠠ ᠰᡠᠨᠵᠠ ᠰᡠᠨᠵᠠ ᠰᡠᠨᠵᠠ ᠰᡠᠨᠵᠠ ᠰᡠᠨᠵᠠ ᠰᡠᠨᠵᠠ

[illegible] [illegible] [illegible] [illegible] [illegible] [illegible] [illegible] [illegible] [illegible]

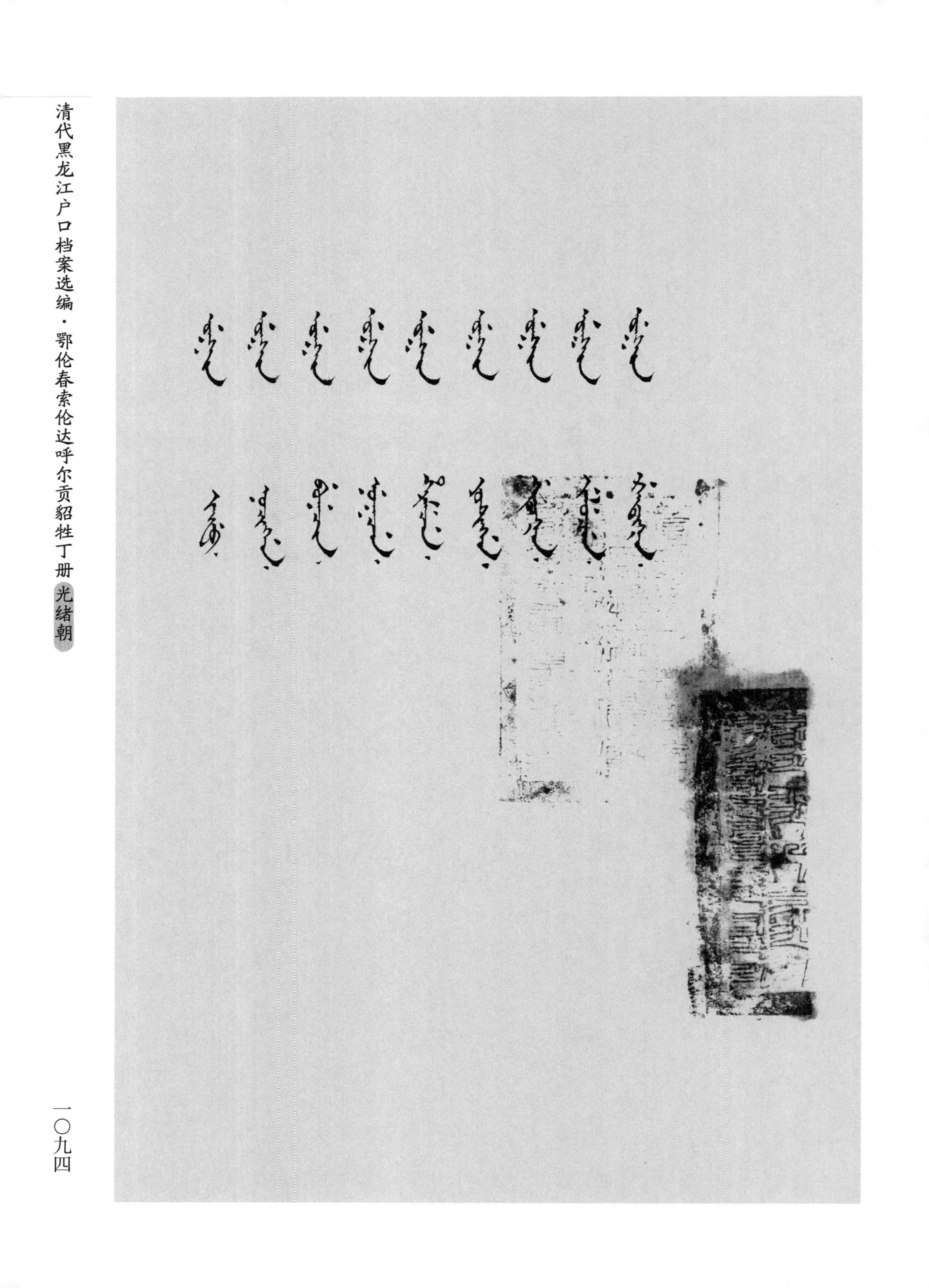

兴安城署理鄂伦春总管协领凌善为呈报鄂伦春八旗官兵旗佐职名贡貂数致黑龙江将军（光绪十二年五月二十八日）

ᠨᡳᡵᡠ ᡝᠮᡠ᠉

ᠨᡳᡵᡠ ᠵᡠᠸᡝ᠉

ᠨᡳᡵᡠ ᡳᠯᠠᠨ᠉

ᠨᡳᡵᡠ ᡩᡠᡳᠨ᠉

ᠨᡳᡵᡠ ᠰᡠᠨᠵᠠ᠉

ᠨᡳᡵᡠ ᠨᡳᠩᡤᡠᠨ᠉

ᠨᡳᡵᡠ ᠨᠠᡩᠠᠨ᠉

ᠨᡳᡵᡠ ᠵᠠᡴᡡᠨ᠉

ᠨᡳᡵᡠ ᡠᠶᡠᠨ᠉

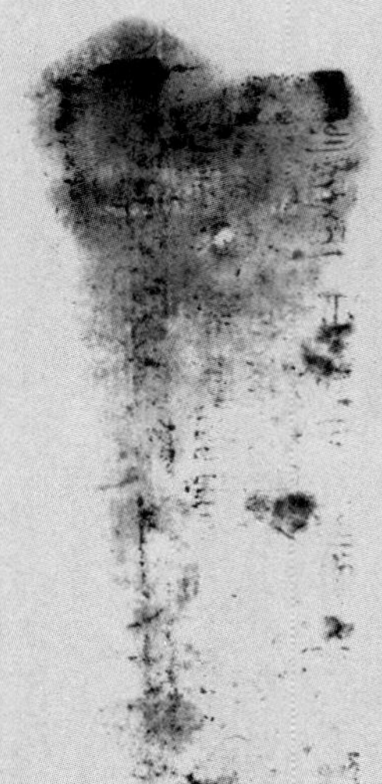

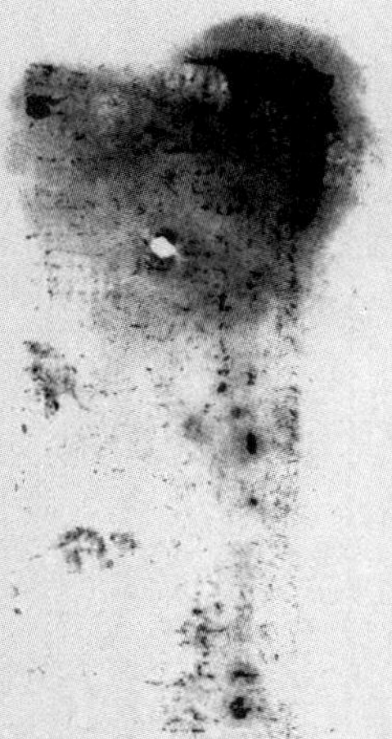

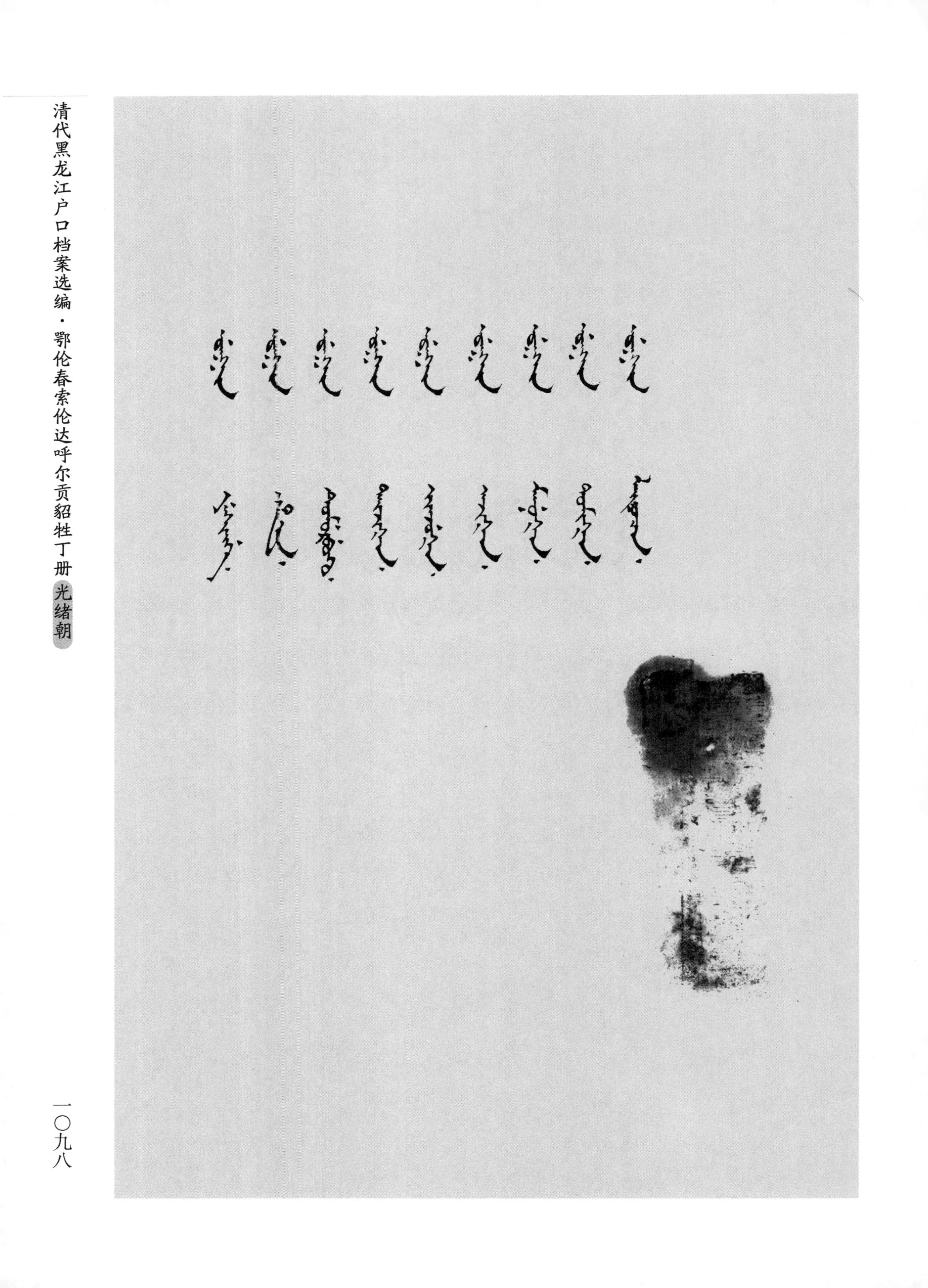

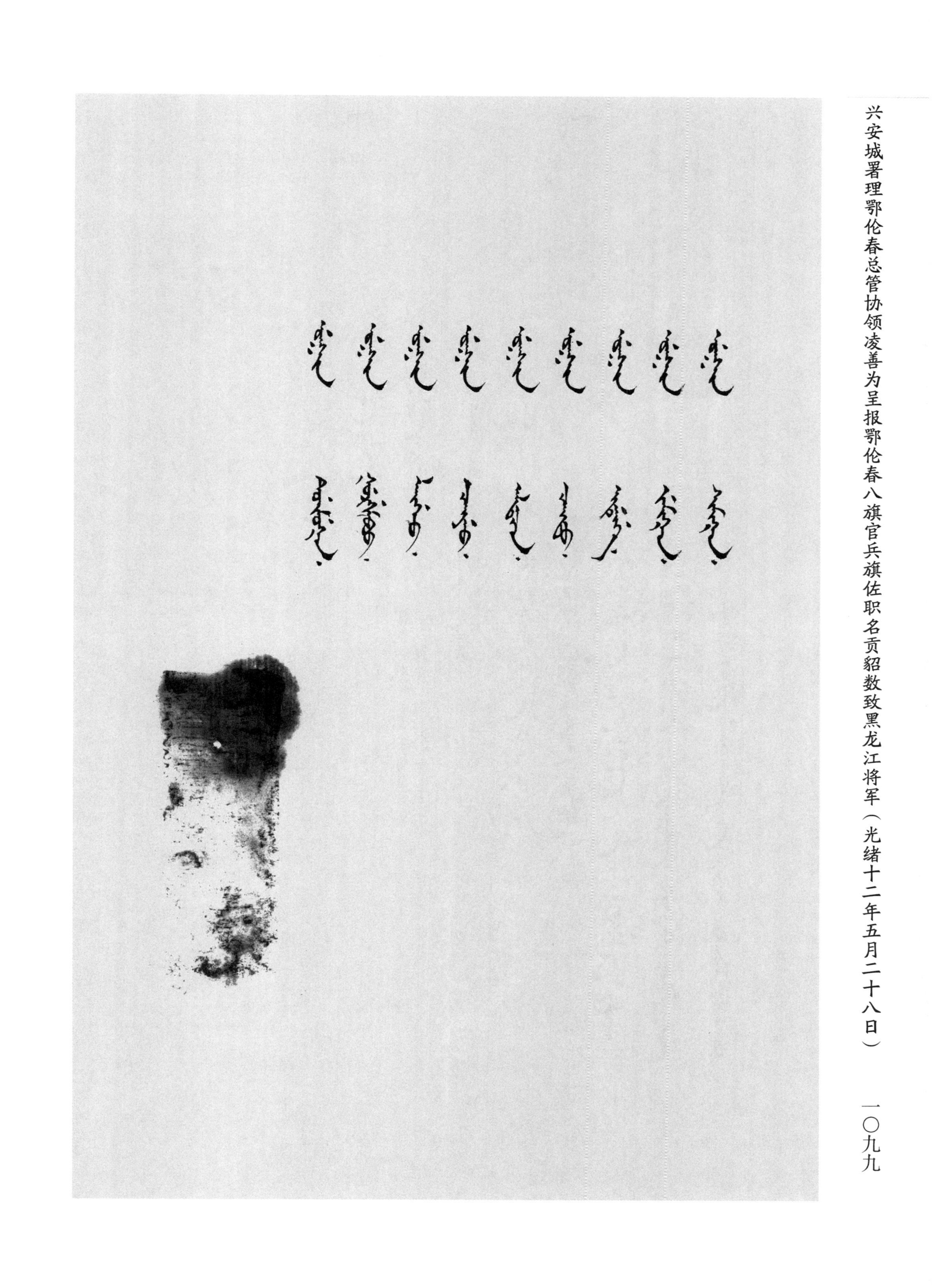

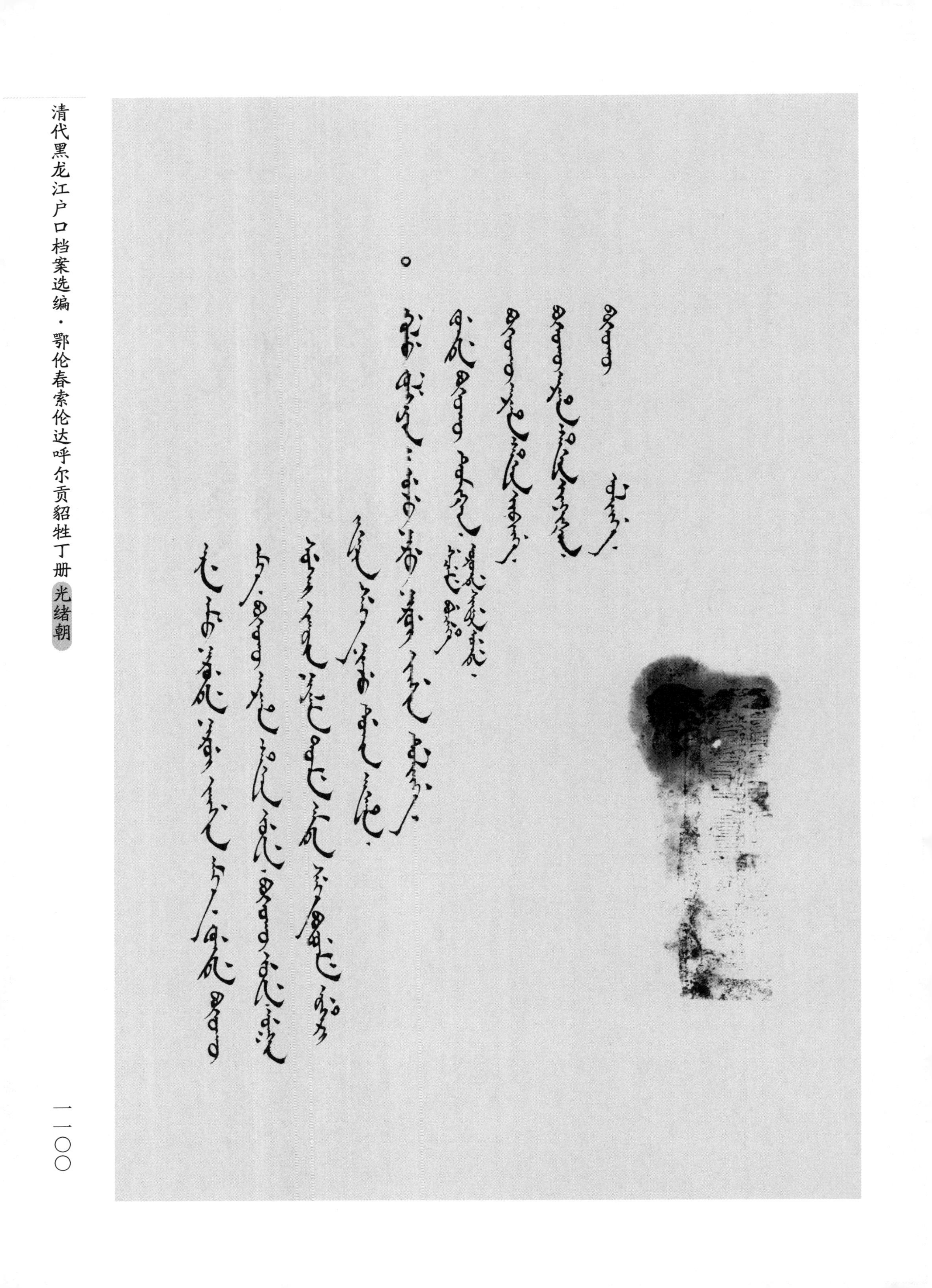

[illegible]

[illegible]

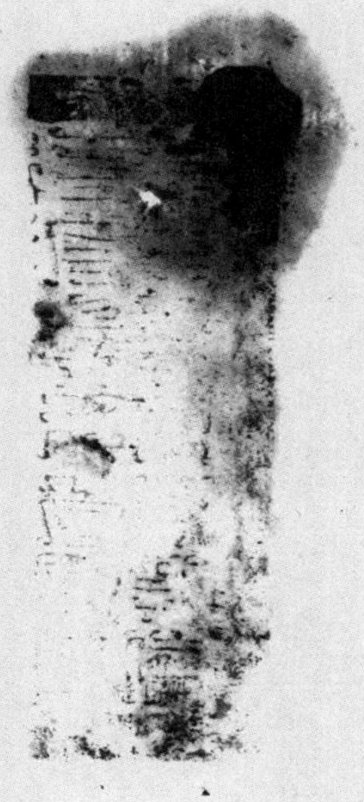

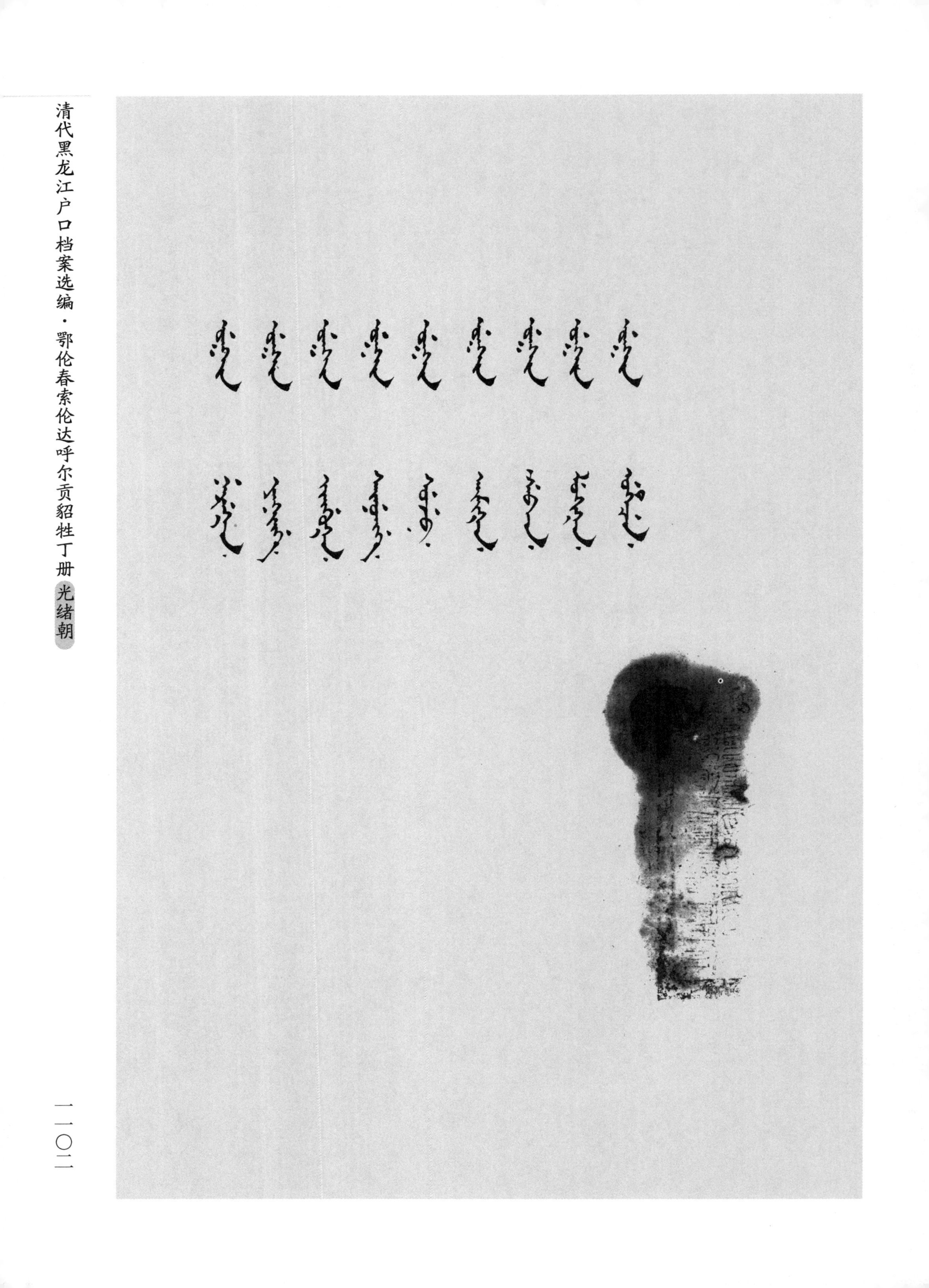

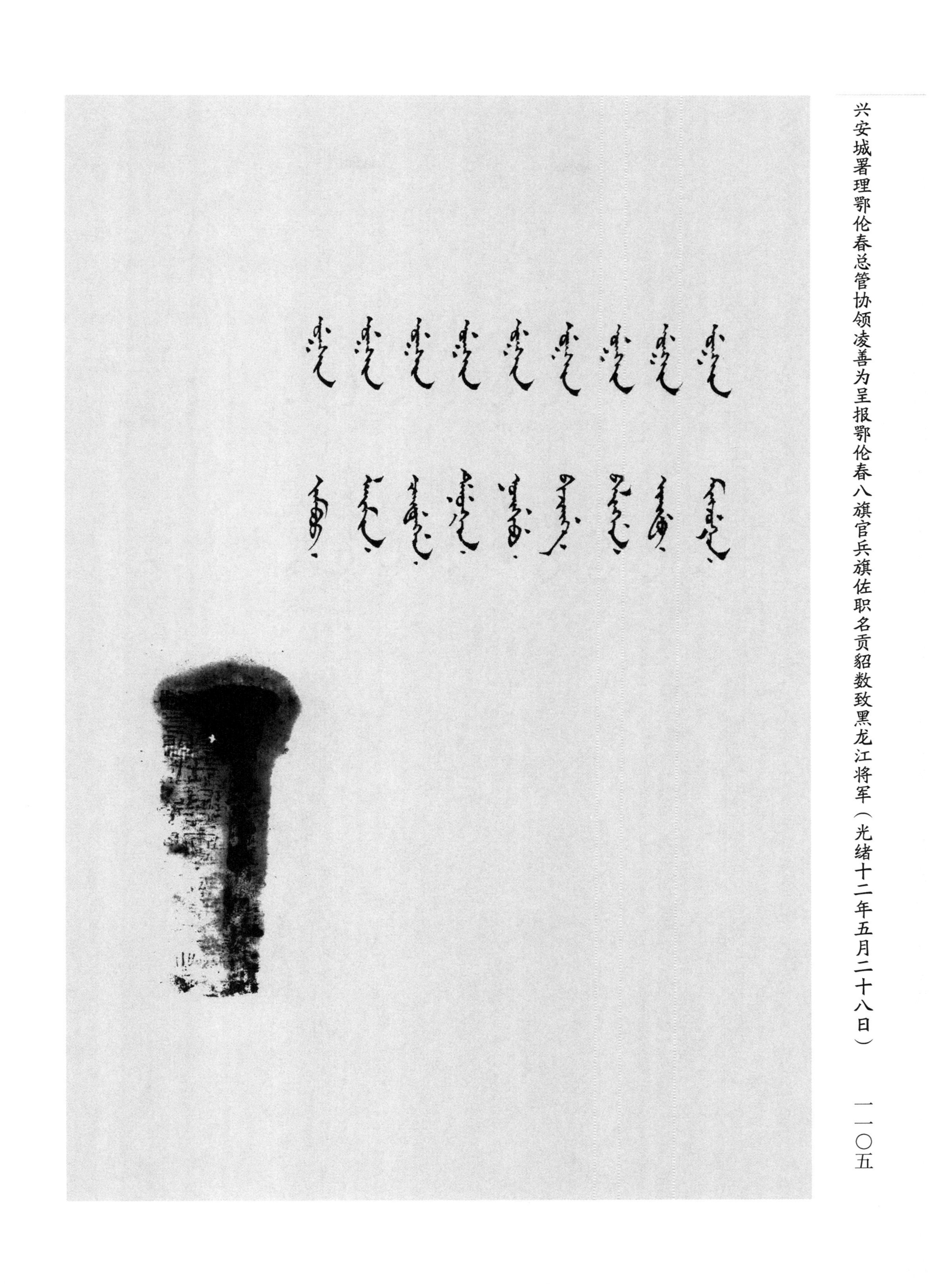

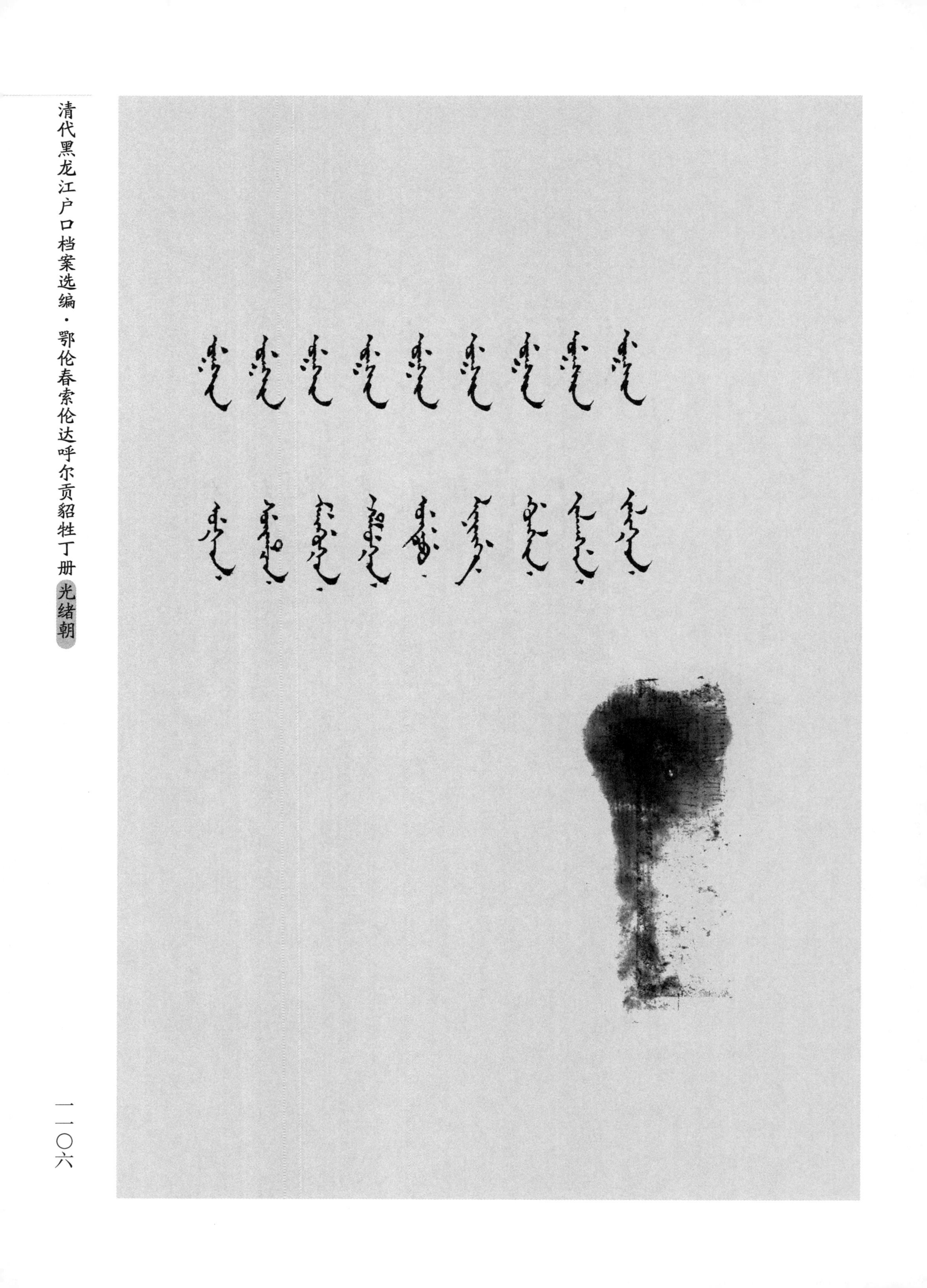

[illegible]

[illegible]

[illegible]

ᠰᡝᡴᡝ [illegible]

ᠰᡝᡴᡝ [illegible]

ᠰᡝᡴᡝ [illegible]

ᠰᡝᡴᡝ [illegible]

ᠰᡝᡴᡝ [illegible]

ᠰᡝᡴᡝ ᡝᠮᡠ

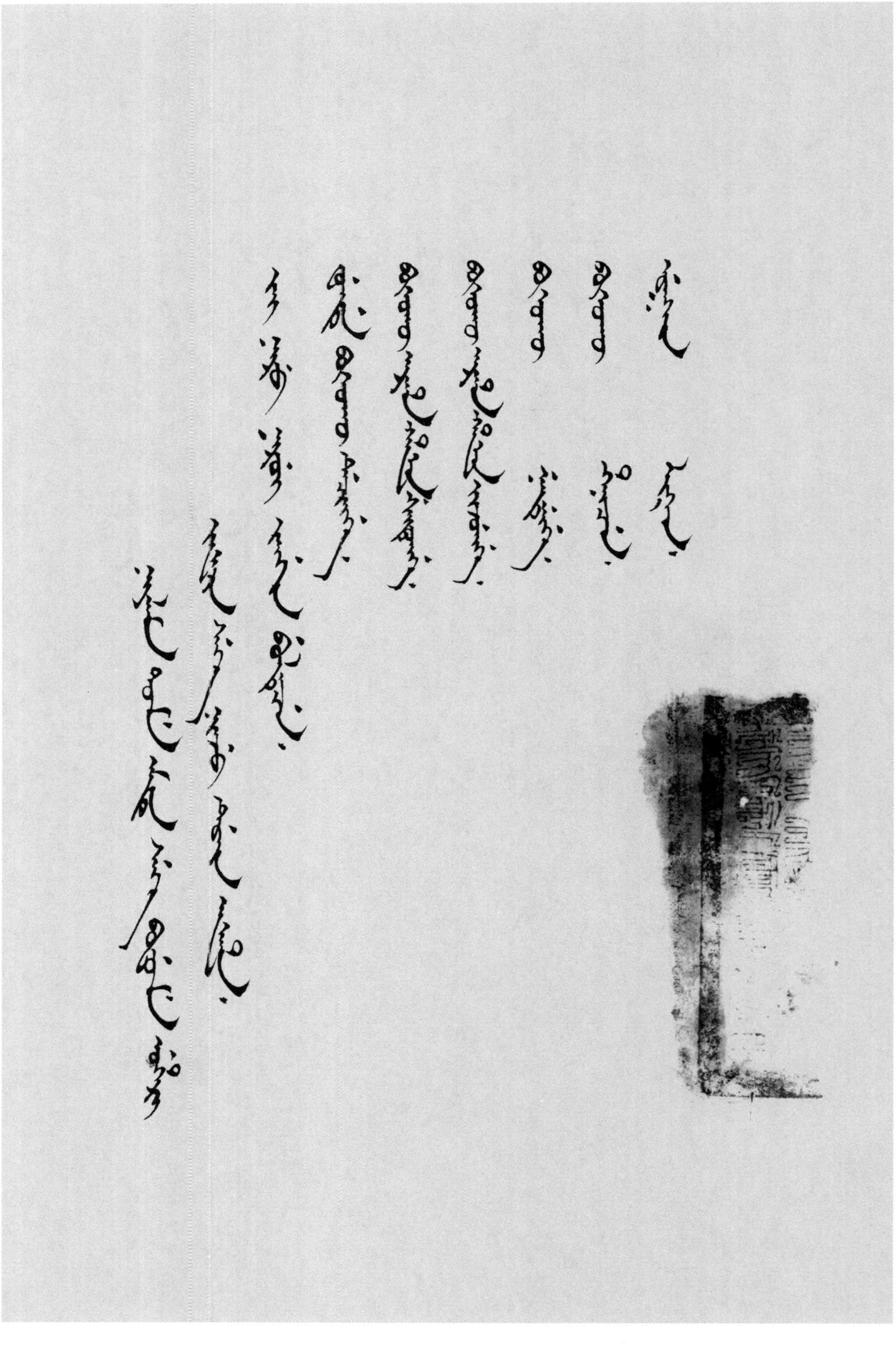

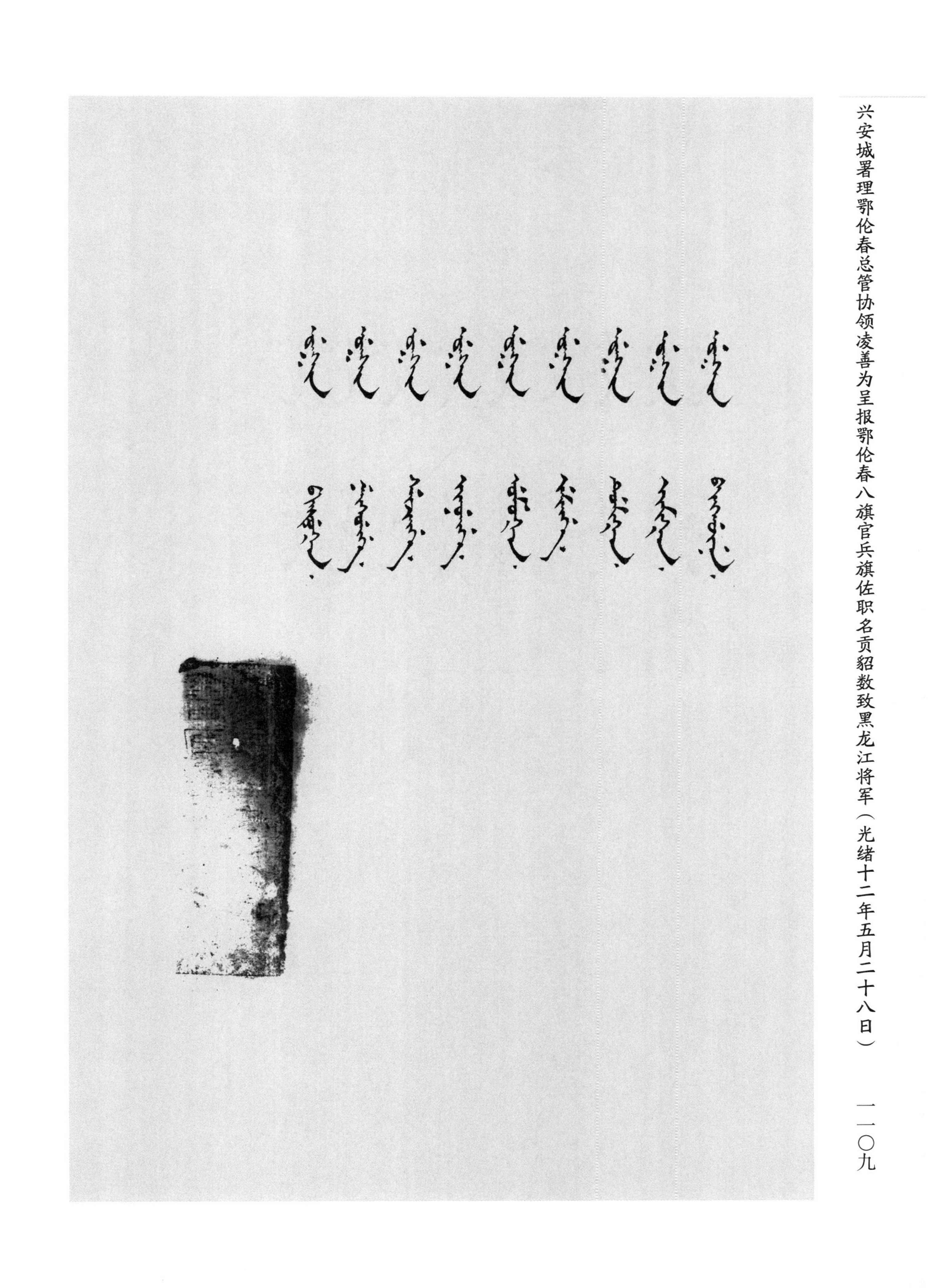

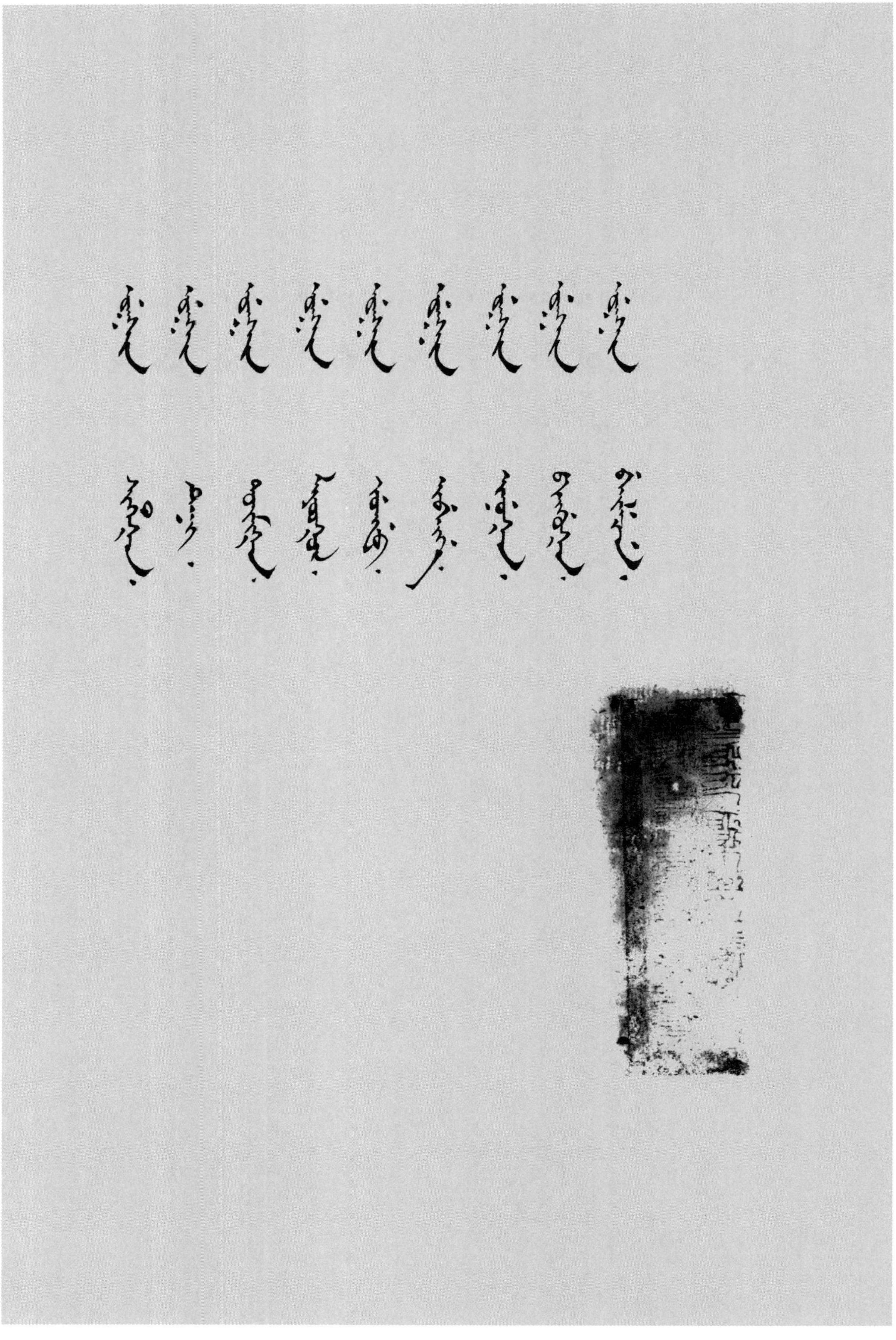

兴安城署理鄂伦春总管协领凌善为呈报鄂伦春八旗官兵旗佐职名贡貂数致黑龙江将军（光绪十二年五月二十八日）

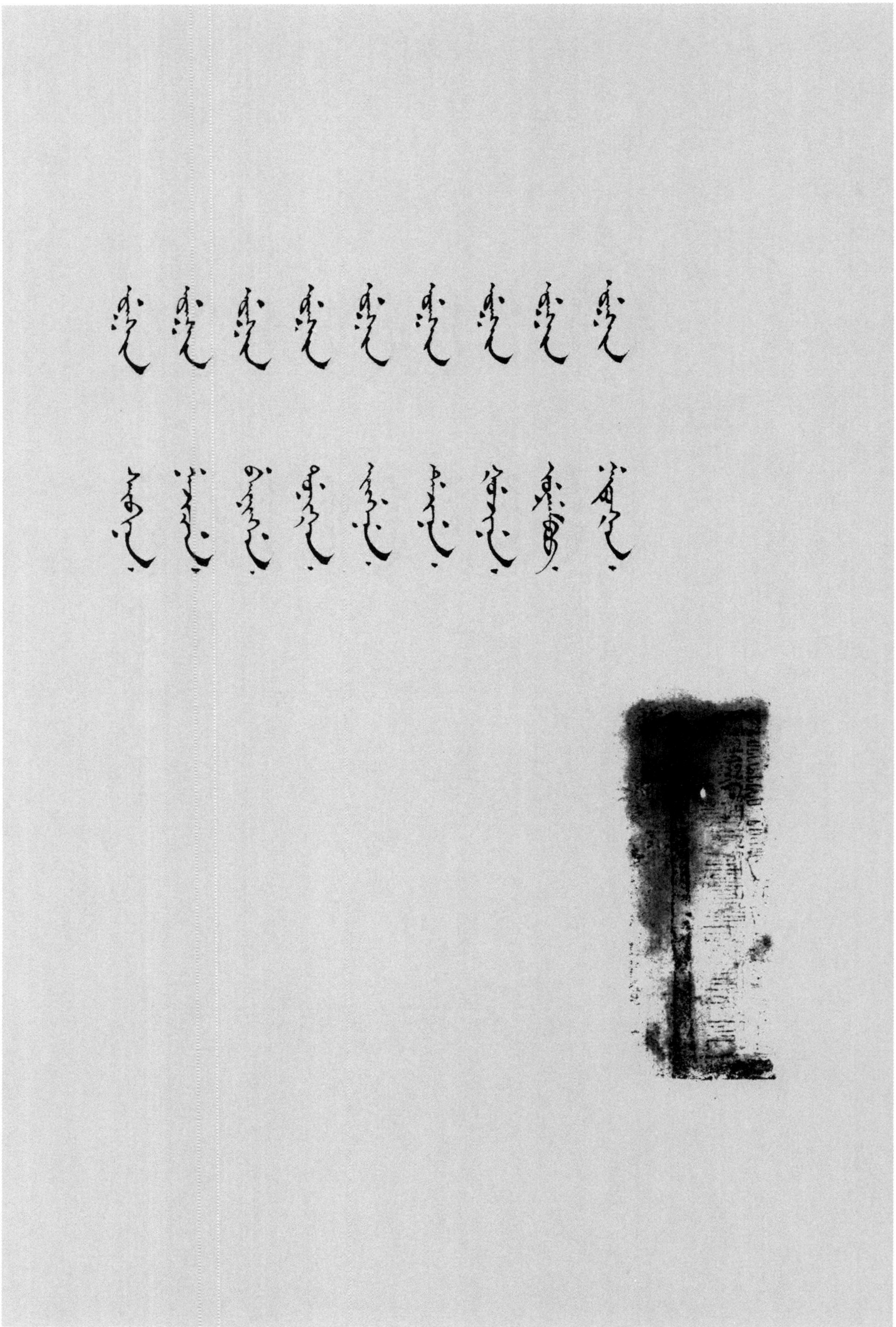

兴安城署理鄂伦春总管协领凌善为呈报鄂伦春八旗官兵旗佐职名贡貂数致黑龙江将军（光绪十二年五月二十八日）

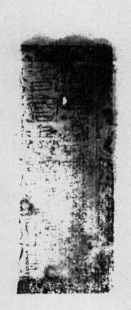

[illegible]

[illegible]

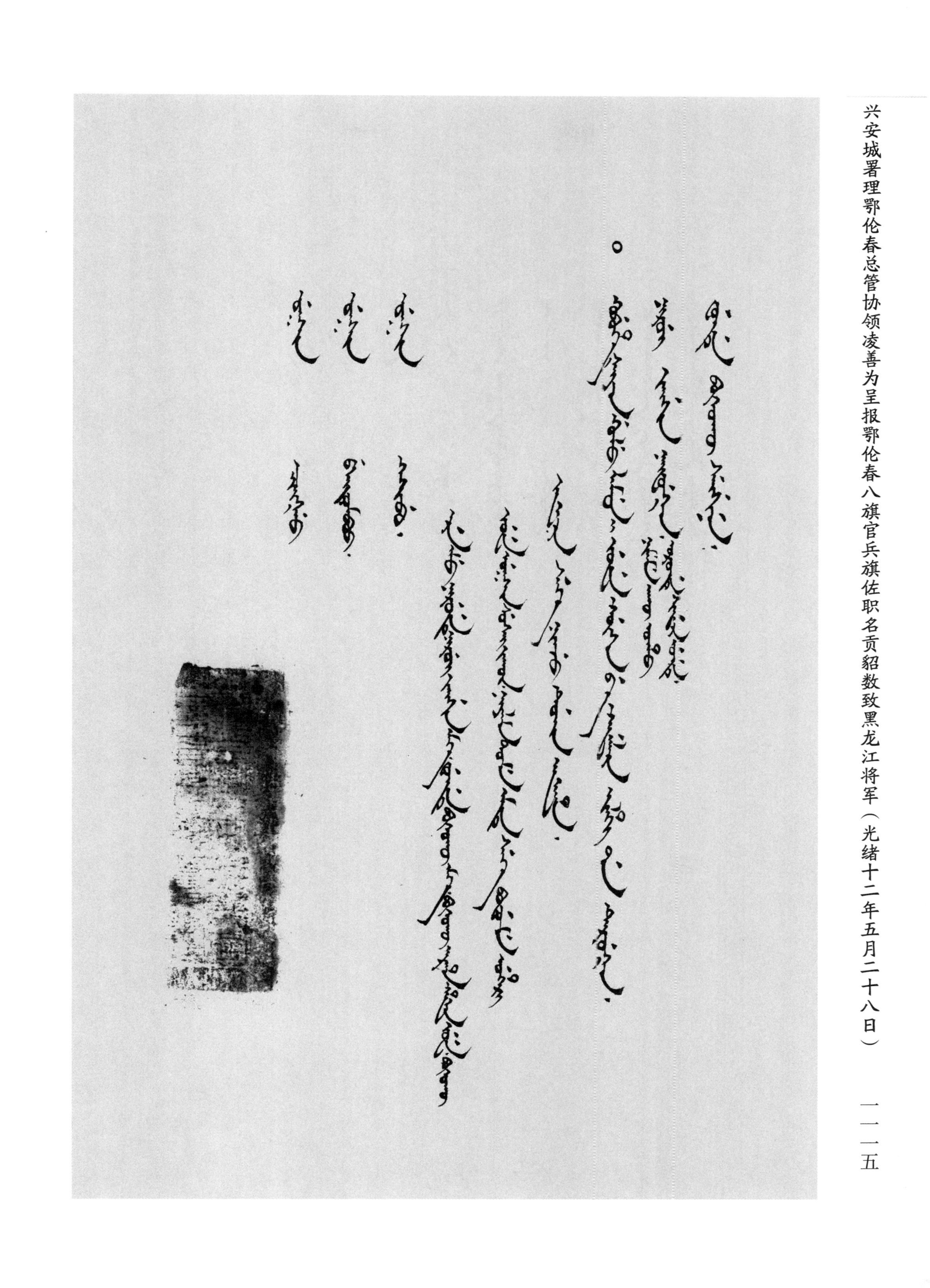

兴安城署理鄂伦春总管协领凌善为呈报鄂伦春八旗官兵旗佐职名贡貂数致黑龙江将军（光绪十二年五月二十八日）

ᠨᡳᡵᡠᡳ ᠨᡳᡵᡠᡳ ᠨᡳᡵᡠᡳ ᠨᡳᡵᡠᡳ ᠨᡳᡵᡠᡳ ᠨᡳᡵᡠᡳ ᠨᡳᡵᡠᡳ ᠨᡳᡵᡠᡳ ᠨᡳᡵᡠᡳ

[illegible] [illegible] [illegible] [illegible] [illegible] [illegible] [illegible] [illegible] [illegible]

[illegible]

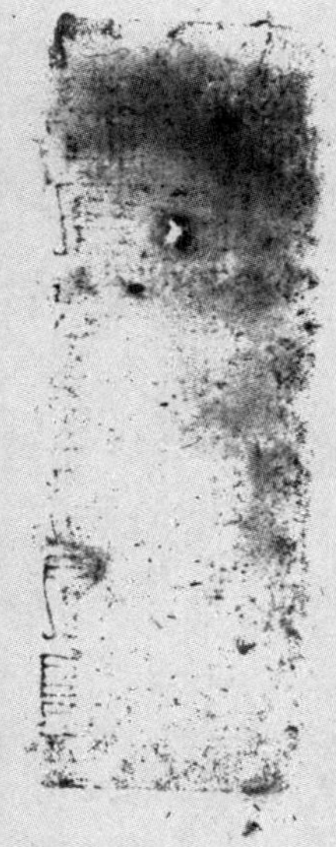

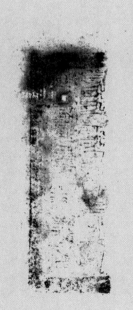

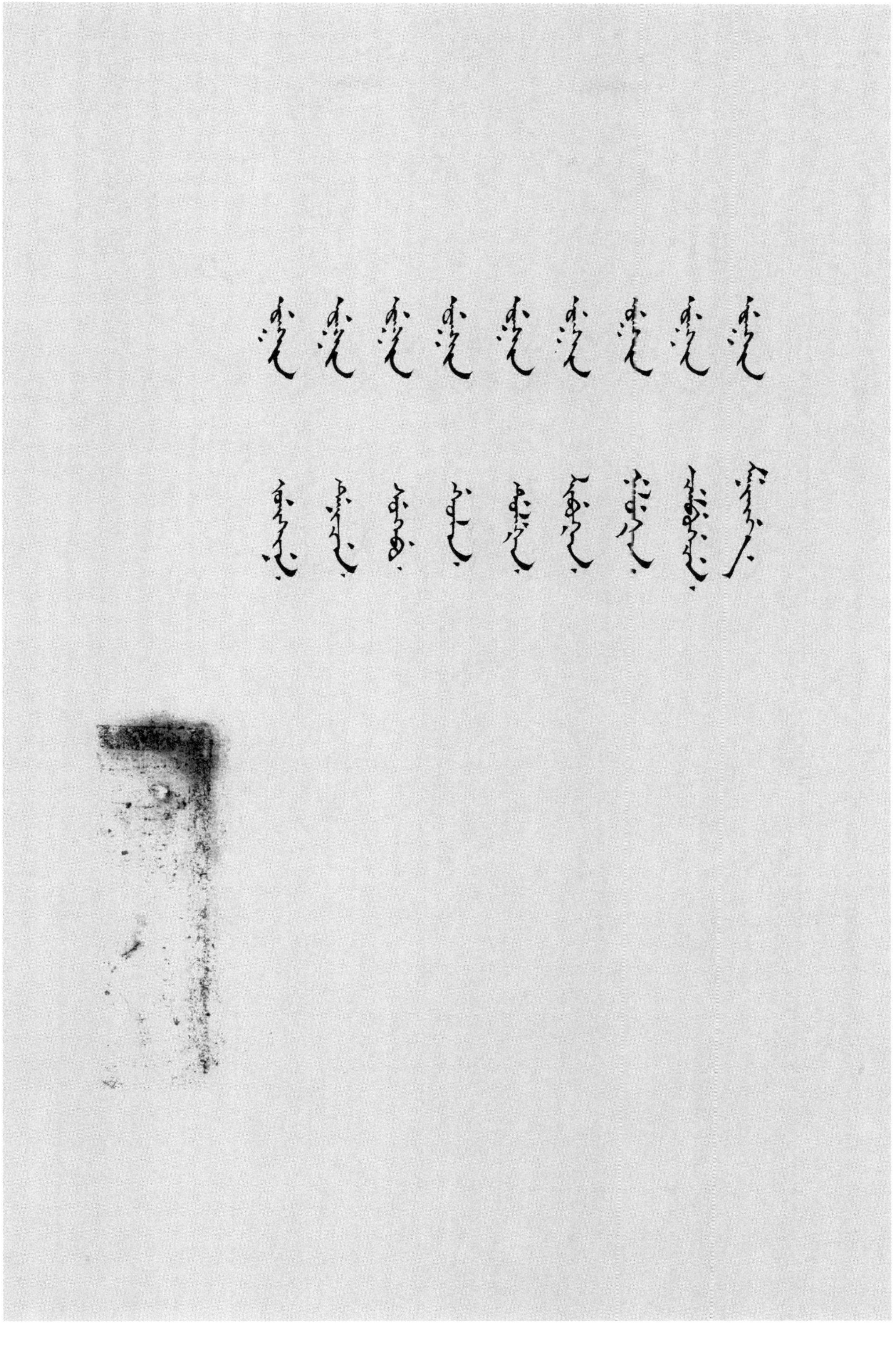

[illegible]

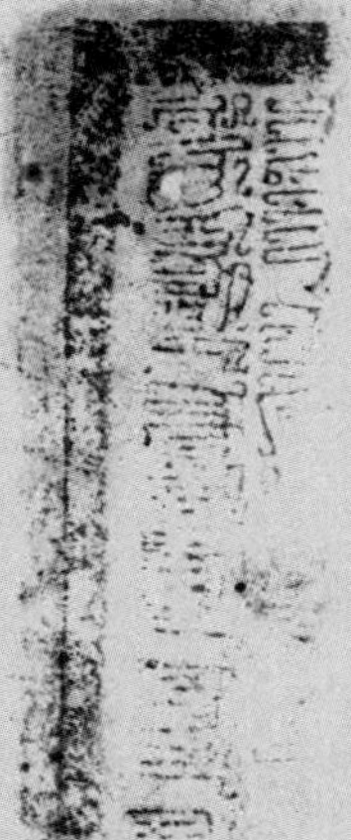

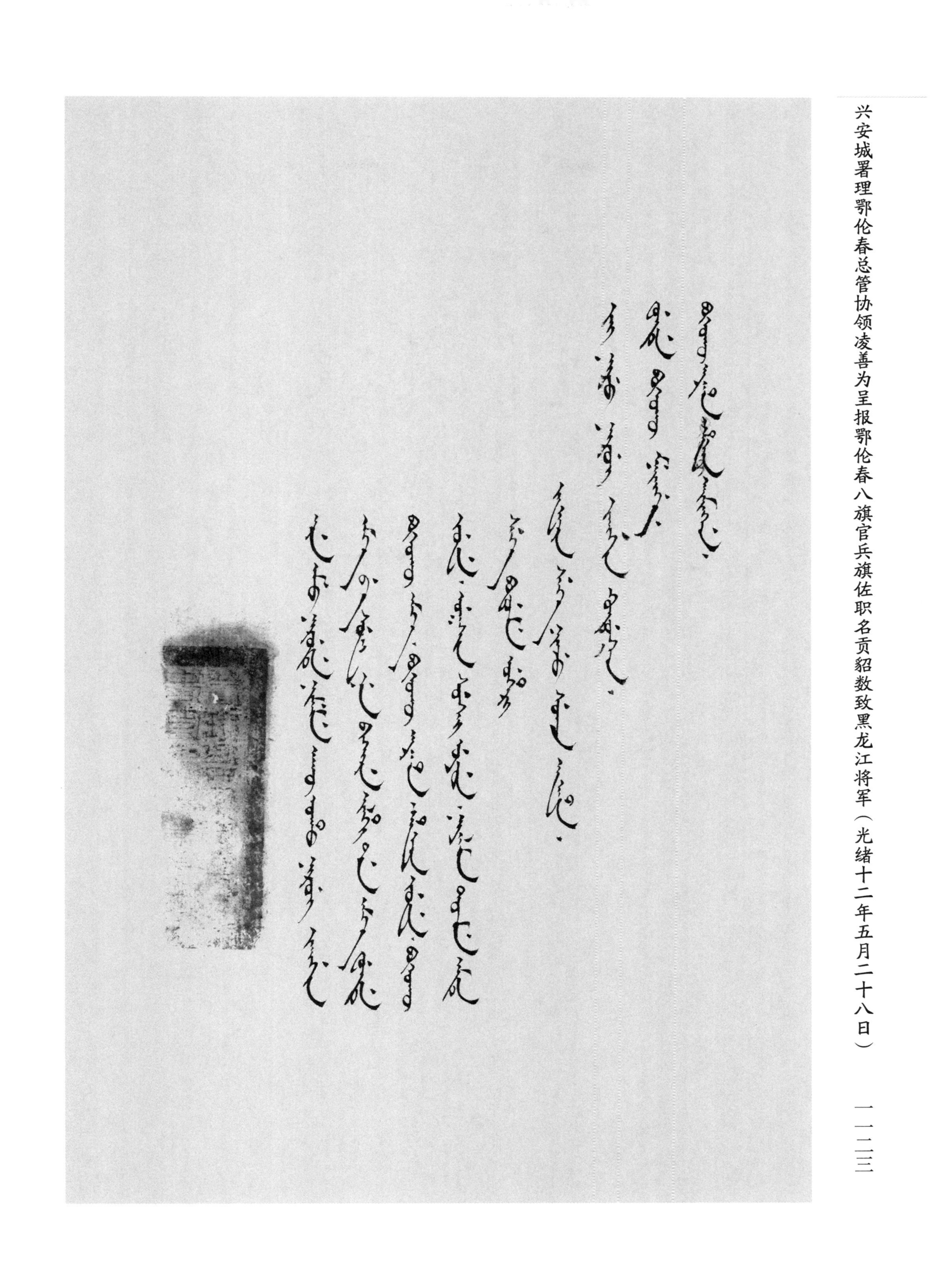

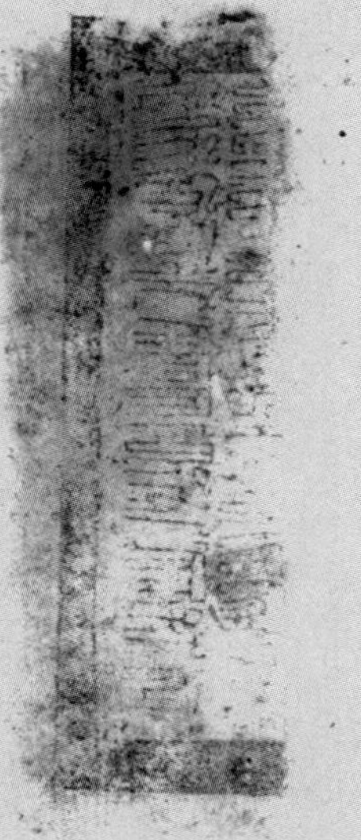

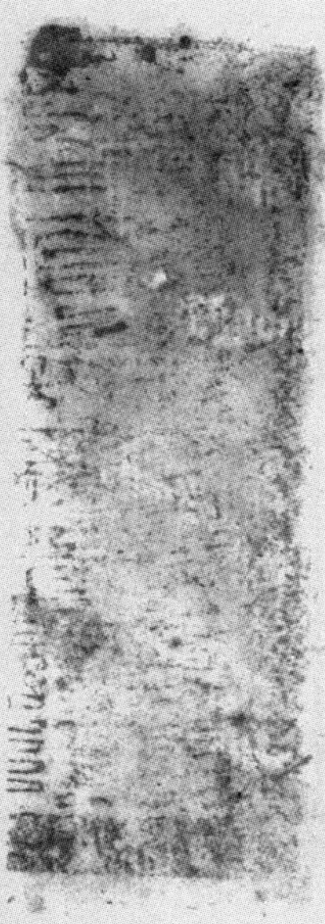

[illegible]

[illegible]

兴安城署理鄂伦春总管协领凌善为呈报鄂伦春八旗官兵旗佐职名贡貂数致黑龙江将军（光绪十二年五月二十八日）

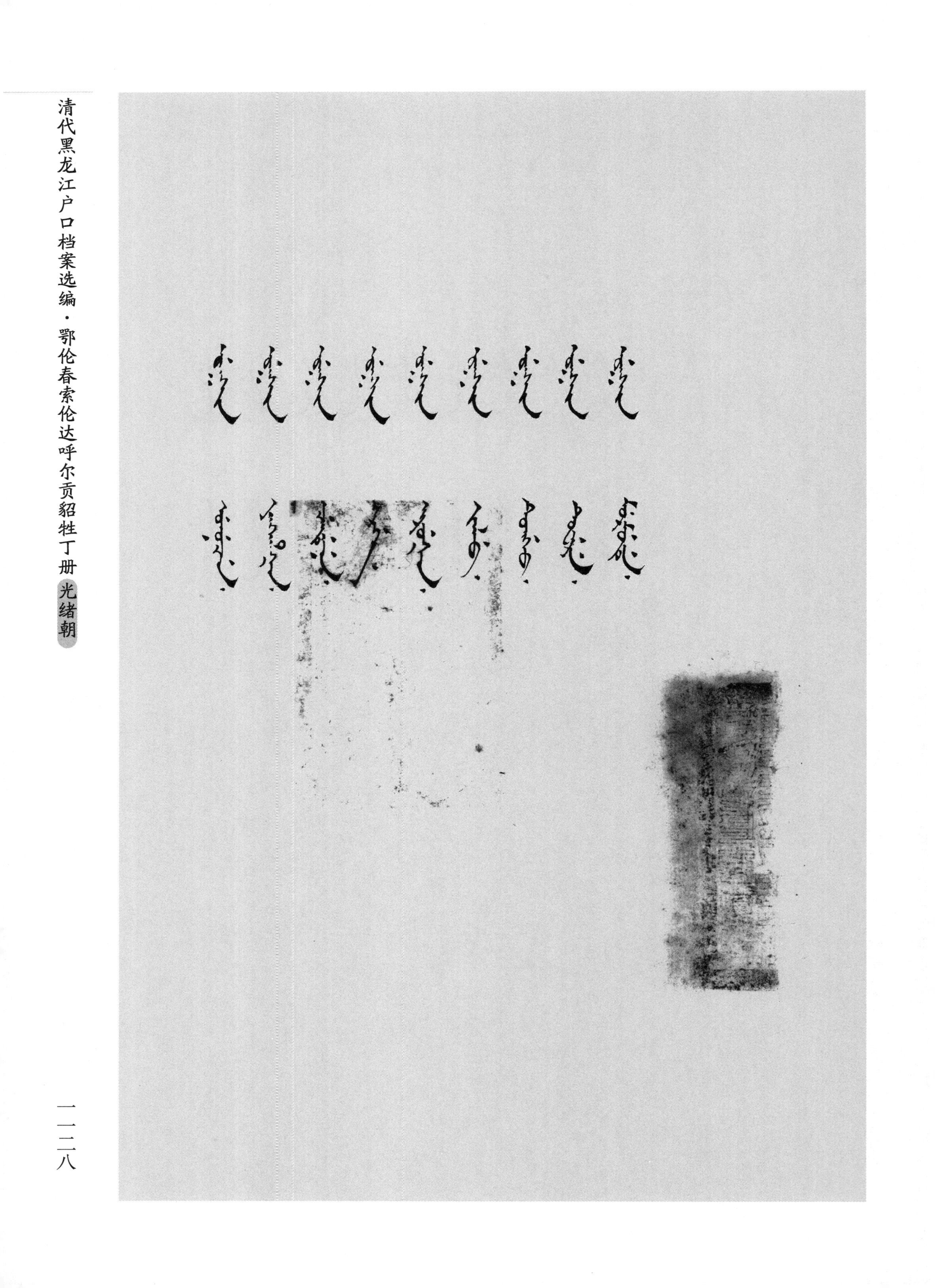

[illegible]

[illegible]

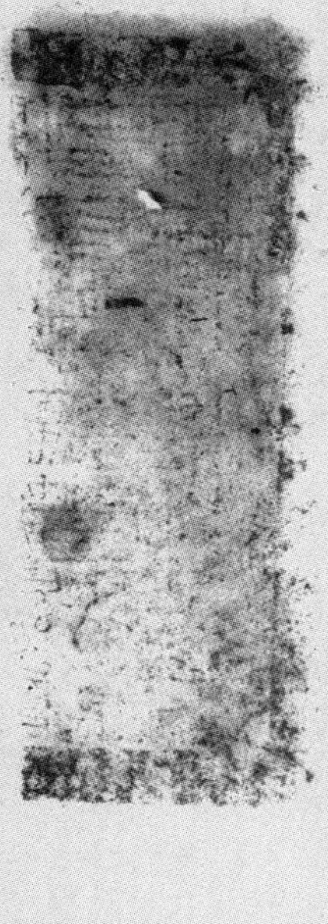

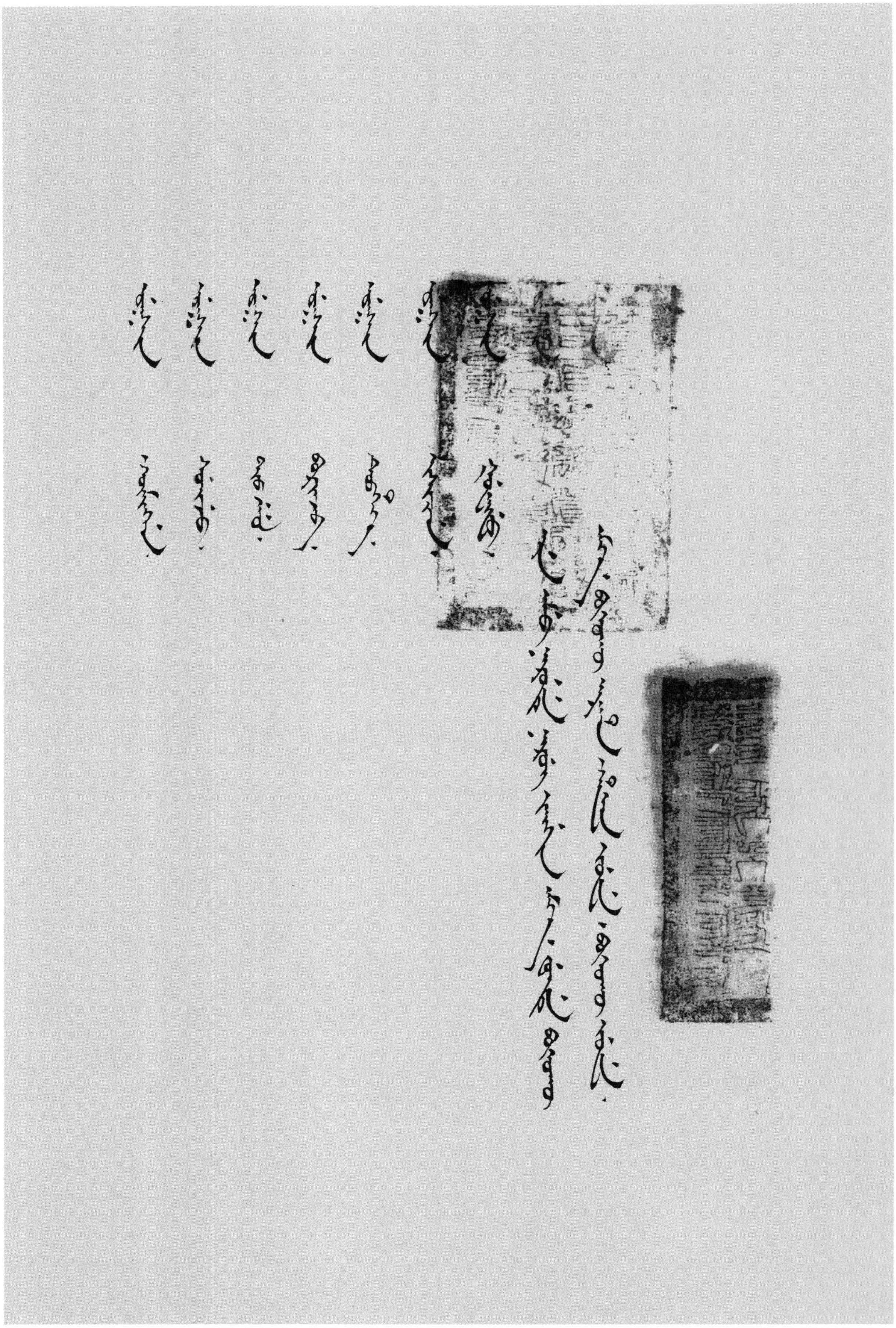

ᠪᠣᡧᠣᡴᡡ [illegible]

ᠪᠣᡧᠣᡴᡡ [illegible]

ᡠᡴᠰᡳᠨ [illegible]

ᡠᡴᠰᡳᠨ [illegible]

ᡠᡴᠰᡳᠨ [illegible]

ᡠᡴᠰᡳᠨ [illegible]

ᡠᡴᠰᡳᠨ [illegible]

ᡠᡴᠰᡳᠨ [illegible]

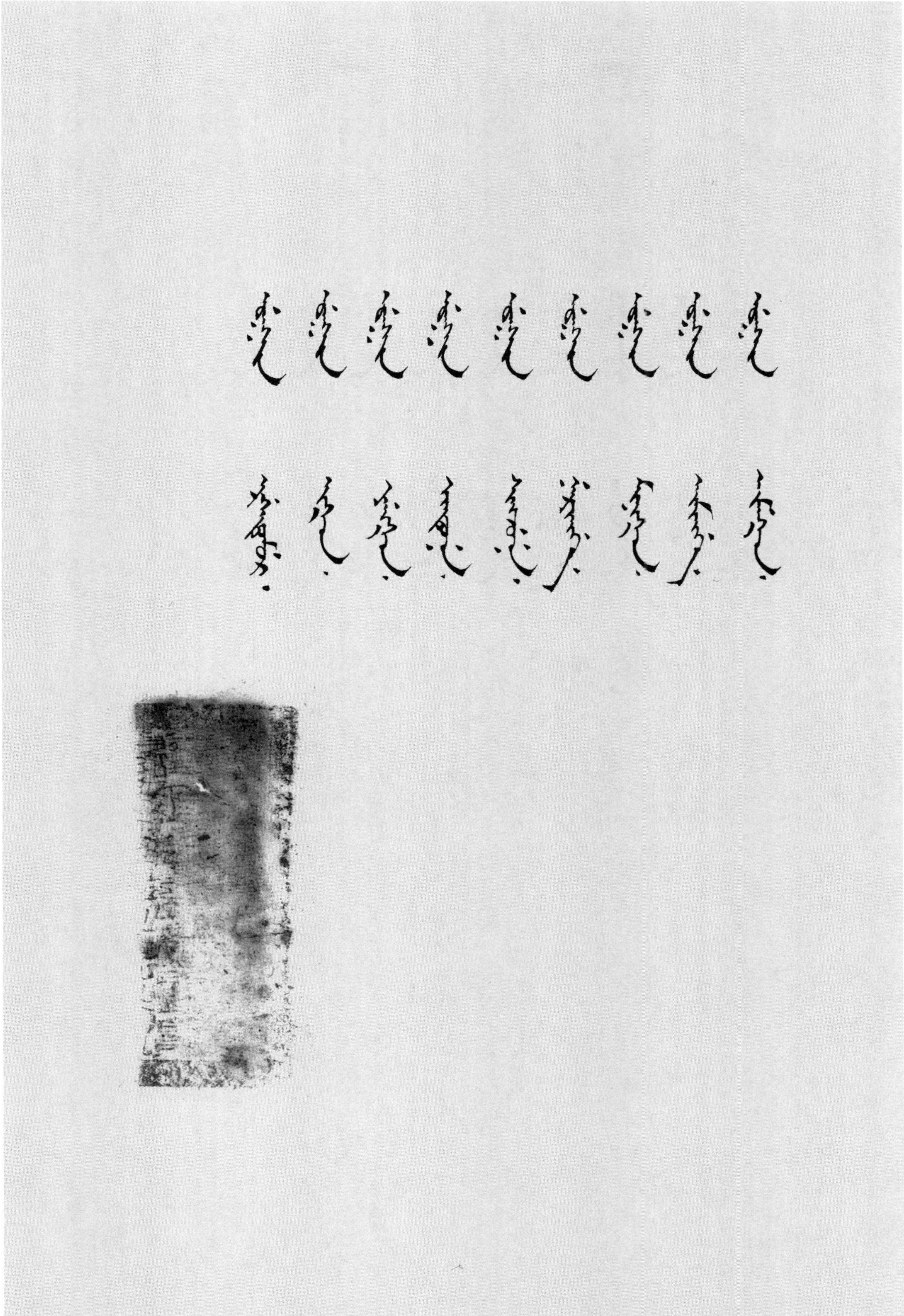

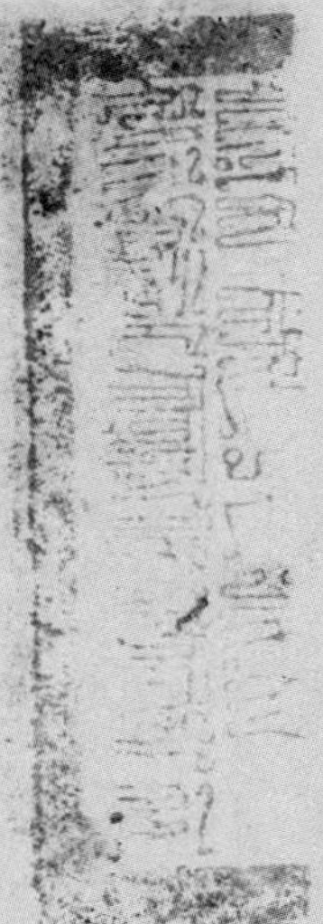

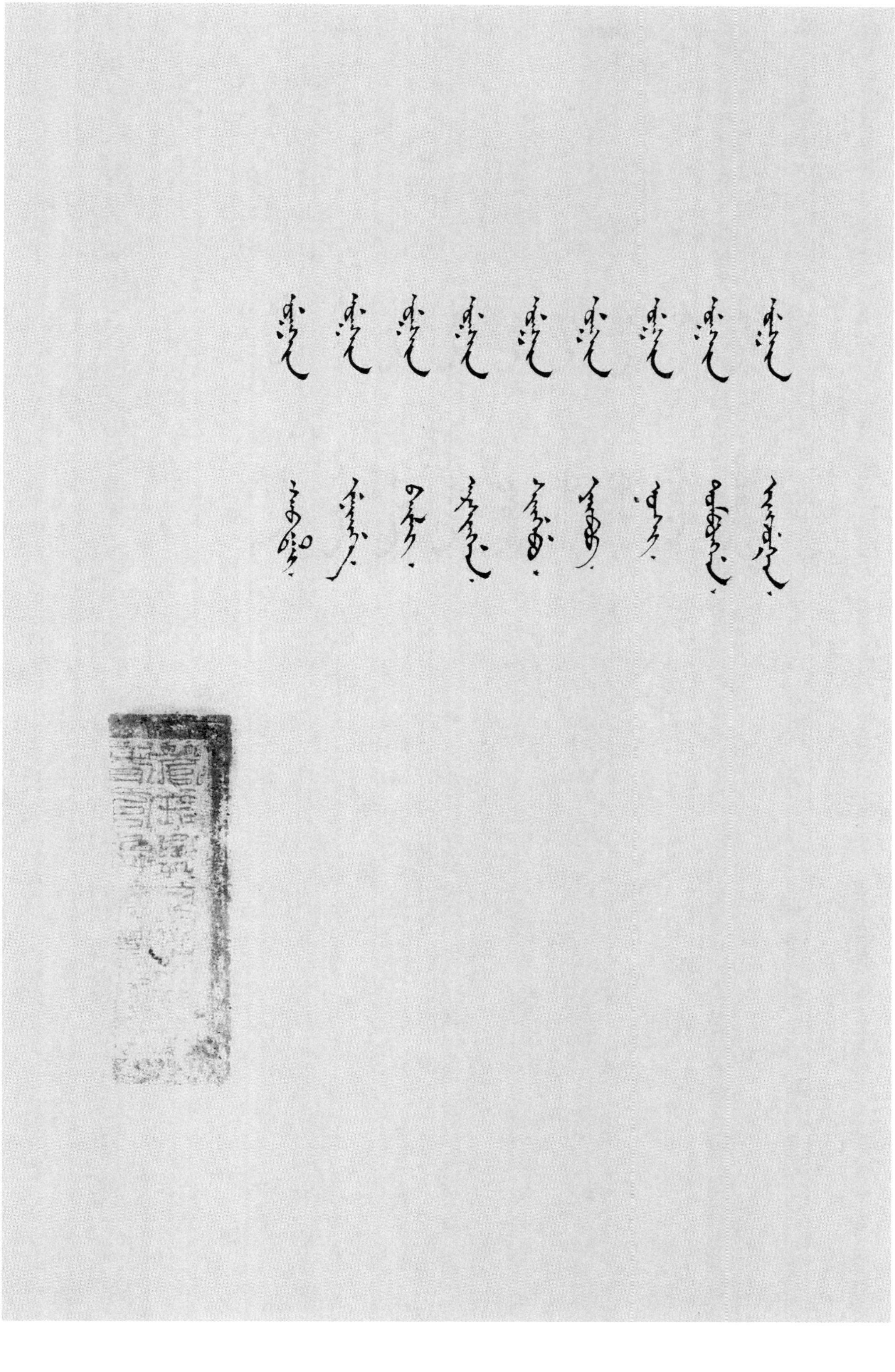

[illegible]

[illegible]

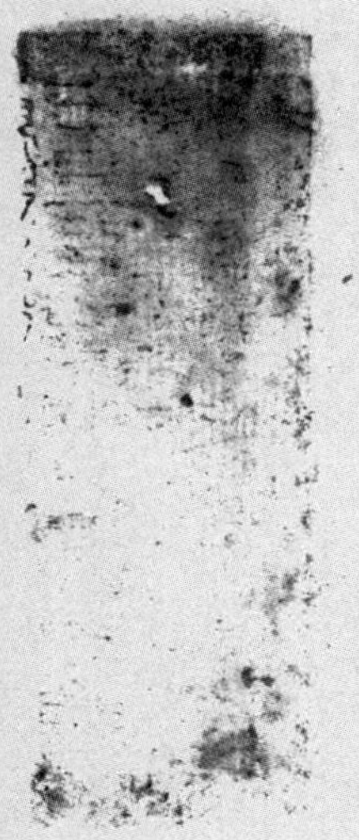

[illegible]
[illegible]

ᠰᠠᡵᡤᠠᠨ [illegible]
ᠰᠠᡵᡤᠠᠨ [illegible]
ᠰᠠᡵᡤᠠᠨ [illegible]
ᠰᠠᡵᡤᠠᠨ [illegible]
ᠰᠠᡵᡤᠠᠨ [illegible]
ᠰᠠᡵᡤᠠᠨ [illegible]
ᠰᠠᡵᡤᠠᠨ [illegible]

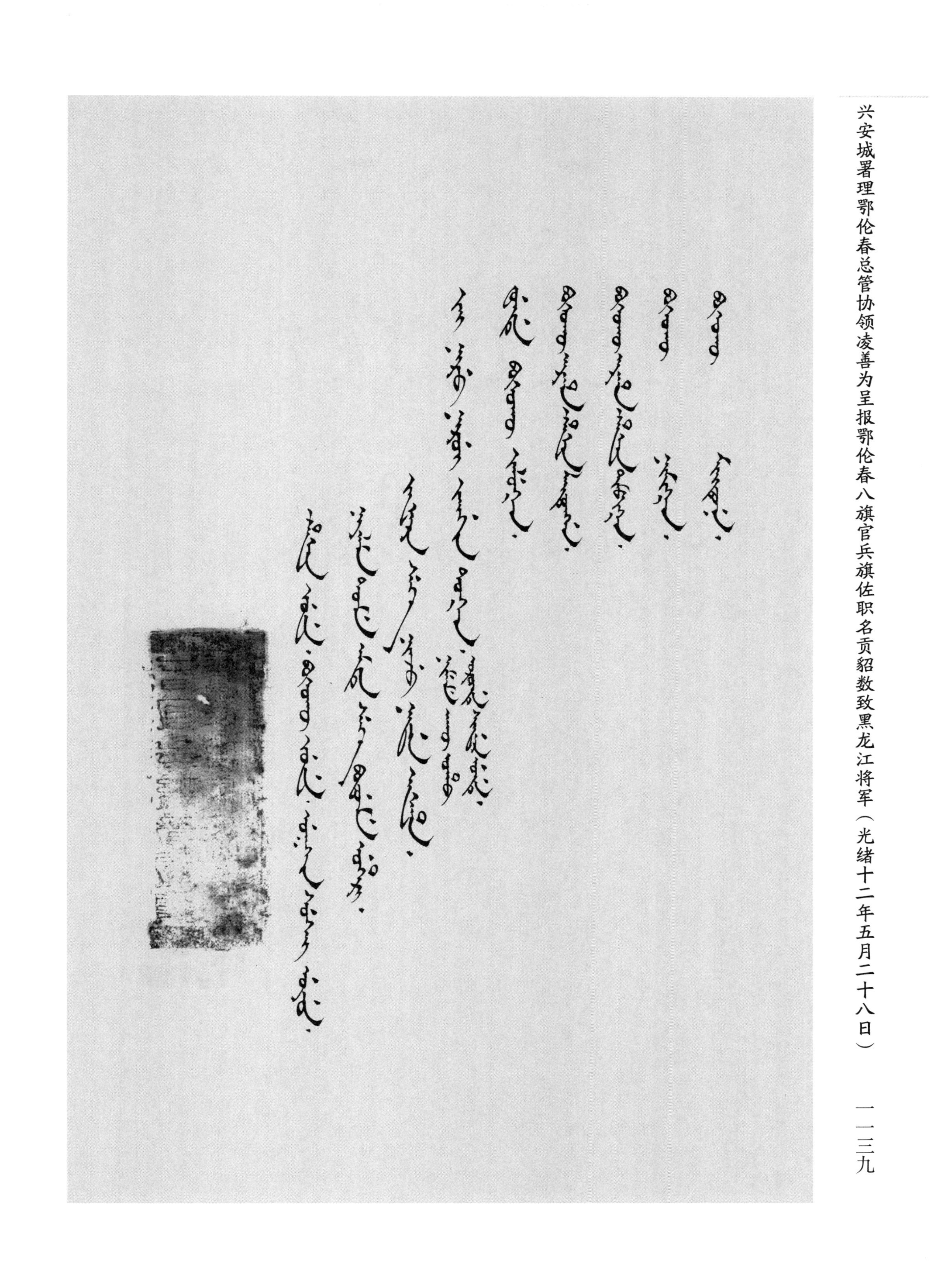

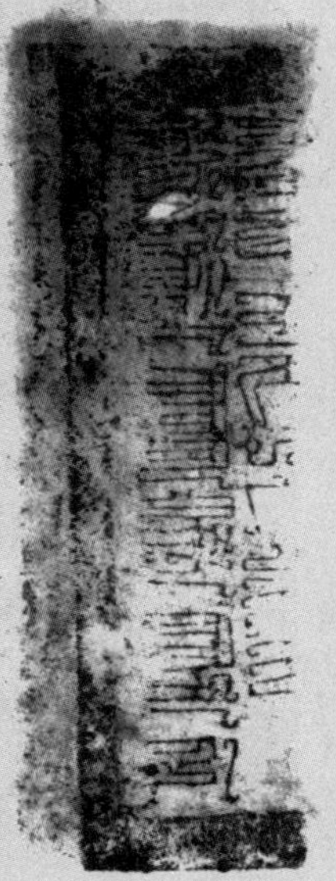

[illegible] [illegible] [illegible] [illegible] [illegible] [illegible] [illegible] [illegible] [illegible]

[illegible]

[illegible]

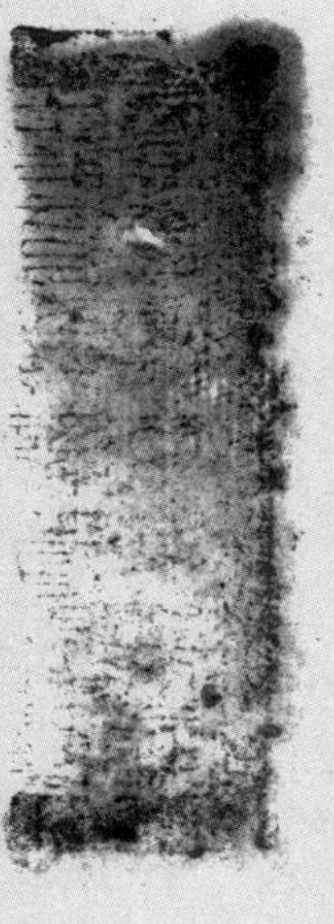

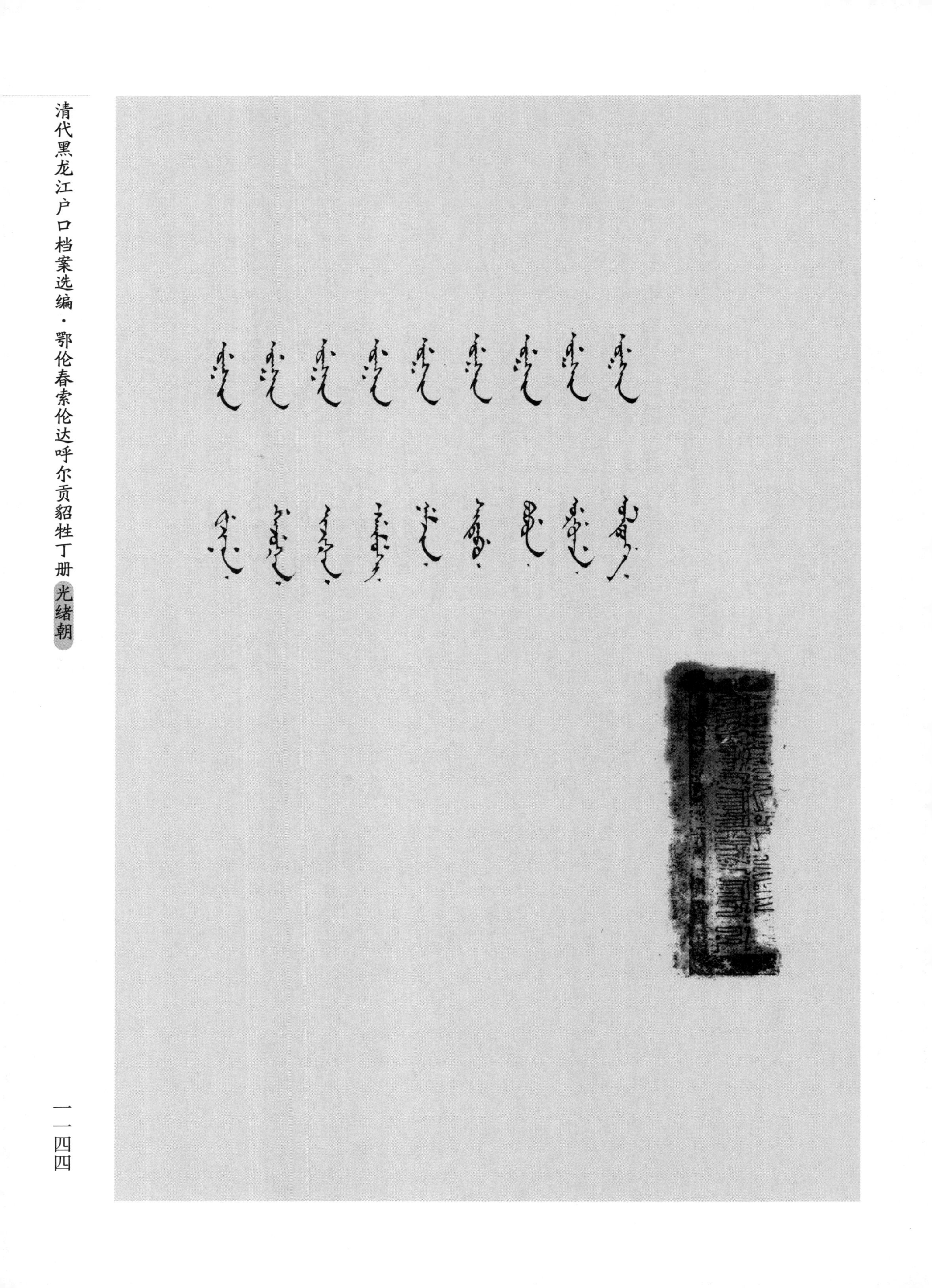

兴安城署理鄂伦春总管协领凌善为呈报鄂伦春八旗官兵旗佐职名贡貂数致黑龙江将军（光绪十二年五月二十八日）

一一四五

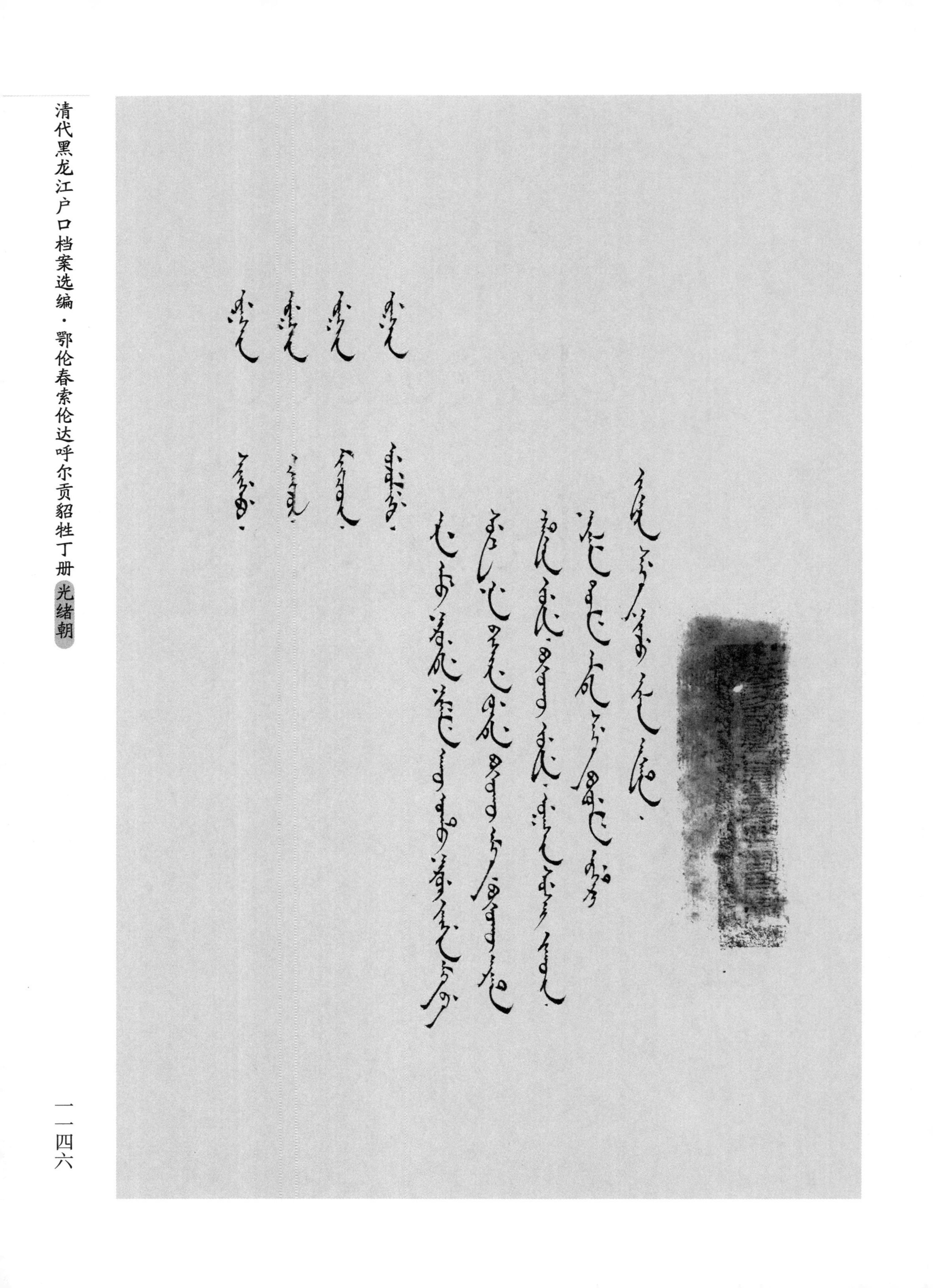

[illegible]
[illegible]
[illegible]
[illegible]
[illegible]

[illegible]
[illegible]
[illegible]
[illegible]

[illegible]

ᠪᠠᡩᠠᡵᠠᠩᡤᠠ ᡩᠣᡵᠣ ᡳ ᠵᡠᠸᠠᠨ ᠵᡠᠸᡝ ᠠᠨᡳᠶᠠ ᠰᡠᠨᠵᠠ ᠪᡳᠶᠠ ᡳ ᠣᡵᡳᠨ ᠵᠠᡴᡡᠨ

兴安城署理鄂伦春总管协领凌善为呈报鄂伦春八旗官兵旗佐职名贡貂数致黑龙江将军（光绪十二年五月二十八日）

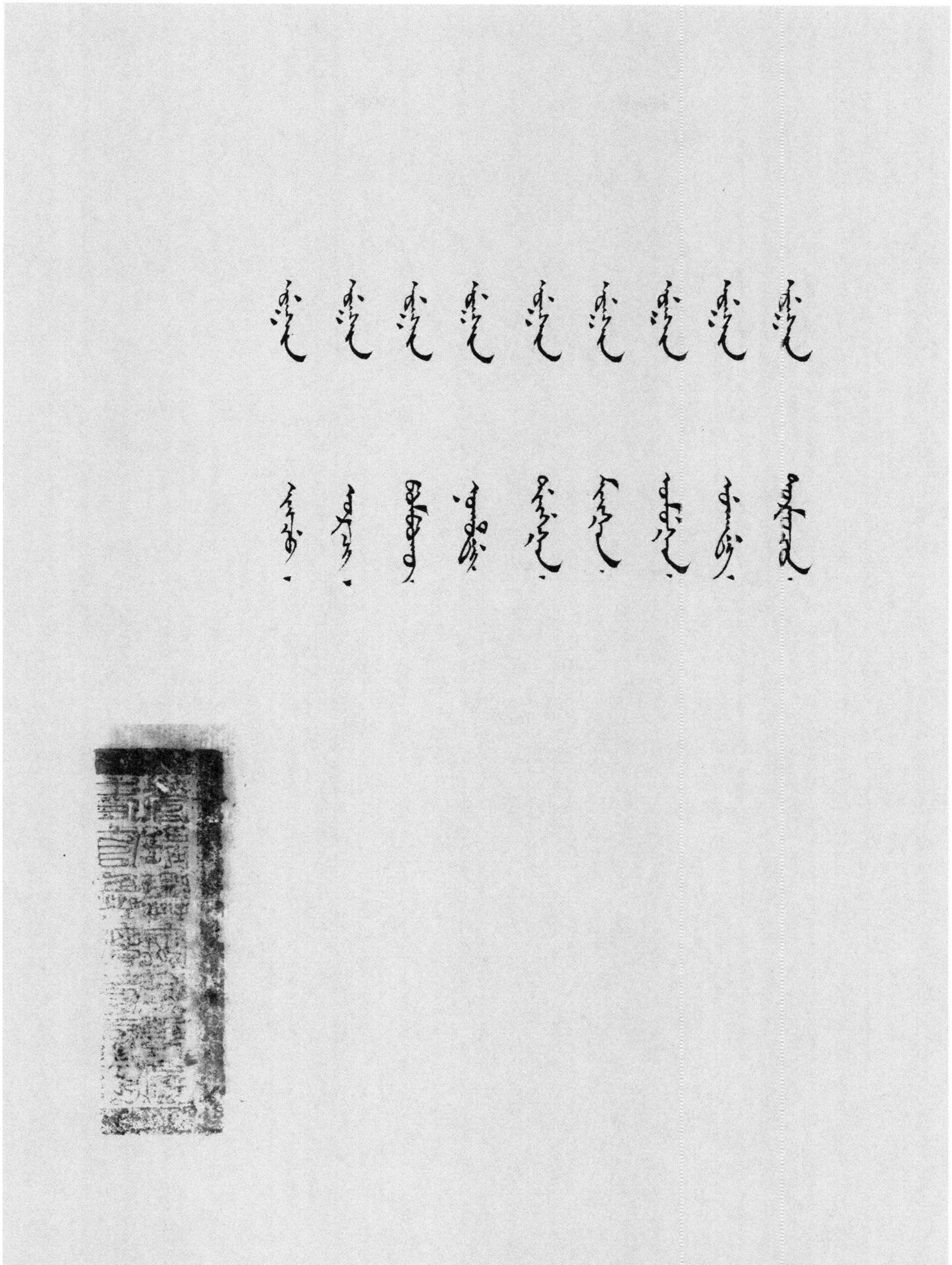

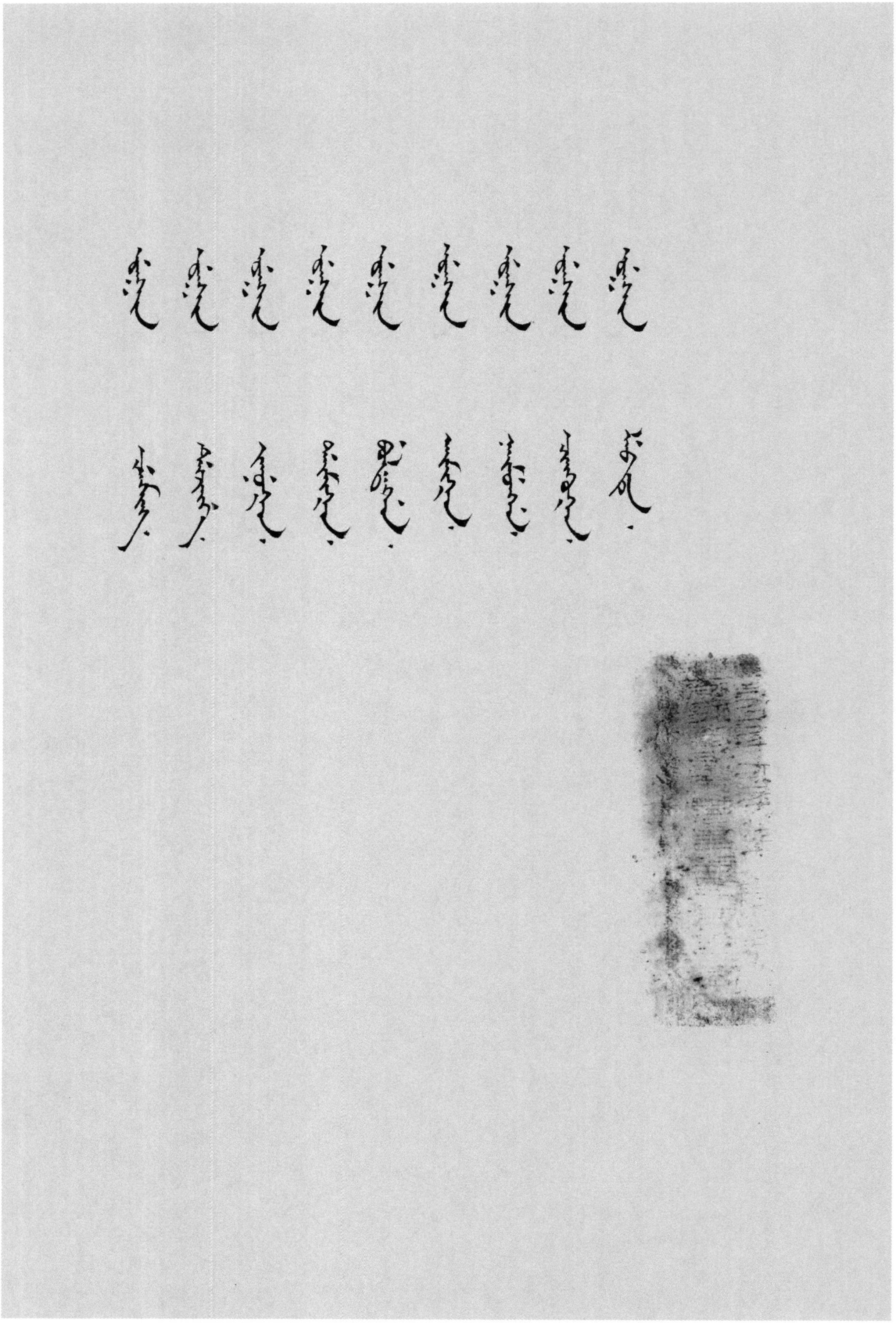

[illegible]

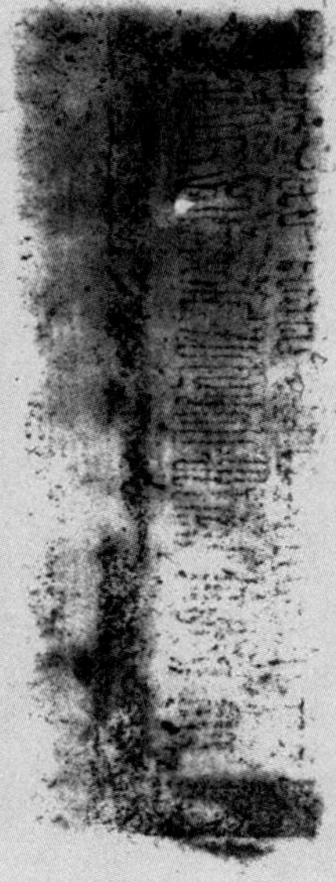

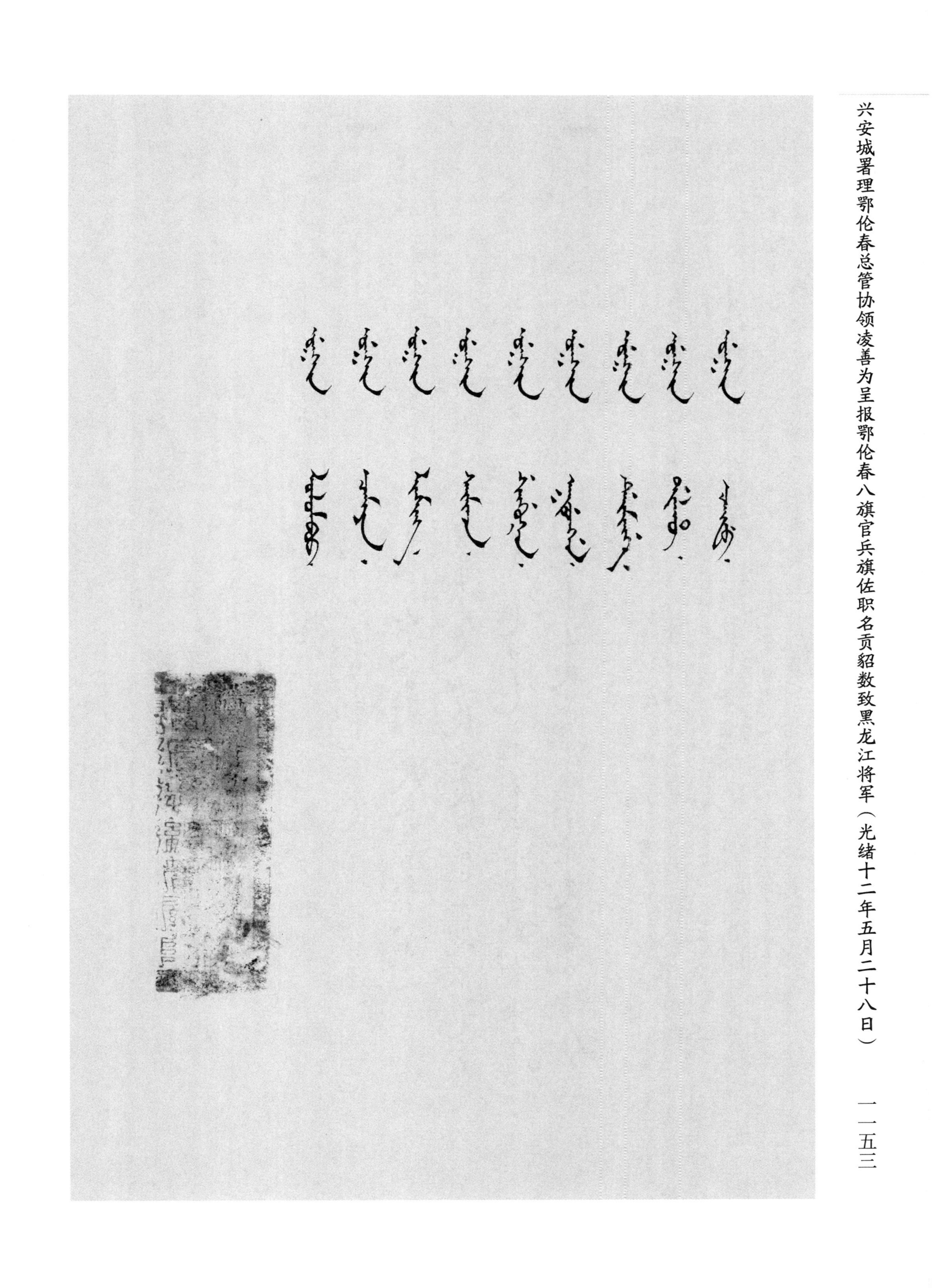

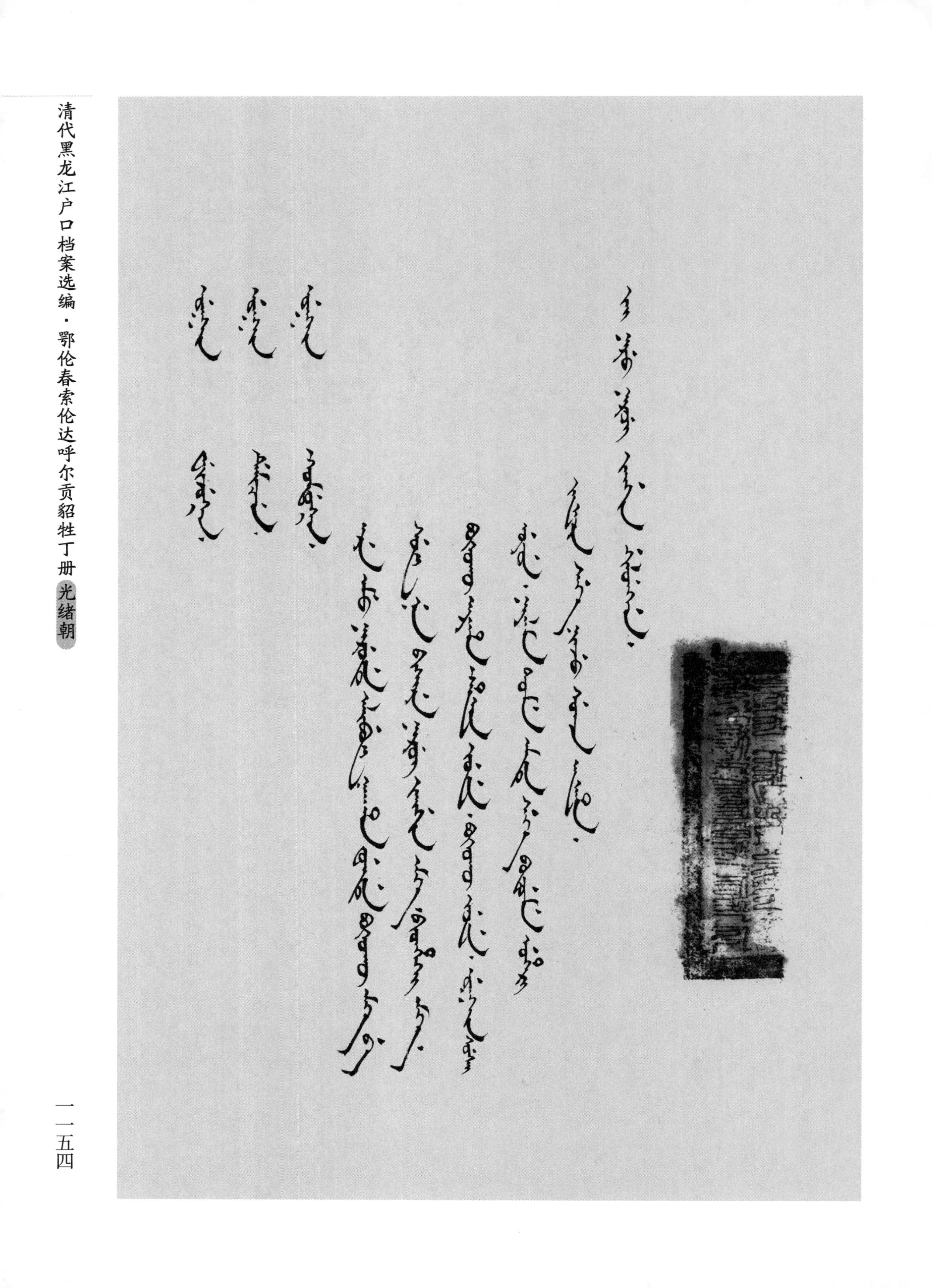

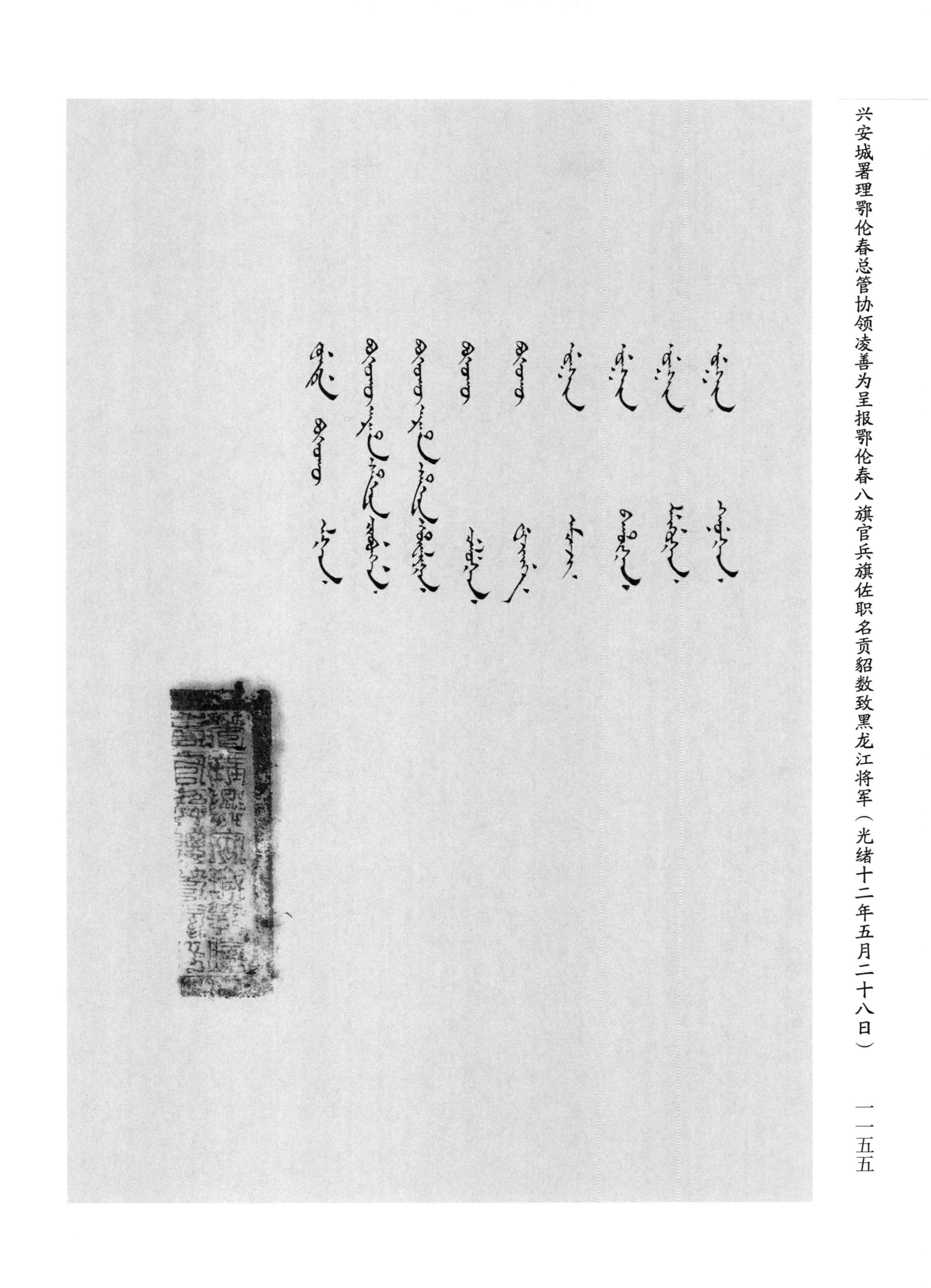

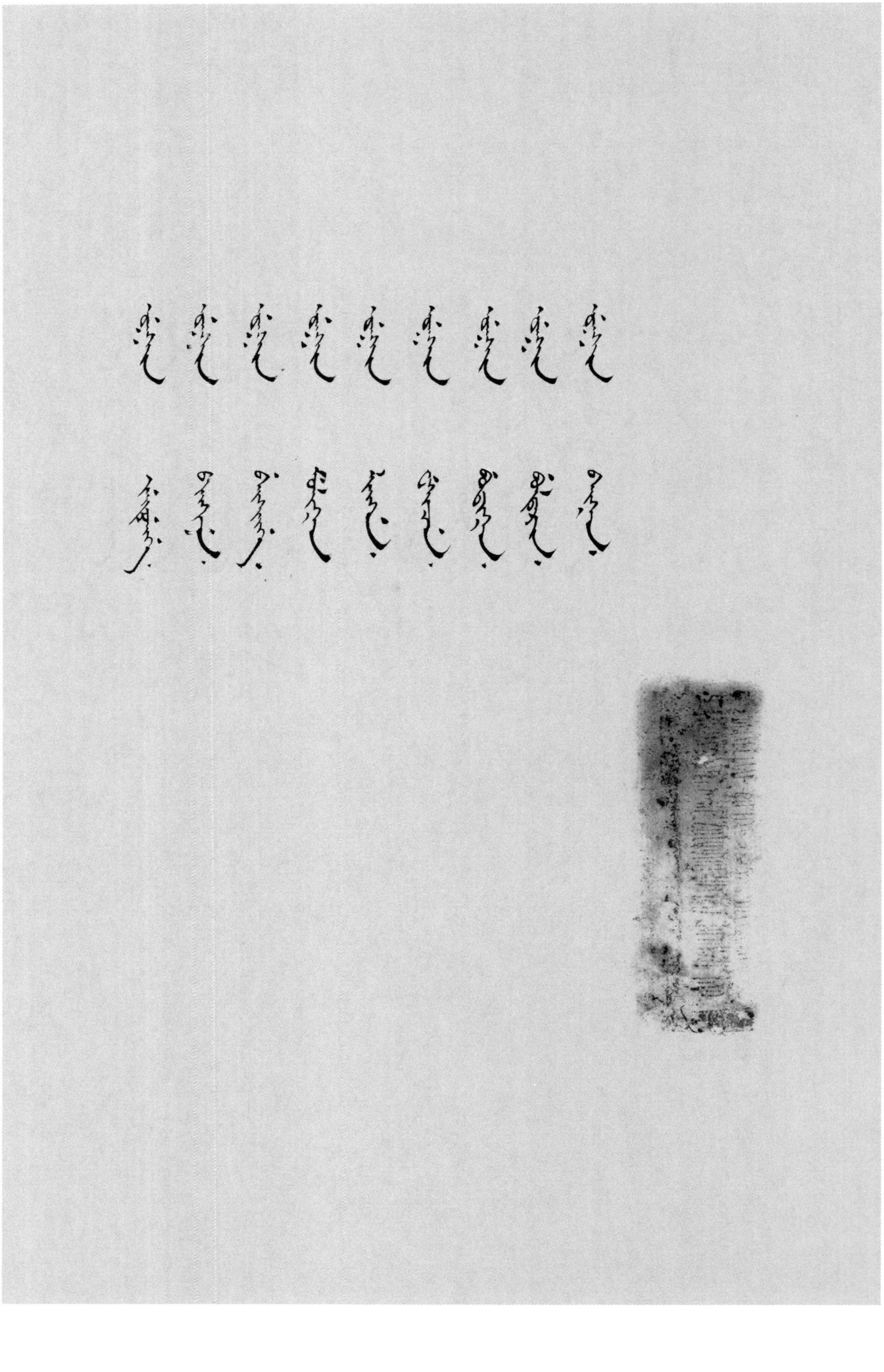

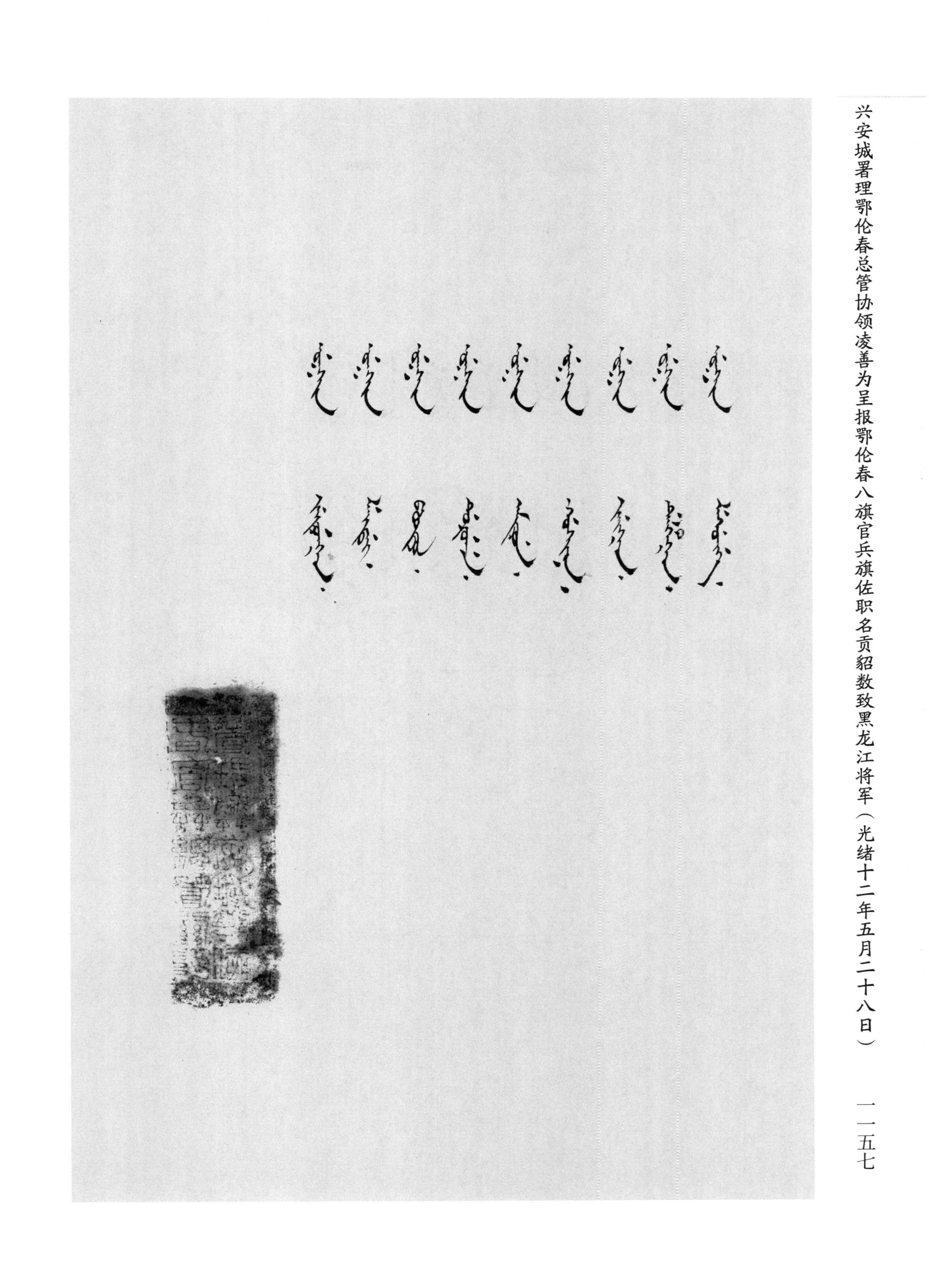

[illegible]

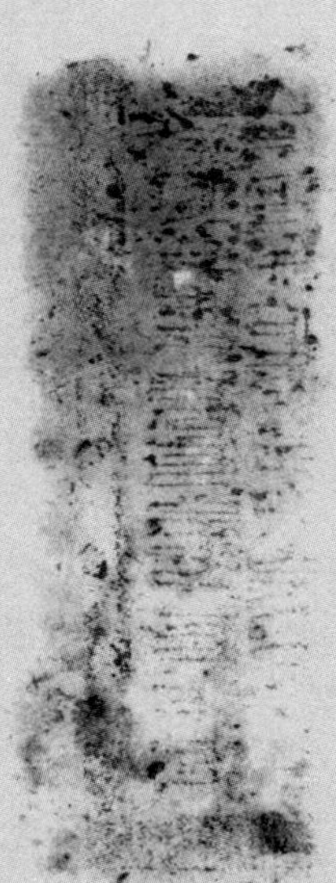

兴安城署理鄂伦春总管协领凌善为呈报鄂伦春八旗官兵旗佐职名贡貂数致黑龙江将军（光绪十二年五月二十八日）

一一六一

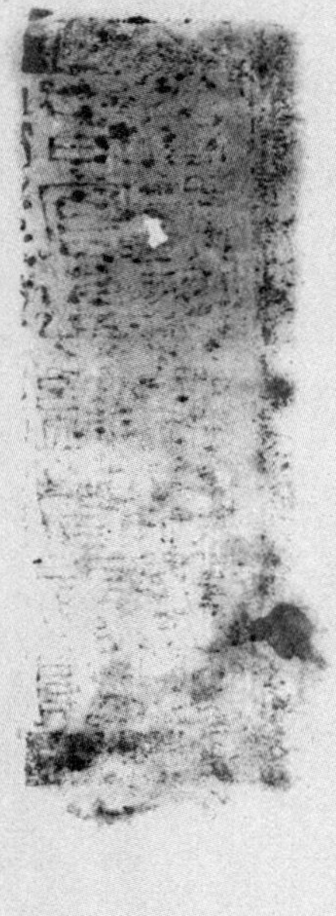

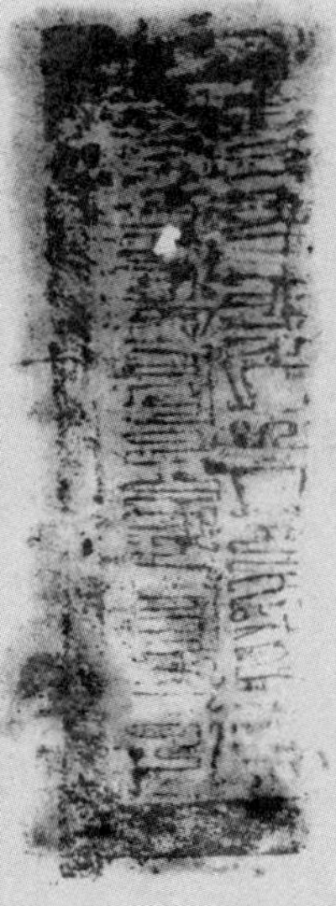

[illegible]

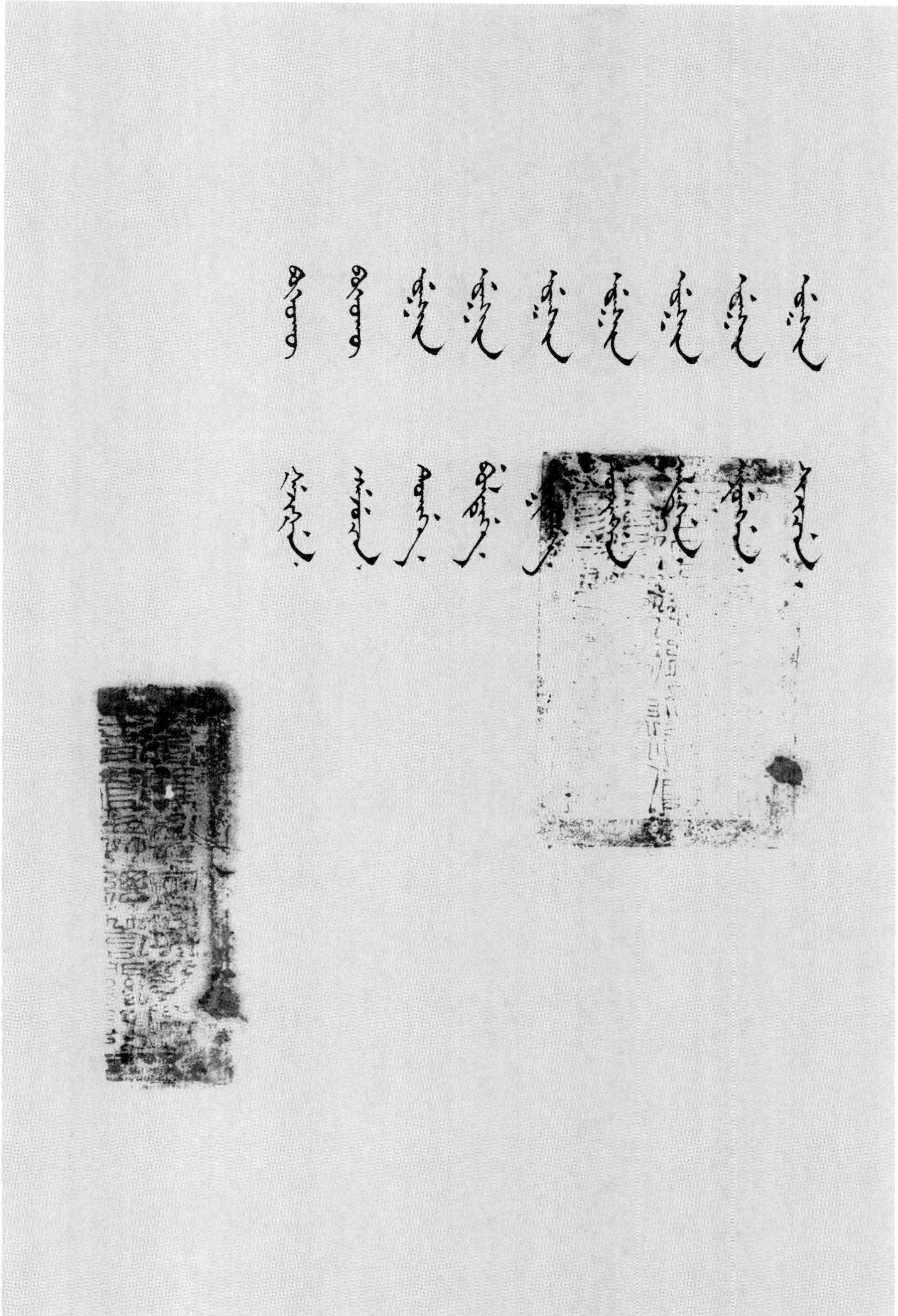

[illegible]

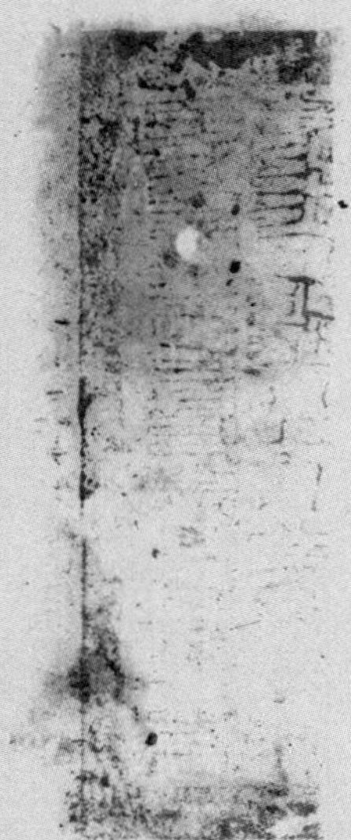

[illegible]

[illegible]

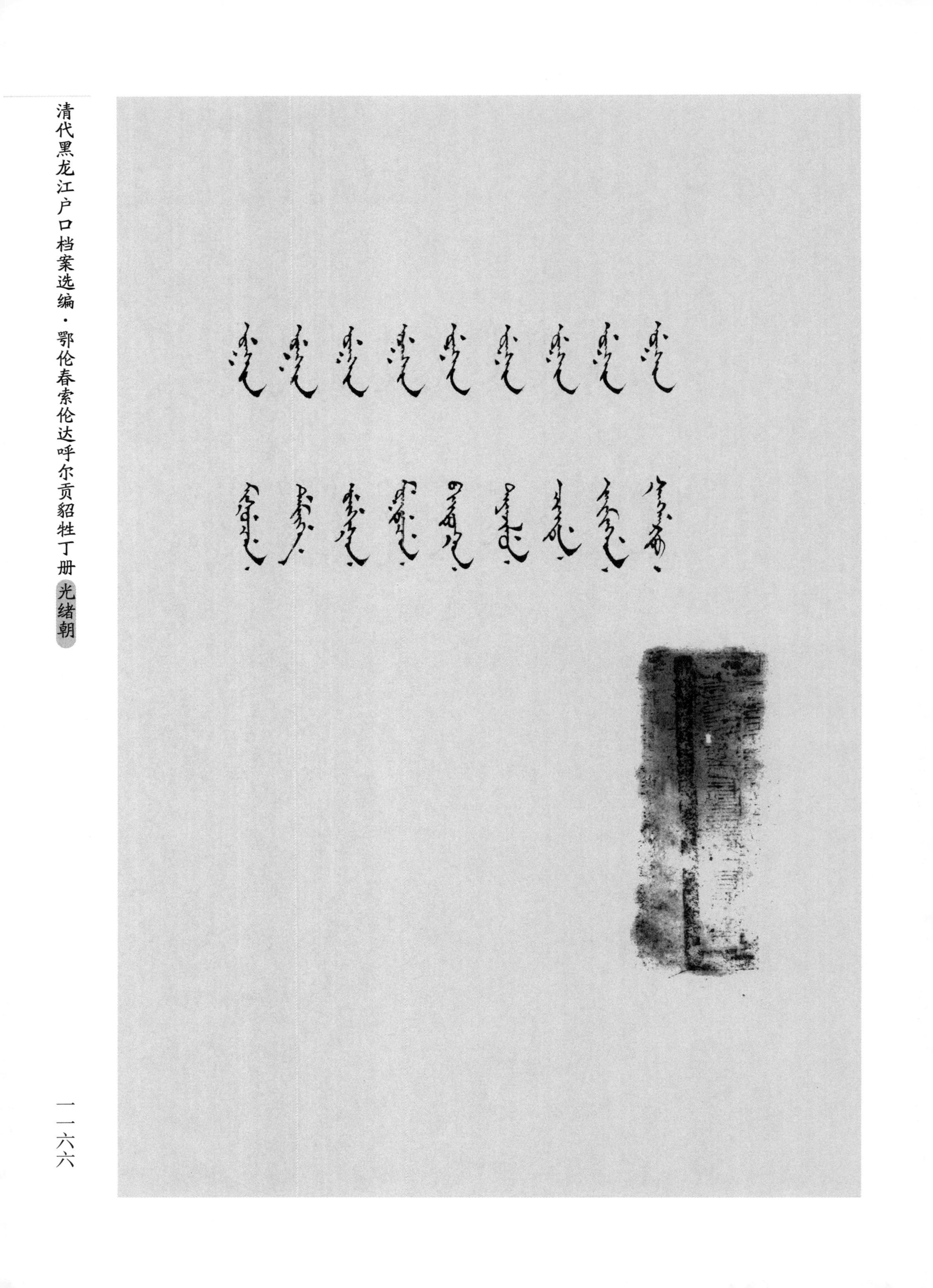

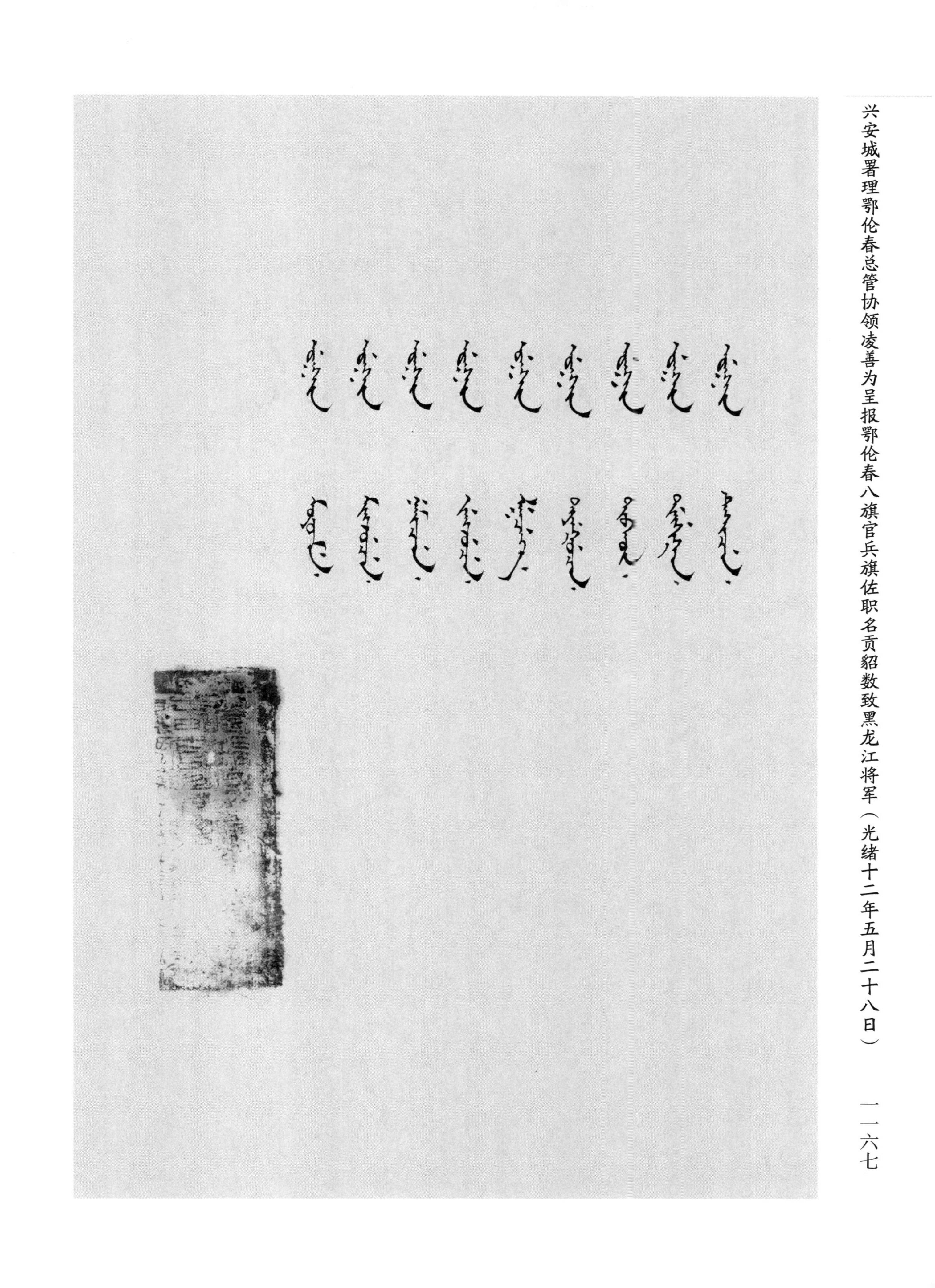

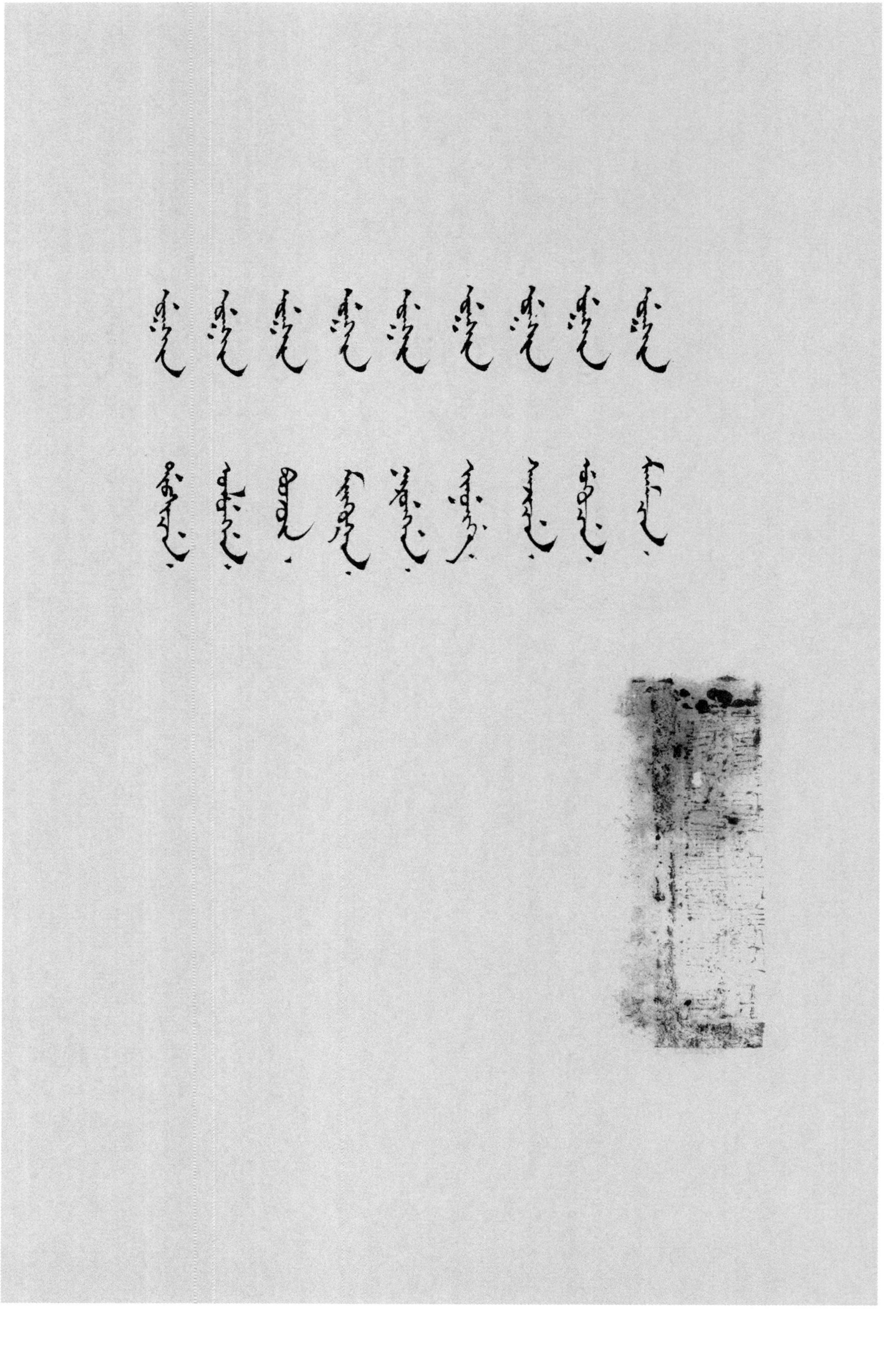

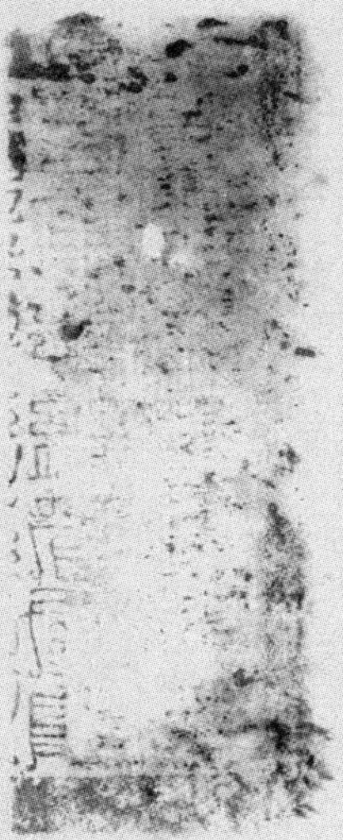

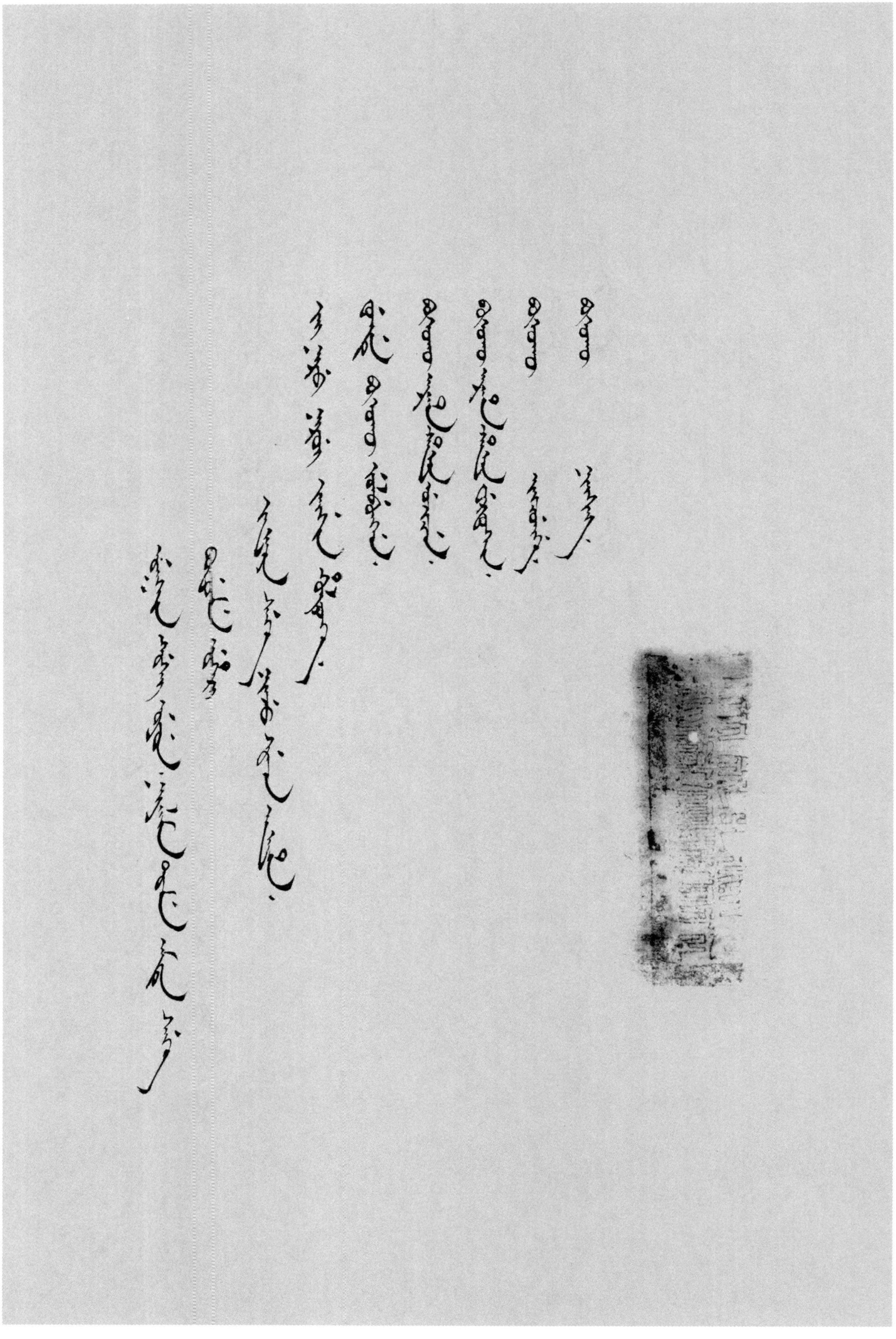

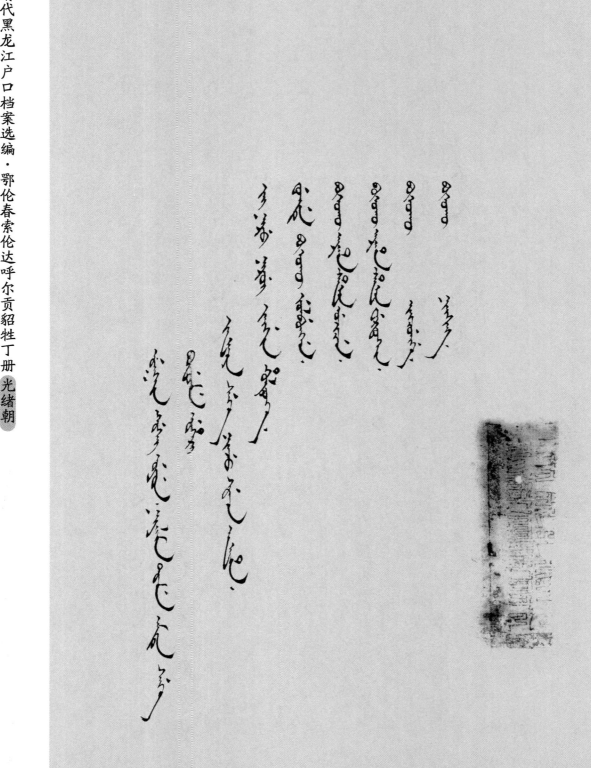

ᡶᡠᠨᡩᡝ ᡠᠵᡠ

ᡶᡠᠨᡩᡝ ᠵᠠᡳ

ᡶᡠᠨᡩᡝ ᡳᠯᠠᠴᡳ

ᡶᡠᠨᡩᡝ ᡩᡠᡳᠴᡳ

ᡶᡠᠨᡩᡝ ᠰᡠᠨᠵᠠᠴᡳ

ᡶᡠᠨᡩᡝ ᠨᡳᠩᡤᡠᠴᡳ

ᡶᡠᠨᡩᡝ ᠨᠠᡩᠠᠴᡳ

ᡶᡠᠨᡩᡝ ᠵᠠᡴᡡᠴᡳ

ᡶᡠᠨᡩᡝ ᡠᠶᡠᠴᡳ

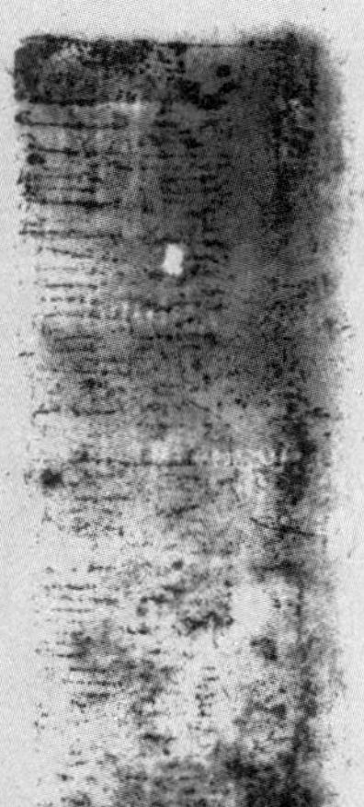

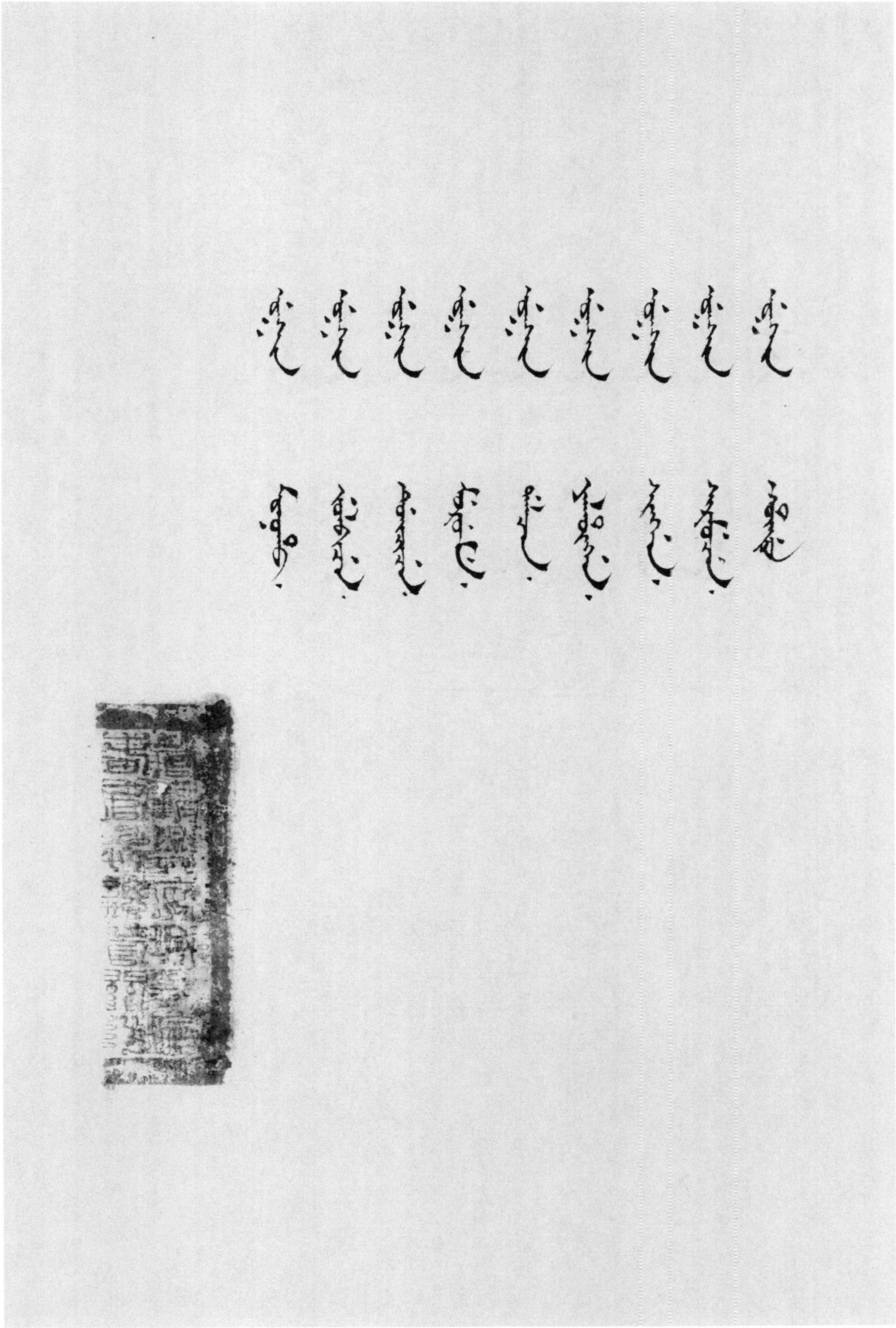

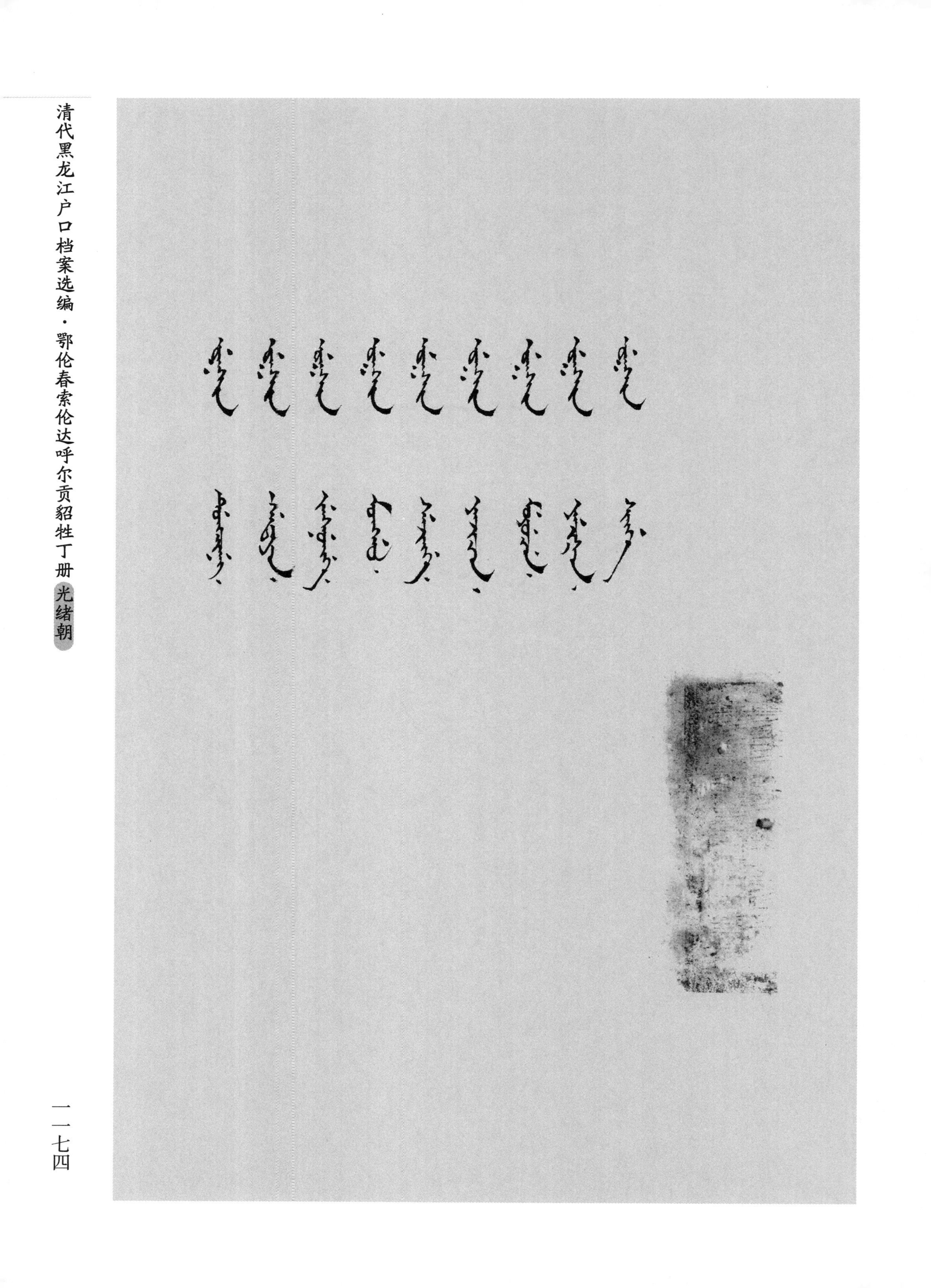

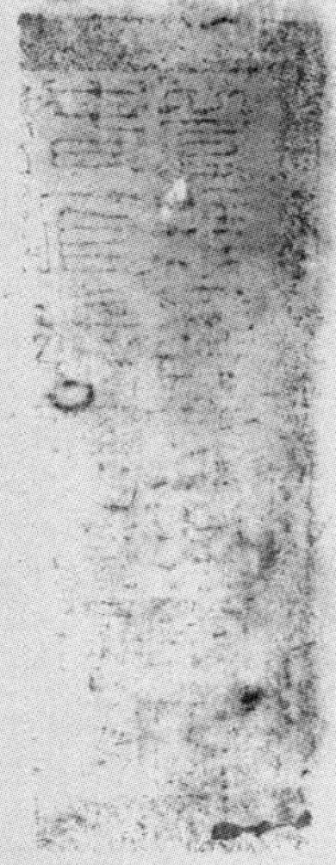

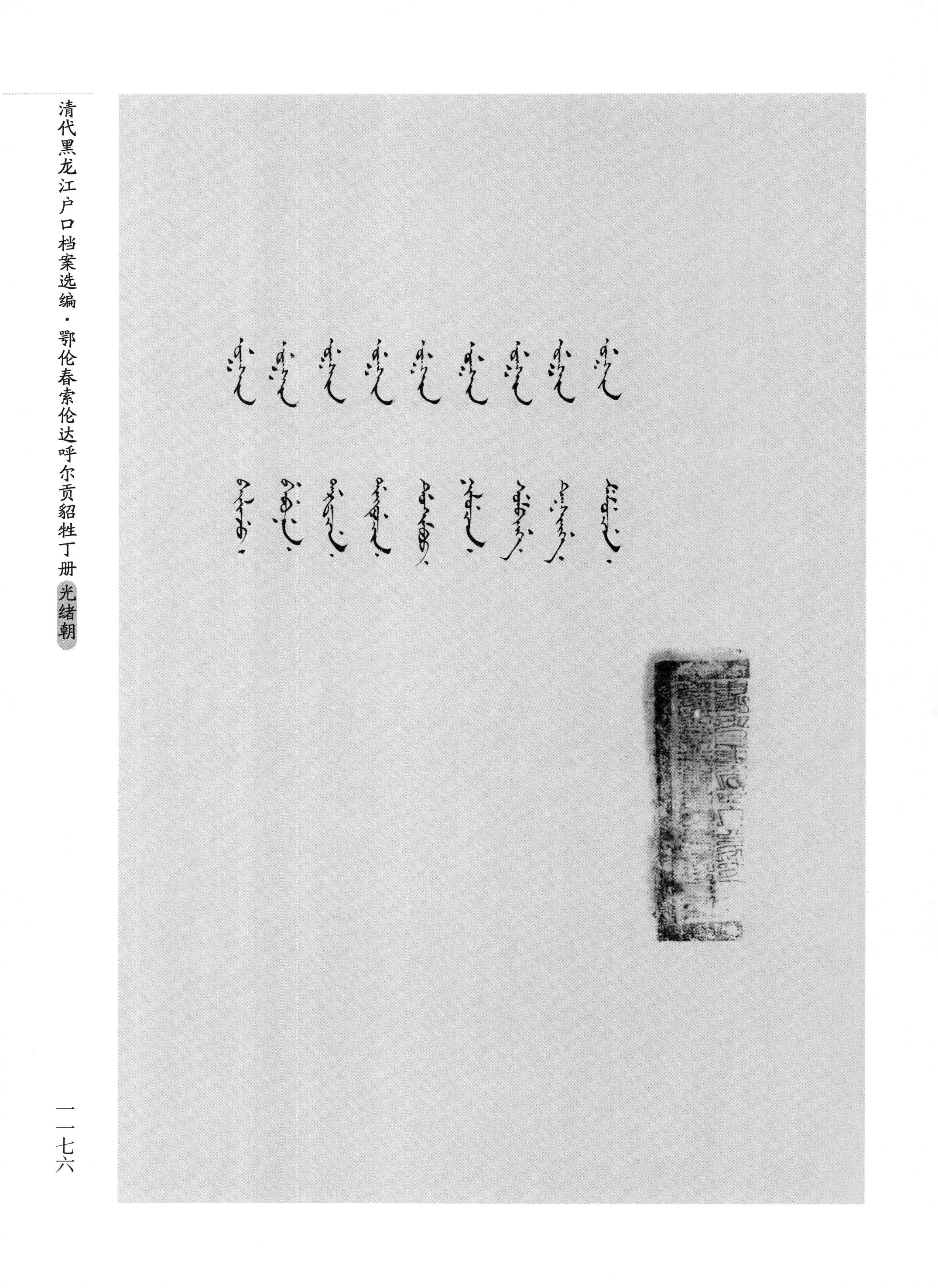

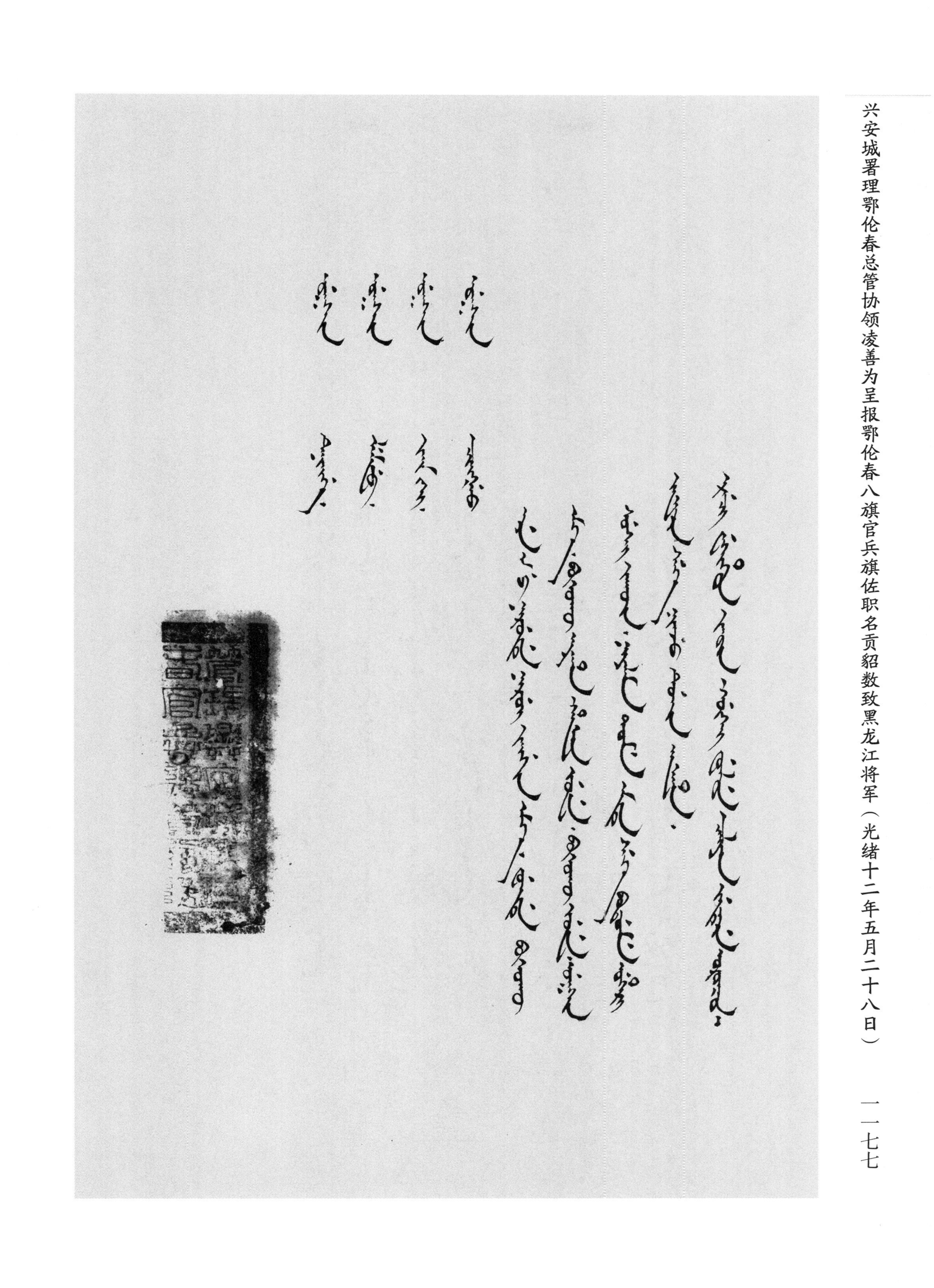

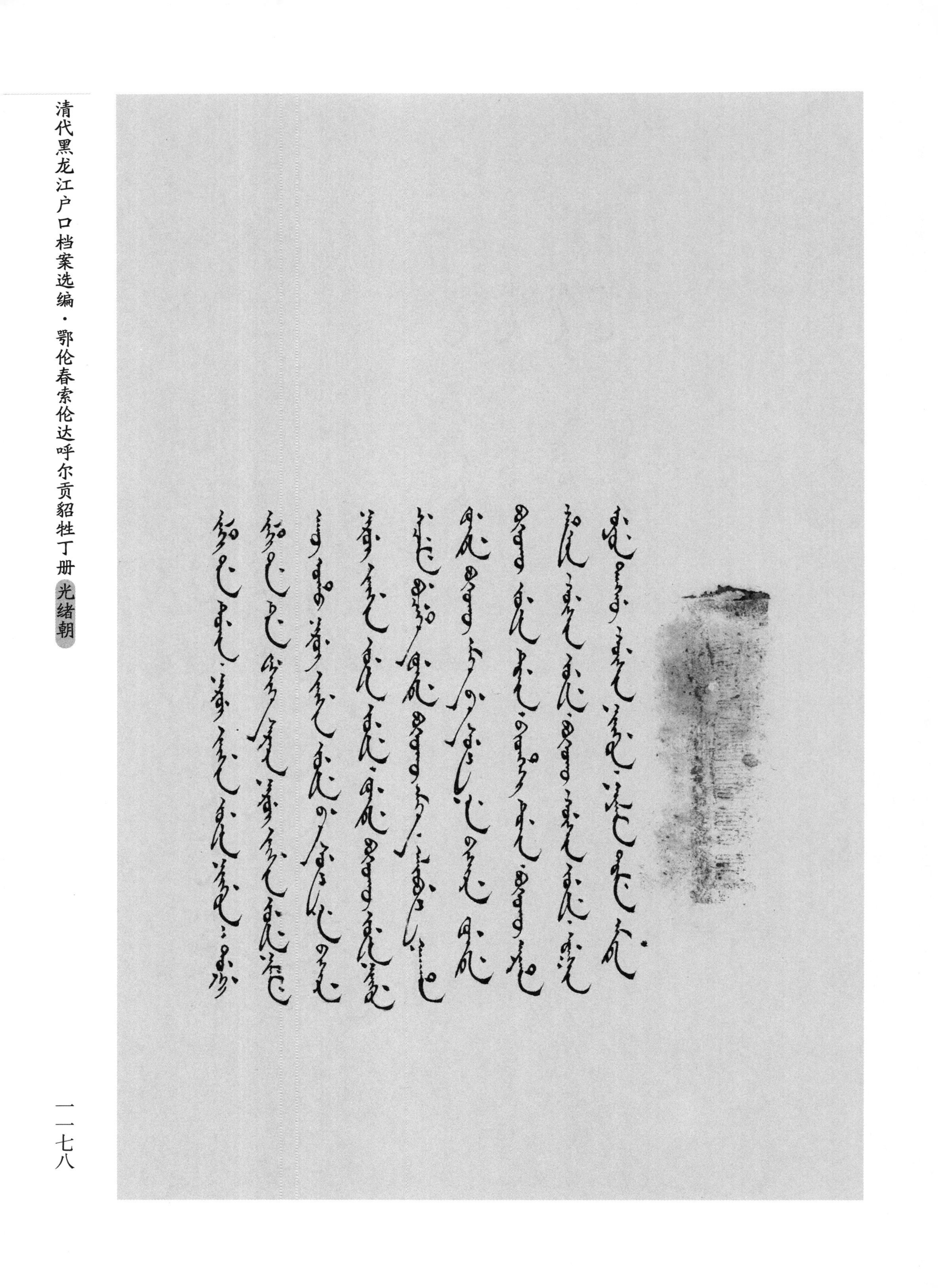

badarangga doro i juwan juweci aniya sunja
biyai orin jakūn

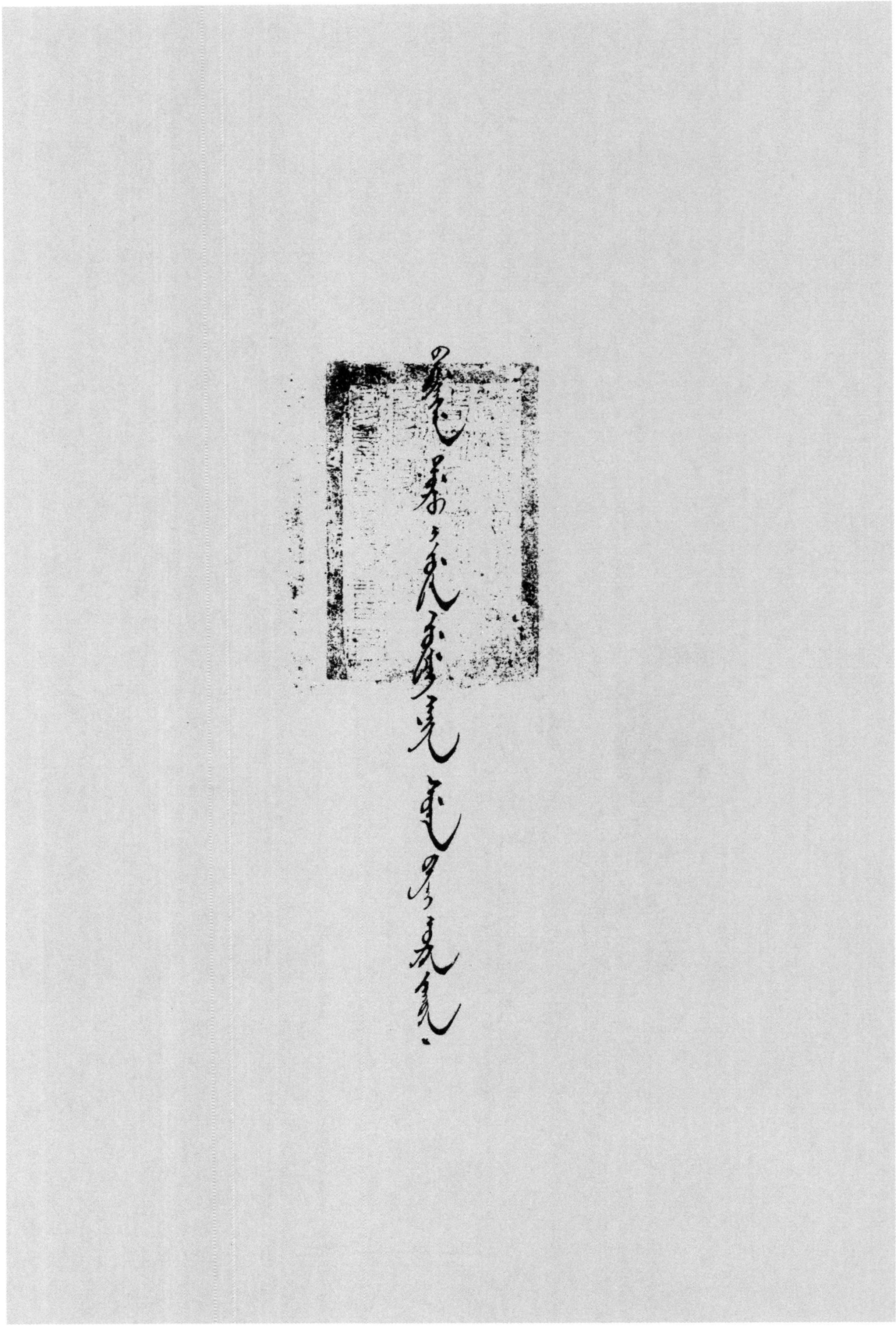

稼善

咻通阿

㕸額

善

吾

一

甫

下額

善

杉孙善

心奇琛

此牛录副管一員佐領一員驍騎校一員筆帖式

一員領催委官二員領催二名、披甲五十

九名每名應交

貢貂一張共六十七張

二牛录佐領德克金保　陞授副管

驍騎校巴尼善

領催委官張鎖

領催委官阿勒喀產

領催托勒西產

領催托西産
披甲蘇精額
披甲倭洛那
披甲提克圖善
披甲額依用額
披甲布雅産
披甲維西琛
披甲固凌額
披甲舒凌阿

披甲凌吉善

披甲永恰布

披甲烏隆額

披甲悅連

披甲碩力善

披甲蘇吉善

披甲薩力善

披甲忠訥善

披甲珠恳特璪

披甲三扎布

披甲言吉善

披甲綽爾奇產

披甲白凌阿

披甲凌吉善

披甲達忠阿

披甲索奇那

披甲玉德

披甲維綳額

披甲額忠額

披甲弩依精額

披甲圖莫訥善

披甲邦固善

披甲圖力善

披甲精小

披甲莫勒吉善

披甲齋明阿

披甲訥穆善

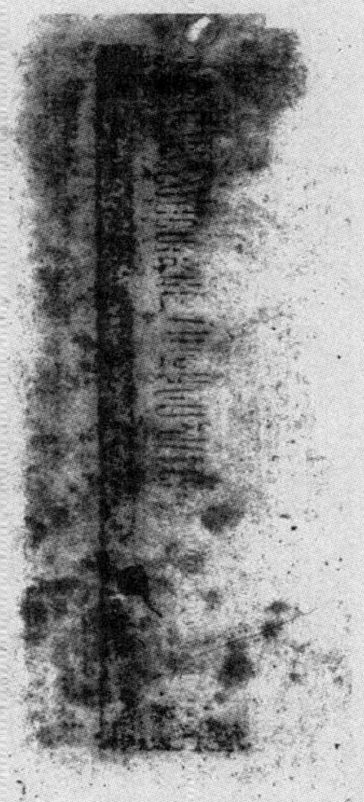

披甲色普哲琛

披甲僧吉琛

披甲騰興額

披甲定固善

披甲成興額

披甲牛穆善

披甲肖興阿

披甲洛密善

披甲巴林布庫

披甲達拉瑪產

披甲胡奇善

披甲索木爬那

披甲鈔力善

披甲登吉善

披甲圖尼琛

披甲恩特琛

披甲特蒙額

披甲三吉善

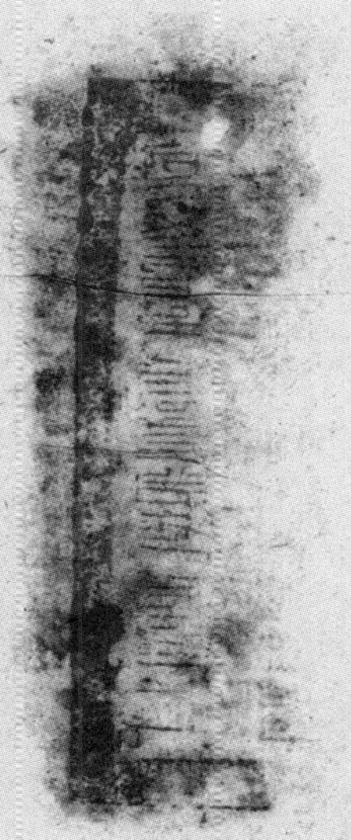

披甲珠賓額
披甲德木訥善
披甲悦爾吉善
披甲哲木庫琛
披甲章弩善

此一牛彔除陞授副管世襲佐領一員外現在
驍騎校一員領催委官二員領催二名披甲
五十八名每名應交
貢貂一張共六十三張

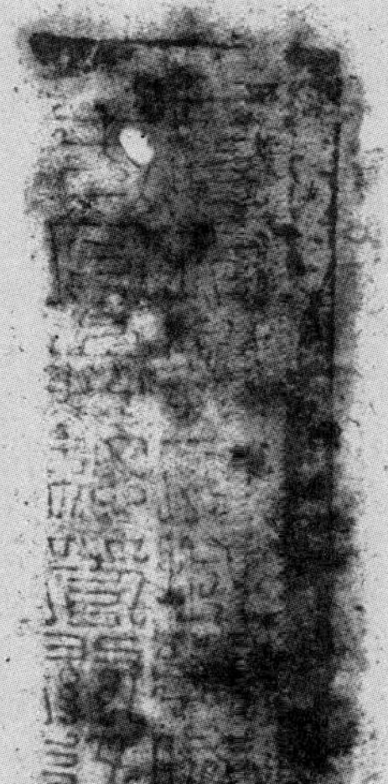

管理正黃正紅二旗副管兼世管佐領德穆清額
正黃旗頭牛彔藍翎佐領來通阿
驍騎校新都善
筆帖式那松阿
領催委官扎綳阿
領催委官珠爾剛阿
領催委筆帖式伯勒和圖
領催訥胡善
披甲委筆帖式烏爾恭額

披甲凌忠

披甲奇林爬

披甲破勒托

披甲苏楚

披甲烏廸善

披甲德爾興額

披甲莫努善

披甲卓勒伯善

披甲古尼善

披甲慶連

披甲碑勒善

披甲徵洪額

披甲奇明額

披甲鐵蒙阿

披甲扎木農阿

披甲濃諾善

披甲廸木畢

披甲平吞

披甲博倫保

披甲霍爾畢善

披甲根欽

披甲珠木普里

披甲準青阿

披甲徵固訥

披甲扎克都善

披甲扎克東阿

披甲烏木普里

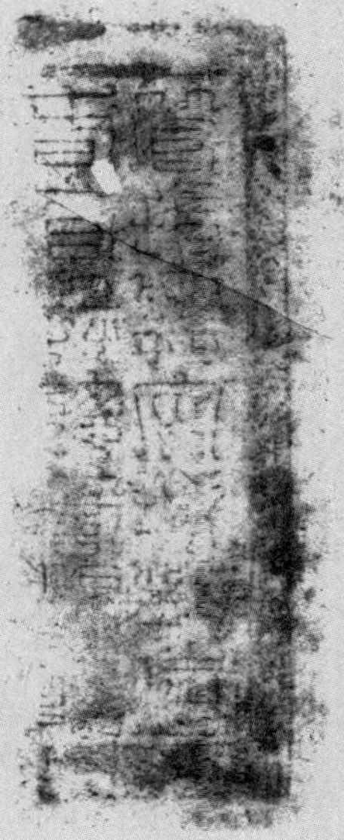

披甲珠木普善
披甲額木庫訥
披甲丕力善
披甲通克善
披甲西拉伯
披甲依和善
披甲莫諾霍
披甲伯力善
披甲額庫善

披甲依忠阿

披甲春德

披甲依特善

披甲依特布

披甲庚根音

披甲布力雅

披甲法普善

披甲達拉巴善

披甲伯里

披甲齋楚

披甲依吉善

披甲尼密善

披甲長耆

披甲尾爾佳

披甲哲木保

披甲特克善

披甲常保

披甲依克德善

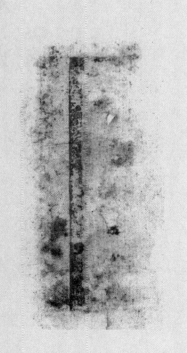

披甲芬都善

披甲富勒敦泰

披甲耐吉那

披甲欽奇那

此一牛彔副管一員佐領一員驍騎校一員筆帖式

一員領催委官二員領催二名披甲五十九名

每名應交

貢貂一張共六十七張

二牛彔佐領德穆清額 陞授副管

驍騎校依明額

領催委官興格善

領催委官穆祿善

領催委筆帖式德楞額

領催扎密善

披甲平奇

披甲吉拉善

披甲白善

披甲額木奇訥

披甲田亮
披甲德豐額
披甲巴圖善
披甲興鍋
披甲堆窑善
披甲德蒙額
披甲哲勒吉善
披甲珠木普善
披甲書木善

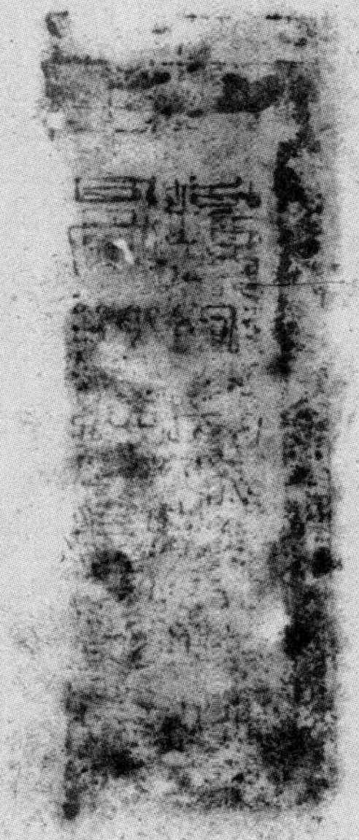

披甲碩密善

披甲明壽

披甲愛濃額

披甲隆都訥

披甲瑪吉那

披甲連柱

披甲倭奇琛

披甲奇普特勒

披甲芳連

披甲堆窗琛

披甲特木訥善

披甲胡普春

披甲騰吉琛

披甲德林

披甲楊善

披甲訥恳德訥

披甲奇色

披甲提木爬

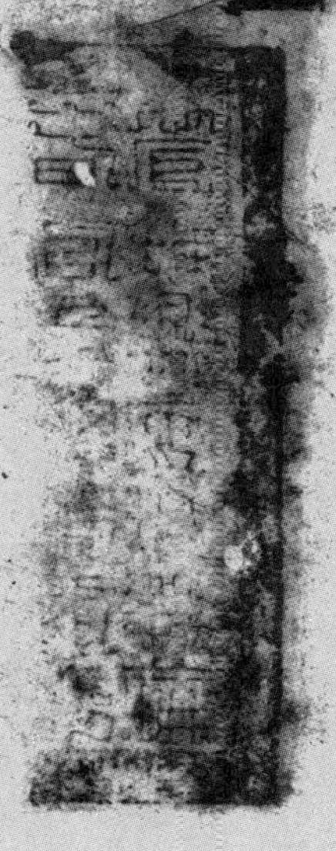

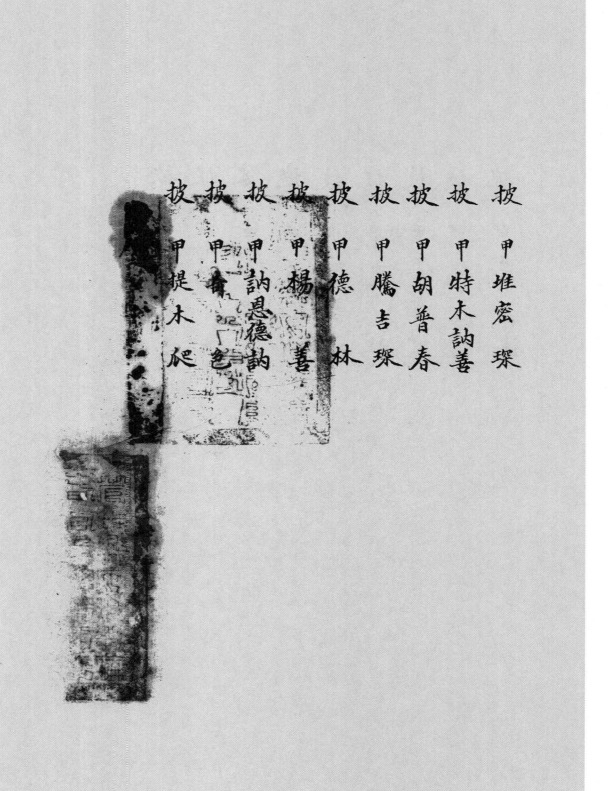

披甲吉蒙阿
披甲訥敏
披甲額依書訥
披甲提敏
披甲諉多春
披甲額勒東額
披甲林福
披甲𡘋耈
披甲布爾佳

披甲額勒和善

披甲白蘭

披甲依甯額

披甲莫廸琛

披甲特爾瑪

披甲穆西琛

披甲依奇木保

披甲巴雅善

披甲力邦阿

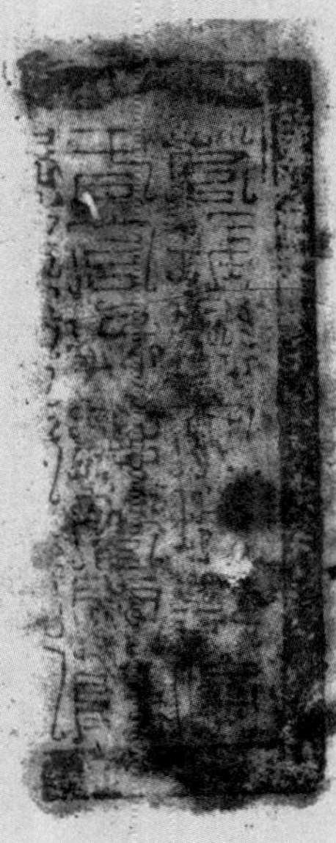

披甲依成額
披甲珠巴
披甲額木空額
披甲阿力善
披甲穆成額
披甲圖莫能額
披甲訥依明額
披甲扎凌阿
披甲西祿善

此一牛彔除陞授副管世襲佐領一員外現
在驍騎校一員領催委官二員領催二名披
甲五十八名每名應交
貢貂一張共六十三張

正白旗頭牛彔佐領嘎善
驍騎校巴爾吉善
領催委官札奔阿
領催委官德保
領催倭木郭春

領催嘎雅産
披甲廸濃善
披甲温吉善
披甲訥依和琛
披甲白哈那
披甲托尼産
披甲興固訥
披甲卓洛春
披甲訥力善

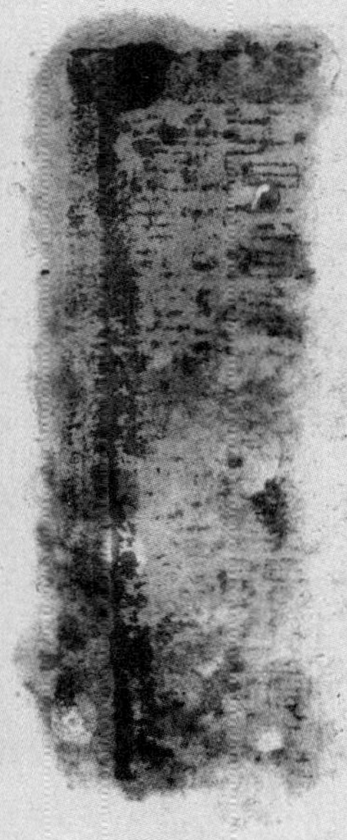

披甲克庫琛
披甲胡吉善
披甲依凌額
披甲依吉善
披甲扎雅産
披甲雅爾奇善
披甲紳精額
披甲力保
披甲珠能額

披甲達拉奇善
披甲烏塔木
披甲額勒爾奇琛
披甲舍金
披甲常山
披甲吉松額
披甲畢松阿
披甲察木畢善
披甲齋松阿

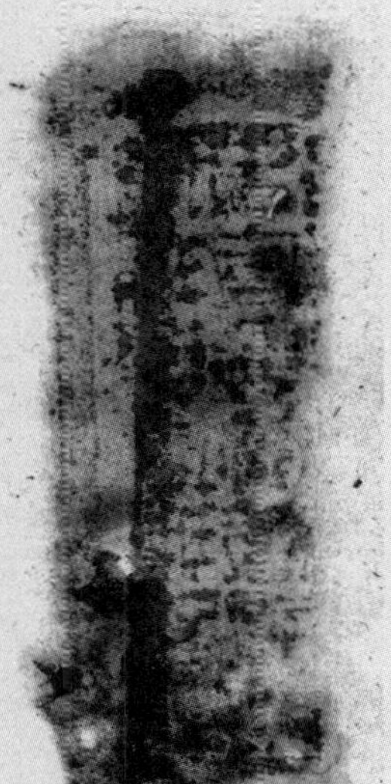

披甲常德善

披甲成紳

披甲諾弩阿

披甲張訥善

披甲達西産

披甲安扎遜

披甲阿力善

披甲卓凌阿

披甲力興額

披甲木克德克探

披甲齋明阿

披甲齋凌阿

披甲裴楊固善

披甲珠木尼探

披甲尼岳尼音泰

披甲蒙古岱

披甲他木興阿

披甲哲寧額

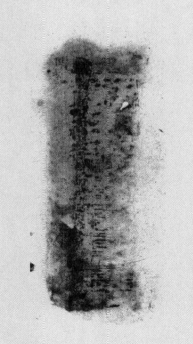

披甲蘇拉善
披甲格勒布善
披甲兆善
披甲丁德善
披甲烏勒圖善
披甲台畢善
披甲雅畢那
披甲羅普慶
披甲葯興額

披　甲吉密善

披　甲苗興阿

披　甲訥勒固善

披　甲吉濃善

披　甲訥慶額

披　甲哲勒格善

此牛彔佐領一員驍騎校一員領催委官二員
二員領催二名披甲五十九名每
名應交

貢貂一張共六十五張

二牛彔佐領常通阿

驍騎校崗阿

領催委官保忠

領催委官碑普欽

領催廸普通額

領催那力善

披甲倭德善

披甲倭木清阿

披甲凌忠

披甲齊奇里

披甲張福

披甲諾慶阿

披甲布訥欽

披甲弩尤琛

披甲和爾莫琛

披甲悦興阿

披甲格圖善

披甲哲祿善

披甲甘提善

披甲嘎爾拉圖

披甲保全

披甲喀爬産

披甲翁阿

披甲芳喀

披甲堆布善

披甲保慶

披甲布拉吉善

披甲嘎木布庫

披甲耐通阿

披甲奇丕善

披甲英奇訥

披甲伯力產

披甲廸普圖善

披甲慶梁

披甲杜里善

披甲碩爾奇那
披甲喀拉扎
披甲碩廸善
披甲雒訥善
披甲瑪弩善
披甲珠密琛
披甲金奇那
披甲祥固善
披甲烏提善

披甲來圖產

披甲庫崇額

披甲業興額

披甲哈　發

披甲圖木爾布庫

披甲台吉善

披甲金珠善

披甲阿吉善

披甲瑪弩善

披甲托窰善

披甲來圖產

披甲堆木善

披甲舒爾吉保

披甲朗耆

披甲常有

披甲阿拉荅產

披甲常托

披甲依登額

披甲哲密善
披甲西密善
此一牛彔佐領一員驍騎校一員領催委官
二員領催二名披甲五十八名每名應交
貢貂一張共六十四張
正紅旗頭牛彔佐領都凌額
驍騎校圖密善涷斃遺缺未放
領催委官吉斌額
領催委官精尼善

領催根吉善
領催烏凌額
披甲雅普善
披甲來明阿
披甲塞通
披甲里密善
披甲里精額
披甲慶福善
披甲西木畢善

披甲寗特欽

披甲訥勒善

披甲楊寗額

披甲精庫善

披甲塞濃善

披甲蘇珠

披甲額依密善

披甲嘎普嘎

披甲祿吉善

披甲烏和琛
披甲依倫
披甲西木畢琛
披甲徵庫木保
披甲額依固善
披甲依布
披甲都新
披甲布爾綱阿
披甲奇拉胡岱

披甲吉木克善

披甲氷克善

披甲吉松額

披甲維明

披甲明固善

披甲魯清額

披甲富和

披甲依瑪

披甲提木畢琛

披甲明訥善

披甲扎木保

披甲來敏

披甲常豐阿

披甲德弩善

披甲弩奇布

披甲畢精額

披甲巴林阿

披甲精福

披甲明珠善

披甲烏善

披甲水哈産

披甲蒙固善

披甲哈穆善

披甲温得布

披甲依凝額

披甲公林

披甲扎蘭阿

披甲札力善
披甲里茂
披甲烏興阿
披甲琦尼善
披甲丰格善
披甲畢力善
披甲珠[illegible]和善

此一件汞除凍斃驍騎校一員外現在佐領一員領催
委官二員領催二名披甲五十九名每名應交

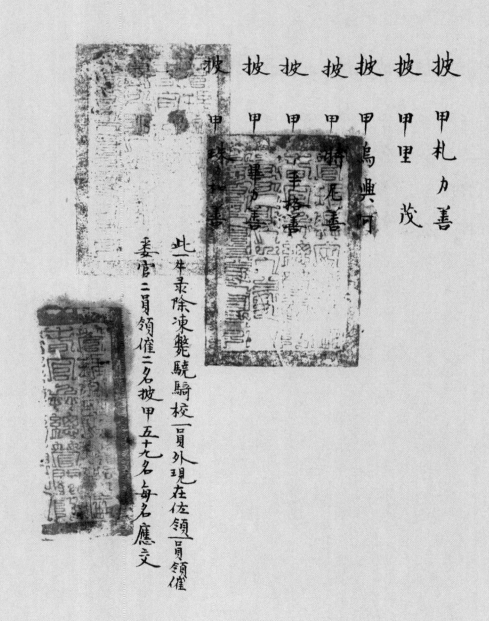

貢貂一張共六十四張

二牛录佐　領布勒特琛

驍騎校德慶額

領催委官精通額

領催委官吉忠額

領　催訥恩登額

領　催和尼琛

披　甲里　善

披　甲平杜善

披甲芮松額

披甲色克精額

披甲吉農額

披甲烏穆善

披甲哲明額

披甲都察善

披甲吉察善

披甲裴楊固訥

披甲西和善

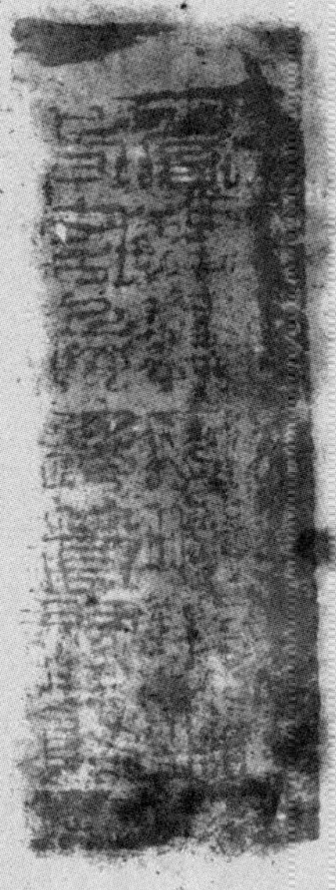

披甲特尼

披甲托依密善

披甲察碩爾

披甲忠福

披甲依綳額

披甲依濃善

披甲平固善

披甲貝勒琛

披甲烏勒畢琛

披甲依勒圖善

披甲批勒

披甲畢淩額

披甲雲欽

披甲鐵善

披甲吉蒙額

披甲平通

披甲特西善

披甲塞畢那

披甲訥吉琛

披甲貝甯阿

披甲多尼善

披甲英格訥

披甲德吉訥

披甲壽吉訥

披甲珠爾干保

披甲訥圖善

披甲色尼善

披甲烏精阿

披甲圖旺格

披甲諾吉那

披甲額勒胡善

披甲訥吉善

披甲額木興額

披甲額依布訥

披甲尼勒哈善

披甲西明

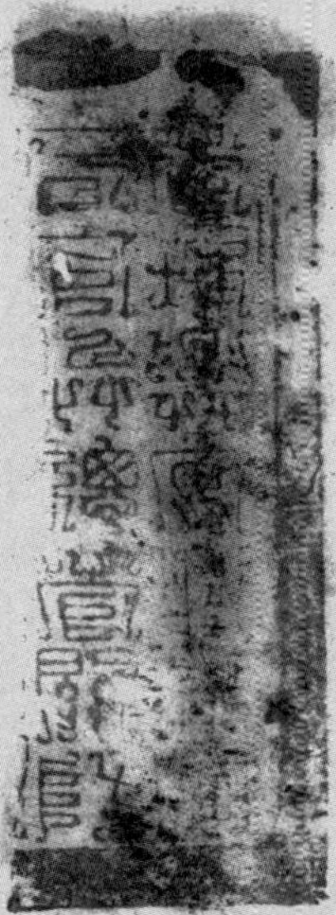

披甲精固訥

披甲特西訥

披甲敦吉那

披甲隨嘎産

披甲華楚岱

披甲小里善

披甲德尼琛

披甲訥莫琛

披甲慶壽

披甲鵬圖木保

披甲克西布

此一牛彔佐領一員驍騎校一員領催委官二員領

催二名披甲五十八名每名應交

貢貂一張共六十四張

管理鑲白正藍二旗副管特魯善

佐領李福善 病故遺缺未放

驍騎校僧吉訥

領催委官西蒙額

領催委官伯奇璪
領催委筆帖式永奎
領催嘎提善
披甲委筆帖式莫爾賡額
披甲薩木西那
披甲蘇里善
披甲忠舍璪
披甲扎依興阿
披甲安吉善

披甲 霍洛春

披甲 滕奇善

披甲 扎勒吉善

披甲 特依固訥

披甲 珠爾固善

披甲 都勒斌阿

披甲 巴木布那

披甲 伯業璨

披甲 依凌阿

披甲吉爾格琛
披甲台布庫
披甲珠爾西木布
披甲雲定
披甲圖都琛
披甲忠勝額
披甲莫尼善
披甲色勒圖木爾
披甲岳尼善

披甲依勒特琛

披甲精訥善

披甲珠木皮善

披甲張濃阿

披甲吉爵翁阿

披甲多勒吉善

披甲蒙吉善

披甲依蒙額

披甲里木布善

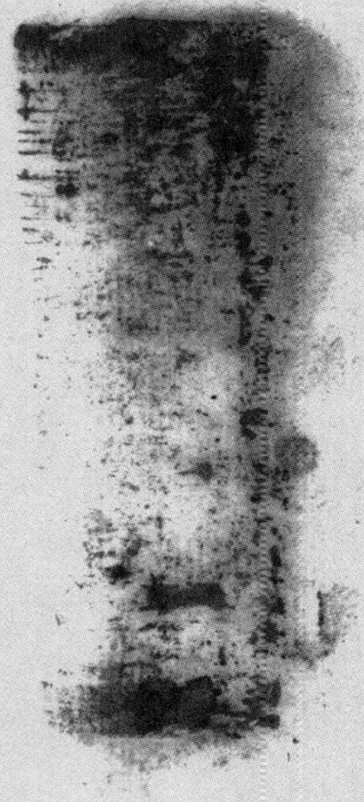

披甲瑪雅塔産
披甲扎奇那
披甲孫都善
披甲珠依興阿
披甲精布庫
披甲凌固善
披甲吉畢善
披甲巴布琛
披甲珠依西訥

披甲德尼琛
披甲蘇克布
披甲耆蘭
披甲都勒善
披甲里布善
披甲訥祿善
披甲陳布勒格琛
披甲莫甯額
披甲圖尾拉哈善

披甲花良阿
披甲那松阿
披甲瑪尼善
披甲淩善
披甲吉木善
披甲哲依明額
披甲哈拉扎
披甲和尼琛

此一件彔除病故佐領一員外現在副管

一員驍騎校一員領催委官二員領催二名
披甲五十九名每名應交
貢貂一張共六十五張
鑲白旗二牛彔佐領崑都善
驍騎校莫寗額
領催委官璦明阿
領催委官維密訥
領催常明
領催吉農額

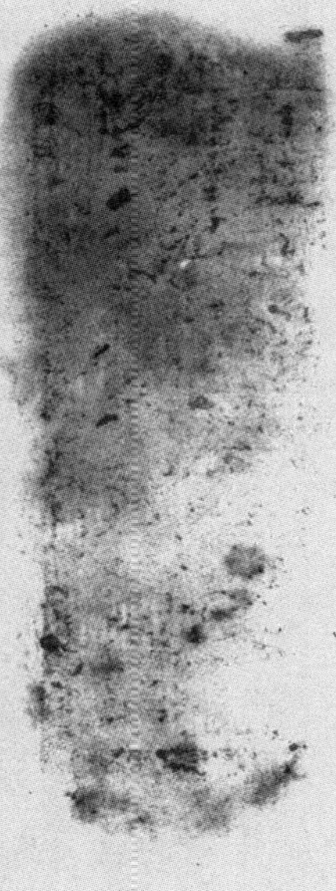

披甲喀木奇瑪

披甲牛凌阿

披甲那松阿

披甲巴凝阿

披甲那凌阿

披甲鐵山

披甲扎祿顯

披甲達拉巴善

披甲鐵千

披甲碩爾嘎善

披甲忠儀

披甲伯里產

披甲精善

披甲鐵耆

披甲迎圖木保

披甲倭爾欽綽

披甲布都西烏維

披甲精福

披甲景郎

披甲吉密善

披甲白蘇産

披甲托普奇那

披甲璦密善

披甲提木普善

披甲孟古納蘇

披甲依鏗額

披甲胞腿

披甲慶奇琛
披甲蘇爾嘎那
披甲嘎爾畢善
披甲喜爾霍産
披甲托普吉産
披甲來　忠
披甲烏弩琛
披甲楊咯善
披甲成德訥

披甲克爾格

披甲依魯善

披甲扎魯

披甲銅耆

披甲托勒

披甲穆爾木德

披甲雙明

披甲英和善

披甲保忠

披甲吉松額

披甲森德琛

披甲伯羅廸

披甲張[illegible]固

披甲博英額

披甲常多

披甲奎明阿

披甲誰住

披甲提普哲烏爾

披甲博林札普

披甲圖普和充

披甲里西琛

披甲雙福

此一牛彔佐領一員驍騎校一員領催委官二員領催二名披甲五十八名每名應交貢貂一張共六十四張

管理鑲紅鑲藍二旗副管特木普慎

鑲紅旗頭牛彔佐領札善

驍騎校芮西琛
筆帖式依濃額
領催委官興壽
領催委官田崇阿
領催舒閔
領催崩科善
披甲定壽
披甲興古訥
披甲額爾德木布庫

披甲朱勒都善

披甲喀奇瑪

披甲布庫訥

披甲托勒多善

披甲額爾根都木爾

披甲依善

披甲英善

披甲景圖訥

披甲興忠訥

披甲訥凌額
披甲窓尼善
披甲額依蒙額
披甲額依莫善
披甲慶德
披甲綽爾布善
披甲圖普春
披甲嘎林布庫
披甲于布連

披甲布庫春

披甲多郭爾章

披甲披輿額

披甲卡不塔海

披甲哲凝額

披甲白里

披甲阿爾輿阿

披甲布庫善

披甲輿格布

披甲楊保

披甲諾喜

披甲托木鵬阿

披甲精楚善

披甲英通

披甲博爾協

披甲莫凱

披甲文忠

披甲胡坡提

披甲倭凝阿

披甲吉德善

披甲德窸善

披甲興德

披甲依布善

披甲坡木坡庫

披甲舍濃善

披甲来達拉

披甲興格琛

披甲迪木善

披甲平楚善

披甲白蘭

披甲倭鵬

披甲貢迪善

披甲珠木皮善

披甲托凝阿

披甲崇固特依

披甲阿爾奔阿

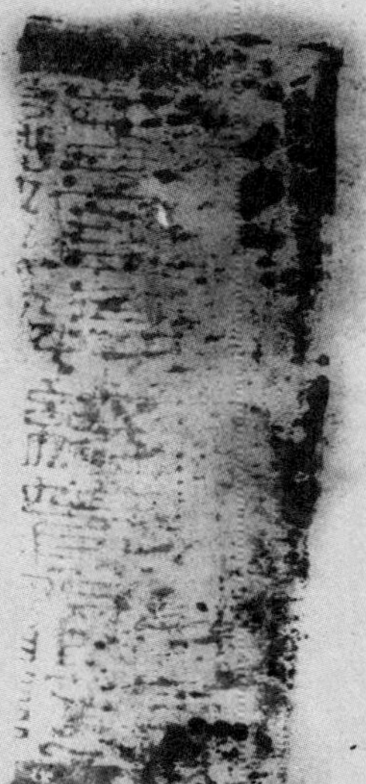

披甲載圖

披甲綽力保

此一牛彔副管一員佐領一員驍騎校一員筆帖式一員領催

委官二員領催二名披甲五十九名每名應交

貢貂一張共六十七張

二牛彔佐領托善 病故遺缺未放

驍騎校扎祿善

領催委官來通阿

領催委官提木度善

領催尼密善
領催明圖訥
披甲依吉訥
披甲圖充都善
披甲圖尼興阿
披甲伯吉訥
披甲公吉訥
披甲洛莫春
披甲明圖善

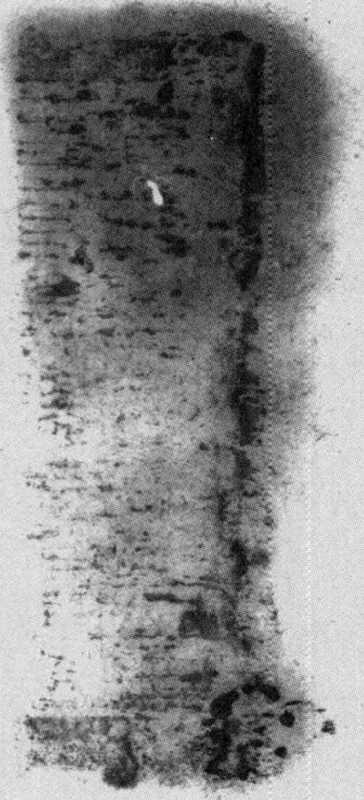

披甲烏木普霍

披甲慶奇善

披甲精奇訥

披甲西祿善

披甲諾慶阿

披甲哲精額

披甲芮布善

披甲充木謝

披甲和勒木坡

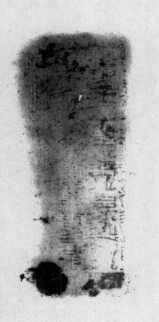

披甲珠依皮業

披甲依木布善

披甲嘎蘇岱

披甲精楚善

披甲諾明阿

披甲脾隆阿

披甲盛　慶

披甲訥木精額

披甲德克吉善

披甲莫爾德
披甲倭吉彥
披甲公吉訥
披甲克普西產
披甲公精
披甲徵忠
披甲精奇善
披甲明忠
披甲精固善

披甲哲木畢善

披甲德宻善

披甲倭吉訥

披甲根珠善

披甲音吉善

披甲蓋木喜

披甲訥木金

披甲喜特布

披甲栢奔

披甲烏爾滾哲

披甲烏勒圖克

披甲保昌

披甲托力善

披甲舒蜜琛

披甲諾密善

披甲蒙庫特依

披甲嘎塔

披甲阿爾綱阿

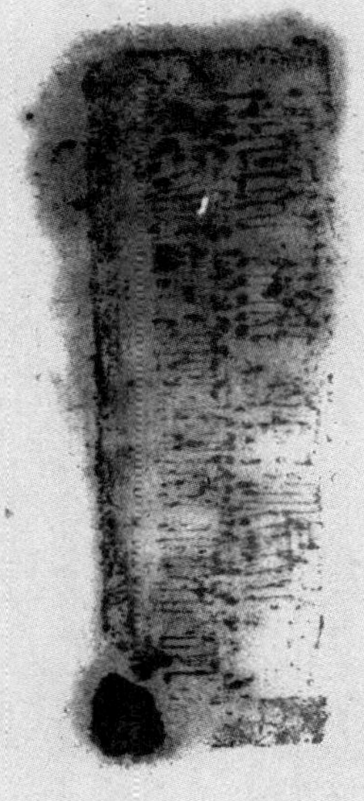

披甲平固訥

披甲西德訥

披甲興格布

披甲常住爾

披甲明春

披甲烏珠蒙庫

此一件杀除病故佐領一員外現在驍騎校一員領催

委官二員領催二名披甲五十八名每名應交

貢貂一張共六十三張

正藍旗頭牛彔佐領旺阿拉圖

驍騎校丕楊固善（休致遺缺未放）

筆帖式里常

領催委官坤東阿

領催委官定格里

領催錐興阿

領催岱明阿

披甲委筆帖式來明阿

披甲格善

披甲塞祿
披甲薩依畢那
披甲英哲
披甲容西琛
披甲圖拉哈善
披甲愛興阿
披甲騰奇善
披甲明興
披甲索容善

披甲羅洛木保

披甲察木彦

披甲凌明

披甲塞密扎

披甲景固善

披甲阿克東阿

披甲登明額

披甲提拉胡

披甲常福

披甲平固訥

披甲扎木薩蘭

披甲里興額

披甲嘎爾氷阿

披甲忠明阿

披甲忠新布

披甲嘎爾畢善

披甲岳凌阿

披甲喜木善

披甲英住

披甲倭爾奇

披甲坡木坡庫

披甲諾霍岱

披甲定格善

披甲明善

披甲烏喀岱

披甲倭木善

披甲托爾莫春

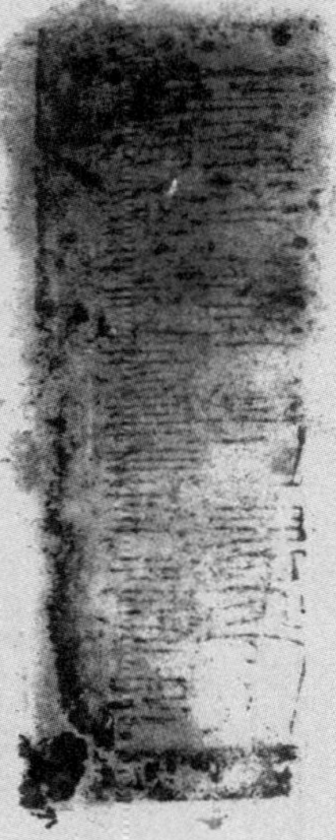

披甲成明

披甲德克景額

披甲扎濃善

披甲岱崧善

披甲布勒唐阿

披甲愛崧善

披甲奈蒙阿

披甲清庫善

披甲勒普特

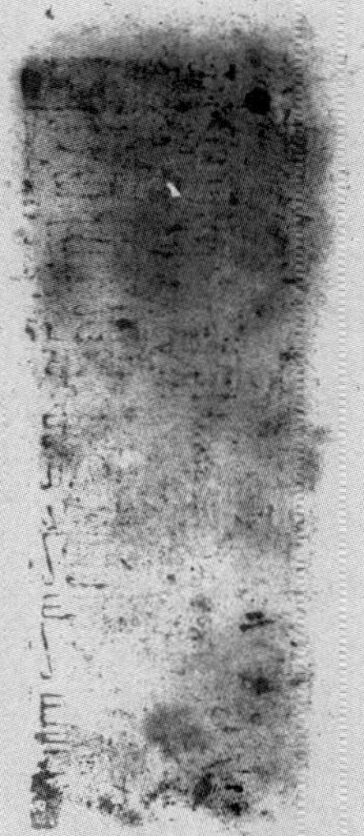

披甲吉勒吉喀
披甲青皮業
披甲慶明
披甲庫蒙額
披甲岳善
披甲依興額
披甲明常
披甲吉木德
披甲隆奇善

披甲維桂善

披甲德密琛

披甲庫木都善

此牛彔除告休驍騎校一員外現在佐領

一員筆帖式一員領催委官二員領催一名

披甲五十九名每名應交

貢貂一張共六十五張

二牛彔佐領吉隆阿

驍騎校額勒善

領催委官奇綳阿

領催委官克里雅善

領　催倭克精額

領　催庫祿善

披　甲阿木察吉

披　甲巴胡善

披　甲楞庫善

披　甲克努善

披　甲哲克東額

披甲平奇訥

披甲貝興額

披甲穆力善

披甲凌色

披甲倭西琛

披甲布提善

披甲布拉特林

披甲白善

披甲哲克都善

披甲壘得
披甲胞腿
披甲圖倫車
披甲阿木敦
披甲郭西那
披甲徵依善
披甲德勒和善
披甲勒松額
披甲文哲布

披甲瑪薩喀

披甲哲克都善

披甲那里善

披甲坡圖善

披甲奇雅拉琛

披甲占忠阿

披甲精固善

披甲額木皮琛

披甲畢善

披甲訥依格瑮
披甲平吉瑮
披甲圖坡克
披甲巴拉
披甲都訥善
披甲博奇圖
披甲卓洛布庫
披甲定訥
披甲烏胡善

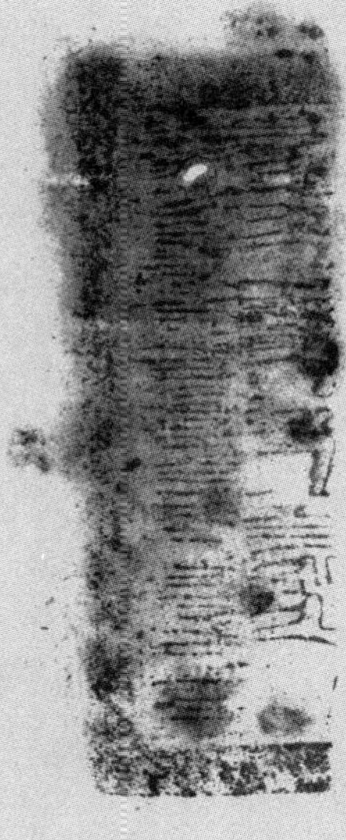

披甲哲德琛

披甲莫爾格善

披甲阿爾蘇善

披甲登固訥

披甲佛爾固善

披甲倭爾托善

披甲庫明額

披甲穆凝額

披甲嘎塔善

披甲霍吉那

披甲托明阿

披甲蒙古善

披甲薩拉景阿

披甲卓那善

披甲色爾格琛

披甲依拉嘎善

披甲哲都訥

此外叅佐領一員驍騎校一員領催委官二員

領催二名披甲五十八名每名應交
貢貂一張共六十四張
鑲藍旗頭牛彔佐領多爾精阿
驍騎校奇 林
領催委官皮楊固善
領催委官斡克們都
領 催設吉 善
領 催甘珠 琛
披 甲通 格

披甲布勒騰額

披甲迪克通額

披甲敖精阿

披甲阿拉棠阿

披甲阿隆阿

披甲西吉琛

披甲哲普珠

披甲景圖善

披甲訥力善

披甲額勒通額

披甲公吉善

披甲布勒特善

披甲綽凌阿

披甲圖興額

披甲祿西哲

披甲烏吉琛

披甲格書琛

披甲慶凱

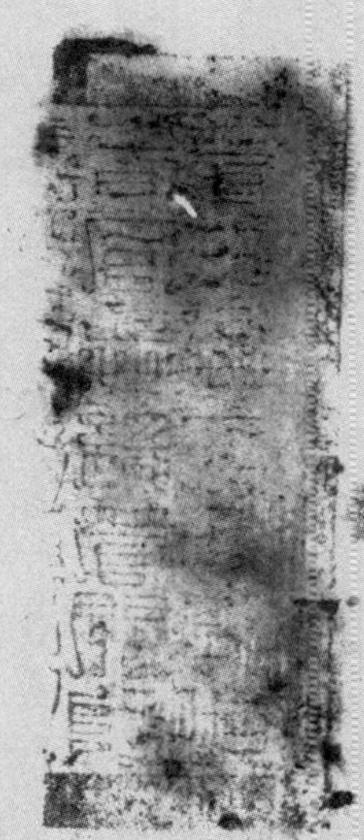

披甲色勒呑

披甲潘吉善

披甲白新阿

披甲訥西琛

披甲尚嘎拉圖

披甲卡拉産

披甲窰蘇琛

披甲德明額

披甲翁吉善

披甲穆克德琛

披甲品圖善

披甲天吉倫

披甲慶德

披甲齋明阿

披甲尚阿拉圖

披甲莫岳莫

披甲明珠琛

披甲訥密琛

披甲徵珠瑮
披甲勒克車充
披甲鐵書庭
披甲提普庫爾
披甲定吉善
披甲特西瑮
披甲迪普西瑮
披甲倭隆阿
披甲保柱

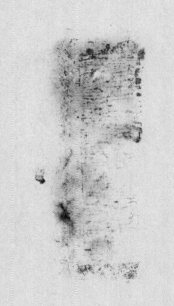

披甲明庫善

披甲尼隆阿

披甲吉濃額

披甲三吉琛

披甲烏庫琛

披甲瑪喀瑪產

披甲都勒吉琛

披甲岳普西產

披甲勝固善

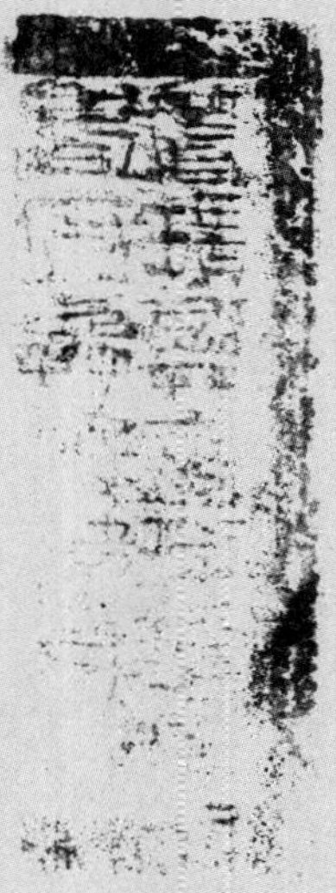

披甲定舒琛

披甲落拉伯春

披甲畢祿琛

披甲訥祿琛

此一牛彔佐領一員驍騎校一員領催委官二員

領催二名披甲五十九名每名應交

貢貂一張共六十五張

二牛彔佐領胡勒圖克

驍騎校朱勒綳阿

領催委官烏吉琛
領催委官倭爾圖新
領催英崇額
領催凝慶
披甲愛松阿
披甲訥畢琛
披甲圖木爾哲
披甲彥精阿
披甲精訥

披甲精奇琛

披甲森朱琛

披甲吉拉布産

披甲楚拉綳阿

披甲哲弩

披甲新德

披甲伯布琛

披甲孟庫琛

披甲訥圖

披甲訥奇琛

披甲訥善

披甲諾西産

披甲隆吉琛

披甲莫諾霍

披甲珠拉畢琛

披甲通奇琛

披甲木羅莫

披甲達拉産

披甲雅拉洪阿
披甲興阿
披甲西爾木琛
披甲琿多爾
披甲東奇芮
披甲嘎塔産
披甲徵濃額
披甲孟固爾
披甲森景額

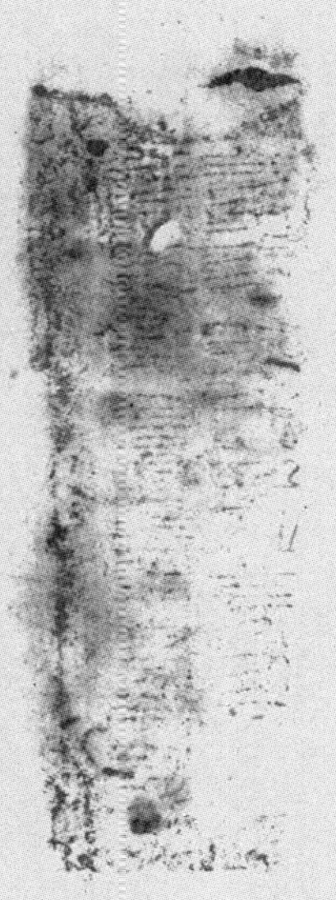

披甲彦吉産
披甲木玉琛
披甲音吉善
披甲興格
披甲音達瑠
披甲蘇木畢琛
披甲明諾
披甲格尼琛
披甲依車琛

披甲白固璪

披甲崇阿

披甲阿吉琛

披甲額拉畢琛

披甲白林珠

披甲伯布訥

披甲達爾達産

披甲迪克都琛

披甲都新保

披甲尼祿産

披甲蘇木平額

披甲特克興額

披甲莫木琛

披甲依凝額

披甲勒木福

披甲齋密善

披甲慶壽

此牛彔佐領一員驍騎校一員領催委官

二員領催一名披甲五十八名每名應交
貢貂一張共六十四張
以上八旗食俸餉鄂倫春副管四員佐領十六
員內除陞授副管世襲佐領二員病故佐
領二員外現在佐領十二員驍騎校十六員內
除凍斃驍騎校一員休致驍騎校一員外現在
驍騎校十四員筆帖式四員領催委官三十二員
領催三十二名披甲九百三十六名每名應交貂皮一張共交
貢貂一千零三十四張為此呈進

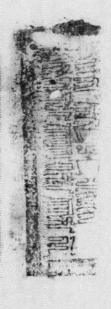

光緒十二年五月二十八日